열하를 여행하며 시를 짓다

유득공柳得恭(1748~1807)

자는 혜보惠甫, 호는 영재泠齋·고운古芸이며 본관은 문화文化이다. 서족 출신으로, 20대부터 박지원을 중심으로 한 동인활동에 적극 참여하여 '북학파' 또는 '이용후생학파'로 불린다. 정조의 지우를 입어 규장각 검서檢書로 발탁된 뒤, 제천·포천·양근 군수 및 풍천부사를 역임하는 등 내외직을 오가며 국고·문헌 정리사업에 이바지하였다. 시에도 뛰어나 이덕무·박제가·이서구와 함께 조선후기 '사가시인四家詩人'의 한 사람으로 불렸다. 역사에 관심이 많아《발해고渤海考》를 편찬하였으며, 우리나라 옛 도읍지를 돌아보고《이십일도회고시二十一都懷古詩》를 지었다. 연행을 세 차례 다녀왔는데, 1790년 열하를 다녀온 뒤에《열하기행시주熱河紀行詩註》를 지었다. 이 작품에는 연행에서 보고 느낀 것들을 예리한 시선과 섬세한 필치로 형상화한 유득공의 빼어난 시들이 실려 있을 뿐 아니라, 화이론華夷論과 같은 중국중심주의에 매몰되지 않은 주체적 역사의식이 담겨 있어 여타의 연행록 가운데서도 특히 주목받고 있다. 이외에도《영재집泠齋集》,《사군지四郡志》,《고운당필기古芸堂筆記》,《경도잡지京都雜誌》,《연대재유록燕臺再游錄》,《병세집竝世集》,《발합경鵓鴿經》,《삼한시기三韓詩紀》 등의 저술이 있다.

실시학사實是學舍 고전문학연구회古典文學硏究會

벽사 이우성 선생과 젊은 제자들이 모여 우리의 한문 고전을 정독하고 연구하는 모임이다. 1993년부터 매주 한 차례씩 독회를 열어 고전을 강독해왔고, 그 결과물의 일부를《이향견문록》,《조희룡 전집》,《변영만 전집》,《완역 이옥 전집》 등으로 정리해 출간하였다. 고전 텍스트의 정독이야말로 인문학의 기초이자 출발점임을 명심하며 회원들은 이 모임의 의미를 각별히 여기고 있다.

《열하기행시주》 번역에 참여한 사람들

이우성李佑成 대한민국학술원 회원·퇴계학연구원 원장

김영죽金玲竹 성균관대학교 한문학과 강사
김용태金龍泰 성균관대학교 한문학과 교수
김진균金鎭均 성균관대학교 인문과학연구소 수석연구원
김형섭金炯燮 경기도 실학박물관 학예연구원
서경희徐京希 성균관대학교 학부대학 강사
손혜리孫惠莉 성균관대학교 대동문화연구원 연구교수
신익철申翼澈 한국학중앙연구원 한국학대학원 교수
윤세순尹世旬 동국대학교 문화학술원 연구교수
이신영李信暎 한국고전번역원 전문 역자
이철희李澈熙 성균관대학교 대동문화연구원 연구교수
이현우李鉉祐 동국대학교 문화학술원 연구교수
최영옥崔煐玉 성균관대학교 대동문화연구원 연구원
한재표韓在熛 세명대학교 한국어문학부 강사

熱河紀行詩註

열하를 여행하며 시를 짓다

유득공 지음
실시학사 고전문학 연구회 옮기고 엮음

휴머니스트

이번에 실시학사 고전문학연구회에서 유득공柳得恭의 《열하기행시주熱河紀行詩註》를 역주譯註한 성과물을 책으로 펴내게 되었다. 그의 《이십일도회고시二十一都懷古詩》를 역주하여 출간한 지 1년여 만이다.

《이십일도회고시》가 조선의 강역疆域에 존멸했던 21개국 도읍의 사적史蹟을 회고하면서 지은 한시 작품집인 반면, 《열하기행시주》는 연행燕行에서 보고 느낀 것들을 예리한 시선과 섬세한 필치로 형상화한 시들과, 그 시들에 대해 친절하게 해설을 넣어둔 한시 작품집이다. 그의 역사에 대한 관심과 여행을 좋아하는 취향이 뛰어난 시재詩才와 어우러져 이러한 작품집이 산생産生될 수 있었던 것이다.

유득공은 역사와 여행이라는 테마를 시 형식으로 표현해낼 정도로 시를 애호하였고, 또 시에 특장이 있었다. 실제로 그의 문우文友 이덕무李德懋는 《청장관전서靑莊館全書》에서 유득공에 대해 재능도 있고 학문도 넉넉하여 온갖 시체詩體를 구비하고 있다고 평가하면서, 그의 시를 근세近世의 절품絶品이라고까지 극찬하였다.

유득공은 조선후기 정조 때의 북학파北學派 문인으로서 빼어난 시적 재능을 보였을 뿐만 아니라, 실사구시實事求是를 추구하는 학자적 면모도 유감없이 발휘했던 인물이다. 일찍이 학계로부터 주목을 받았던 《발해고渤海考》에서는 그의 역사학자로서의 자질을 엿볼 수 있다. 그는 신라와 발해가 병존했던 시기를 남북국시대南北國時代라고 일컬으면서 고구려를 계승한 발해를 한국사의 체계 안으로 끌어들임으로써, 요동遼東과 만주滿洲 일대를 우리 민족사의 무대로 파악하여 새로운 인식의 지평을 열어놓았다. 한편 《경도잡지京都雜志》는 조선시대 서울의 세시풍속을 모아 기록한 책으로, 당시 문물제도와 풍속을 일목요연하게 정리한 민속학 연구의 귀중한 자료이다. 이외에도 《사군지四郡志》, 《고운당필기古芸堂筆記》, 시문집인 《영재집泠齋集》 등에서 그의 박학다식을 확인할 수 있다.

이처럼 괄목할 만한 저서를 남긴 유득공의 배후에는 정조 임금의 남다른 지우知遇가 있었다. 그에게는 서얼庶孼이라는 신분의 한계가 있었는데, 정조 임금이 그를 규장각奎章閣 검서檢書로 발탁하면서 비로소 그 제약에서 벗어날 수 있었다. 또한 당시 청나라에서 만났던 기윤紀昀을 비롯한 귀족 출신의 문인들은 그의 신분을 염두에 두지 않고 시적 재능과 학식만으로 그를 환대하였다.

유득공은 세 차례 중국 땅을 밟았다. 첫 번째는 그의 나이 31세 때인 1778년이고, 두 번째는 1790년이고, 세 번째는 1801년이다. 《열하기행시주》는 바로 두 번째 사행使行의 결과물로서, 1790년 청나라 건륭제乾隆帝의 팔순 생일 축하사절단의 일원으로 열하熱河와 북경北京을 다녀온 뒤에 엮여졌다. 한편 1801년의 연행 뒤에는 《연대재유록燕臺再遊錄》을 남겼고, 또 연행의 단상斷想들을 모아놓은 《금대억어金臺臆語》가 《후운록後雲錄》에 수록되었다.

《열하기행시주》는 일명《난양록灤陽錄》이라고도 한다. 주지하다시피 연행록은 일기체의 산문 형식이 대부분이다. 그런데《열하기행시주》는 자신의 체험을 단순히 기록하는 평면적 차원에서 성큼 나아가 여정旅程을 시로써 형상화하여 연행록을 더욱 문학적으로 승화시켰다. 게다가 유득공은 사절단의 막하幕下였기 때문에 공식 임무를 수행해야 되는 정사나 부사보다 행동이 자유로웠고, 규장각 검서로서 많은 책을 접했던 박학다식한 교양을 바탕으로 다양한 견문을 읊고 적어 연행의 내용도 풍성하다.

이제 역주된《열하기행시주》가 출간되었으니 유득공의 연행길을 시로써 음미하며 찾아가는 색다른 독서의 즐거움을 맛볼 수 있게 되었다. 게다가 시 한 편 한 편에 대한 유득공의 친절한 해설은 이 연행 시집의 길잡이가 되어 독자들이 좀 더 쉽게 연행시들을 감상할 수 있게 해주었다. 한편 학계에서는 유득공의 연행록 연구뿐 아니라 1790년 연행에서 산생된 다른 연행록들과의 비교 연구에도 박차를 가할 수 있게 되었다.

실시학사 고전문학연구회가 벽사碧史 이우성李佑成 선생님을 모시고 한문고전 강독을 시작한 것이 1993년 봄이었으니, 어느새 17년의 세월을 훌쩍 넘겼다. 그동안 우리 모임은《이향견문록》,《조희룡 전집》(전6권),《완역 이옥 전집》(전5권) 등을 역주하면서 한 땀 한 땀 시간을 채워나갔다.

벽사 선생님은, 일주일에 한 번씩 회원 각자가 맡은 분량을 역주해 오면 한 구절씩 차근차근 읽어내려가면서 자세한 설명을 곁들이며 잘못된 부분을 바로잡아주셨다. 때로는 불호령을, 때로는 '옳지' 하며 치켜세워주면서 끊임없이 담금질하셨다. 햇볕을 많이 쪼인 과실이 달고 맛있듯이, 우리의 역주작업도 선생님의 담금질로 인해 세월이 쌓일수록 날로 달로 무르익어 더욱 실하게 될 것이다.

이제 벽사 선생님께서도 여든을 훌쩍 넘기셨다. 그럼에도 열 사람이 머리를 모아도 끙끙거리는 난점을 단번에 해결하는 고수의 경지를 여전히 보이신다. 그럴 때마다 번역을 하는 것이 중요한 것이 아니라 '제대로 된' 번역을 하는 것이 중요하다는 선생님의 말씀이 가슴에 와닿는다. 이 책 또한 선생님의 그러한 가르침을 바탕으로 역주작업을 해왔다. 그 노력만큼의 결실을 맺을 수 있기를 바라는 마음이다. 끝으로 이 책의 출간을 흔쾌히 맡아주신 휴머니스트 출판사와 섬세한 배려를 아끼지 않은 최세정 편집장과 김수영 님께 감사 인사를 드린다.

2010년 5월
윤세순

1790년 유득공의 열하 여행과 《열하기행시주》

1. 《열하기행시주》를 탄생시킨 1790년의 연행

《열하기행시주》는 실학자 영재泠齋 유득공柳得恭(1748~1807)의 연행시집燕行詩集이다. 조선 조정은 왕조의 건국 이후 대한제국이 수립될 때까지 매년 수차례 중국에 사신을 보냈고, 이 사신 행렬에 참여하였던 문인들은 자신의 견문을 활발하게 기록으로 남겼기에 오늘날 수많은 '연행록燕行錄'류의 저술이 전하고 있다. 연행은 조선이 외부세계와 교섭하는 가장 중요한 통로였던 만큼, 연행록은 조선의 문화와 학술 발달에 적지 않은 기여를 하였다.

오늘날 동아시아의 역사를 연구할 때에도 연행록은 매우 중요한 자료가 되고 있는데, 그중에서도 유득공의 《열하기행시주》는 화이론華夷論과 같은 중국중심주의에 매몰되지 않은 주체적 역사의식이 선명히 드러나 있기에 여타의 연행록 가운데서도 특히 주목되는 자료라 할 수 있다.

총 49수의 칠언절구七言絶句와 이 시편들에 대한 작자의 상세한 설명으로 이루어진《열하기행시주》는 유득공이 정조 14년(1790) 청나라 건륭제乾隆帝(1736~1795년 재위)의 80회 생일을 축하하는 사절단의 일원으로 열하熱河와 북경北京 등지를 다녀와 남긴 시집이다.《열하기행시주》는 '난양록灤陽錄'이라 불리기도 하는데, '난양灤陽'이란 '난하灤河의 북쪽'이라는 뜻으로, 이때 '난하'는 열하 지역을 흐르는 강을 일컫는다.

유득공은 세 차례 중국에 다녀왔다. 첫 번째 여행은 정조 2년(1778)에 심양瀋陽을 다녀온 것으로, 정사正使 이은李溵이 이끄는 심양 문안 사절단에 서장관書狀官 남학문南鶴聞의 수행원으로 참여하였다. 유득공은 이때의 기록으로《읍루여필挹婁旅筆》을 저술하였지만 현재는 그 서문만이 전하고 있다.[1]

두 번째 중국 여행은《열하기행시주》의 배경이 된 1790년의 연행이다. 이때 유득공은 박제가朴齊家와 함께 부사副使 서호수徐浩修의 종관從官으로 발탁되어 사절단에 참여하였다. 당시 정사는 황인점黃仁點, 서장관은 이백형李百亨이었으며, '연암그룹'의 일원이었던 이희경李喜經이 상사막객上使幕客으로 참여하였다. 서유구徐有榘의 부친으로서 서학西學에 조예가 깊었던 서호수,[2] 이용후생학파利用厚生學派의 대표 인물이라 할 수 있는 박제가와 이희경, 실학파의 역사학과 금석학[3]에 큰

1_ 김영진,〈유득공의 생애와 교유, 연보〉,《대동한문학》27, 대동한문학회, 2007, 21~21쪽 참조. 이 논문은 유득공의 생애에 대해 가장 충실한 정보를 제공해주고 있다. 이하 유득공의 생애와 관련된 정보는 이 논문에서 취하였음을 밝혀둔다.

2_ 서호수에 대해서는 최근 들어 본격적인 연구가 이루어지기 시작했다. 조창록,〈鶴山 徐浩修와 熱河紀遊─18세기 西學史의 수준과 지향〉,《東方學誌》135, 연세대학교, 2006 참조.

3_ 유득공의 금석학에 대해서도 최근에 본격적인 연구가 이루어지기 시작했다. 박철상,〈조선 금석학사에서 유득공의 위상〉,《대동한문학》27, 대동한문학회, 2007 참조.

업적을 남긴 유득공이 함께 열하를 다녀왔던 이때의 연행은 실로 성사盛事였다고 할 수 있다.

또 이때의 연행은 관련 기록도 풍성하게 산출하였다. 《열하기행시주》 이외에도 황인점의 《승사록乘槎錄》, 서호수의 《열하기유熱河紀遊》와 《연행기燕行記》, 그리고 작자가 이백형으로 추정되는 국문 연행록이 바로 이때의 사행에서 탄생된 기록들이다.

세 번째 중국 여행은 순조 1년(1801)에 다녀왔다. 주자서朱子書의 선본善本을 구해오라는 어명을 받들고서 유득공은 사은사謝恩使 조상진趙尙鎭, 부사 신헌조申獻朝, 서장관 신현申絢을 따라 북경에 다녀왔다. 이때의 기록으로 유득공은 《연대재유록燕臺再遊錄》을 남겼다.

이러한 유득공의 세 차례 중국 여행 가운데 《열하기행시주》의 배경이 된 1790년은 청나라 건륭제가 재위한 지 55년이 되던 해로서, 외형적으로는 청이 가장 강성하던 때였다. 강희제康熙帝와 옹정제雍正帝의 치세를 통해 청나라는 막대한 국부國富를 축적하였는데, 건륭제는 이를 바탕으로 대대적인 군사활동에 나서 청나라의 판도를 최대한 넓혔다. 대만, 베트남, 네팔, 미얀마 등에까지 대규모 원정을 감행하여 결과적으로 몽골고원, 동투르키스탄, 티베트 등까지 영역을 확장할 수 있었다. 건륭제는 이러한 자신의 업적을 높여 스스로 '십전무공十全武功'이라 선전하였다.

건륭제가 자신의 70회, 80회 만수절萬壽節을 맞아 각국의 축하사절단을 열하의 피서산장避暑山莊으로 불러들여 성대한 연회를 베풀었던 것은, 외번外藩의 중심지인 열하에서 각국의 조회를 받음으로써 청나라가 여러 이족夷族의 맹주임을 천하만방에 표방하려는 의도였다고 볼 수 있다.

하지만 건륭제의 집권 말기에 해당하는 1790년에 이르러, 청나라는 내부적으로 심각한 문제에 봉착하고 있었다. 건륭제의 과도한 군사활동은 강희·옹정제가 축적한 막대한 재정을 고갈시켰으며, 화신和珅과 같이 부패한 자가 국정을 농단壟斷하여 정치체제가 제 기능을 상실해 가고 있었다. 이와 같이 유득공이 열하를 여행하였던 1790년은 외형적으로는 청을 중심으로 한 아시아가 안정을 구가하는 듯하였지만, 내부적으로는 모순이 증대되어가고 있던 때였다.

유득공이 열하를 여행하기 10년 전에 조선의 사신 가운데 최초로 열하를 여행하였던 연암燕巖 박지원朴趾源은 불후의 역저《열하일기熱河日記》에서 청조사회의 번영을 사실적으로 기록하는 한편, 몽고족의 동향을 예의주시하는 등 천하대세의 진운進運에 대해 깊은 통찰을 보여주었다. 유득공은 이러한《열하일기》의 정신을 충실히 계승하여, 열하와 북경에서 만난 아시아의 각국 인사들과 활발히 접촉하면서 주체적 시각으로 아시아를 조망하였다. 박지원이 산문을 통해 연행문학의 새로운 경지를 열었다면, 유득공은 한시를 통해 연행문학의 또 다른 경지를 열었다고 평가할 수 있다.

2. 장르적 특징과 다양한 이본異本들

《열하기행시주》는 칠언절구 연작시의 형식을 취하고 있다. 각 절구의 제목들은 '압록강鴨綠江'·'심양서원瀋陽書院'처럼 지명을 차용한 경우와, '몽고제왕蒙古諸王'·'남장사자南掌使者'처럼 인물의 명칭을 차용한 경우로 크게 나눌 수 있으니, 대체로 유득공이 여행했던 지역의 특색이나 만난 인물이 주요한 제재가 되고 있다. 그리고 각 절구는 일정

日程에 따라 배열되어 있다.

《열하기행시주》의 각 시들은 그 표현이 대단히 함축적이다. 그래서 시를 읽은 뒤 반드시 저자의 주석을 참고해야만 뜻이 통하게 된다. 따라서 주석의 분량이 전반적으로 대단히 길며, 작품 이해를 위한 단순한 정보 제공부터 역사에 대한 고증, 그리고 작자의 견해를 펼치는 논설적 성격의 글쓰기까지 동원되고 있다. 그런 점에서 《열하기행시주》의 주석은 시 감상을 위한 보조적 성격을 넘어 작품 구성의 필수요소라고 할 수 있다.

이처럼 운문과 산문의 병용並用을 통해 시적 흥취와 학술적 글쓰기를 적절히 결합하는 칠언절구의 연작시 형식은 조선후기 시단詩壇에서 매우 활발히 애용되었는데, 《열하기행시주》에도 이러한 칠언절구의 연작시 형식이 갖는 장르적 효과가 십분 발휘되어 있다.

《열하기행시주》에 관해서는 적지 않은 수의 이본이 학계에 보고되어 있다. 본 번역서의 저본인 ① 《서벽외사해외수일본栖碧外史海外蒐佚本》(아세아문화사, 1986) 소재 《열하기행시주》(일본 동양문고 소장 필사본, 이하 '수일본'이라 칭함), 본서의 원문 교감에 활용한 ② 국립중앙도서관 위창문고본 《난양록》(필사본, 이하 '전서본'이라 칭함), 그리고 ③ 김육불金毓黻이 편찬한 《요해총서遼海叢書》(1935)에 수록된 《난양록》(刊本) 등은 비교적 쉽게 구할 수 있는 이본이다. 이밖에 박현규 교수의 보고에 따르면, 김육불이 편찬한 ④ 《동북문헌영습東北文獻零拾》(1942)에도 《난양록》이 수록되어 있는데 요해총서본과 차이가 없으며,[4] 《한

___

4_ 박현규, 〈중국 학자가 논평한 조선 柳得恭의 《灤陽錄》과 《燕臺再遊錄》〉, 《中韓人文科學研究》 제6집, 中韓人文科學研究會, 2001.

국고서종합목록》에는 ⑤ 전남대학교 도서관에 소장된 《난양록》이 소개되어 있다. 또 김윤조 교수가 발굴한 일본 ⑥ 덴리대학天理大學 소장의 《영재서종泠齋書種》,[5] ⑦ 수경실修綆室 소장의 《영재서종》에도 《난양록》이 수록되어 있다.[6] 이밖에 ⑧ 국립중앙도서관에 소장된 《영재집泠齋集》에 〈열하기행시熱河紀行詩〉가 있으나, 주석이 거의 대부분 삭제되어 있어 함께 비교할 만한 이본이라 하기는 어렵다.

이러한 이본 현황에 대해 《열하기행시주》 연구를 가장 먼저 시작했던 송준호 교수는, "수종의 국내 필사본과 중국 청말본이 남아 있으나 내용에는 차이가 없다"[7]고 보고한 바 있으며, 본서의 역주작업을 위해 다시 검토해보아도 전서본과 요해총서본 등 '난양록'이란 표제를 단 이본들 사이에서는 별다른 차이를 발견할 수 없었다. 그러나 《서벽외사해외수일본》의 《열하기행시주》와 '난양록' 계열을 비교해보았을 때, 다음과 같은 중대한 차이점들이 발견된다.

첫째, 표제가 다르다. 수일본에만 '열하기행시주'라고 되어 있고 다른 이본들은 모두 '난양록'으로 되어 있으며, 전서본의 표지에는 "或稱熱河紀行詩註"라는 설명이 부기附記되어 있다.

둘째, 《난양록》은 서문이 있으나 《열하기행시주》에는 서문이 없고, 편제가 다르다. 《난양록》은 권1·2로 구분되어 있으나 《열하기행시주》에는 그러한 구분이 없고, 일부 시의 순서도 달리 배열되어 있다.

5_ 김윤조, 〈《고운당필기》 연구—제 이본에 대한 검토〉, 《대동한문학》 26, 대동한문학회, 2007, 385~386쪽 참조. 김윤조 교수의 검토에 따르면, 덴리대학에 소장된 《난양록》과 국립중앙도서관에 소장된 《난양록》은 차이가 없다고 한다.
6_ 김영진, 〈유득공의 생애와 교유, 연보〉, 《대동한문학》 27, 대동한문학회, 2007, 주석 3) 참조.
7_ 송준호, 〈열하기행시주에 나타난 류득공의 문화의식〉, 《애산학보》 5, 애산학회, 1987, 76쪽.

셋째, 《열하기행시주》는 행서체行書體에 가까운 난필로 필사되어 있으며 비교적 오자도 여럿 발견된다. 이에 비해 전서본의 《난양록》은 '고운서옥장古芸書屋藏'이라고 표시된 원고지에 단정한 해서체楷書體로 필사되어 있어 대조가 된다.

넷째, 《열하기행시주》와 《난양록》은 글자가 다른 곳이 매우 많은데, 특히 《열하기행시주》에는 있으나 《난양록》에는 빠진 문장이 매우 많다.[8] 예를 들어 가장 마지막 작품인 〈봉성鳳城〉조를 보면, 무려 1,400여 자에 달하는 문장이 《난양록》에는 완전히 빠져 있다. 이 부분은 유득공의 고구려 중심 사관史觀이 강하게 피력된 부분으로, 압록강 너머 요동 땅에 대해 더욱 적극적인 관심을 가져야 한다고 매우 힘주어 말하고 있다. 이러한 예는 적지 않게 발견되는데, 대체로 중국과의 관계에서 문제가 될 만한 문장을 삭제한 것이라고 판단된다.

이러한 점들을 종합적으로 고려해보면, 《열하기행시주》는 《난양록》에 비해 더 초고에 가까운 본이라 생각된다. 초고에 가까운 《열하기행시주》의 문장을 다듬고, 문제를 일으킬 소지가 있는 대목에 대해서는 삭제를 가하고, 제목에도 문식文飾을 가한 것이 《난양록》이라고 판단된다. 본서에서는 《열하기행시주》와 전서본 《난양록》의 원문을 글자 하나하나 대조하여 그 이동異同의 내용을 밝혀놓았다. 앞으로 이 문제를 더 깊이 연구하는 데 적지 않은 참고가 될 줄로 믿는다.

8_ 반대로 《난양록》에는 있지만 《열하기행시주》에는 보이지 않는 문장도 있으나 그 분량은 상대적으로 미미하다.

3. 작가의식의 지향점

1) 아시아를 향한 열린 자세

《열하기행시주》에 드러난 유득공의 행적과 관련하여 가장 인상적인 면모는 그의 자유롭고 개방적인 자세이다. 유득공은 서호수의 종관 신분이었던 만큼, 공식 외교업무와는 직접적인 관련이 없었던 것으로 보인다. 그는 정사와 부사가 공무로 분주한 와중에도 박제가와 함께 아시아 각국에서 모인 축하사절단 인사들과 자유롭게 만나며 적극적으로 소통하고자 하였다. 그러한 노력의 결과로 그는 몽고蒙古와 회회回回의 여러 왕들과 친해져 온갖 농담을 하며 못하는 말이 없을 정도였다. 열하에서 만났던 붕안朋安이라는 이름의 청나라 종실宗室은 북경의 자기 집으로 유득공을 초대하기도 하였다. 그중에서도 회회국 오십왕烏什王과의 관계는 더욱 각별하였다.

> 열하에 온 자는 합밀왕과 오십왕으로, 나와 가장 친하였다. …… 그 왕들은 한어와 몽고어, 청나라 말을 잘하였다. 매일 서로 만나 내가 우리나라 말을 하면 회회왕은 회회 글자로 번역하고, 회회왕이 회회 말을 하면 나는 우리나라 글자로 번역하였는데 한어로 질정質正하였다. 그 왕들은 매우 총명하여 한 번 번역하면 곧바로 암송하였다.
>
> 〈회회回回의 여러 왕諸王〉

유득공과 오십왕이 서로 상대방의 언어를 배우는 모습을 그리고 있는 이 대목은 《열하기행시주》 전체를 통해 가장 흥미로운 장면이다. 유득공이 조선의 단어를 한어로 설명해주면 회회왕은 그에 해당하는 회회 말을 회회 글자로 써서 보여주는 식으로 두 사람은 상대방의 언어에 대한 이해를 이루어가고 있었다. 이밖에도 유득공은 각국의 언어에 대해 깊은 관심을 드러내었는데, 이러한 그의 관심은 아시아의 여러 언어를 마땅히 배워야만 한다는 당위론으로 한 단계 도약하고 있다.

대저 만주·몽고·회회의 여러 왕들은 대개 모두 각국 말을 하여, 이야기하는 중에 아무 나라의 말로 물으면 그 나라의 말로 대답하니, 매우 짧은 시간에 변환하고 끝없이 순환하여 웃으며 즐거워하였다. 이것은 천하가 크게 힘써야 하는 바이다. 우리나라 사람은 이것에 매우 어두워 회회·몽고·만주어는 말할 것도 없고, 비록 한어라도 또한 배우려고 하지 않는다. 무식한 자는 한어를 오랑캐 말이라고 하는데, 오랑캐 말을 배우는 것이 또한 어찌 쓰일 때가 없겠는가?

〈회회의 여러 왕〉

여기에 제시된 유득공의 아시아 언어 학습 당위론은 서구 중심의 세계체제에서 벗어나 '동아시아 공동체'를 지향하는 오늘날 우리 사회에도 시사하는 바가 적지 않다.

한편 유득공은 청조淸朝를 중심으로 하는 아시아의 국제 정치질서에 대해서도 대단히 날카로운 통찰을 보여주고 있다. 당시 열하에는 새롭게 완씨阮氏 왕조를 세운 안남安南(베트남)의 국왕 완광평阮光平도 건륭제의 만수절을 축하하기 위해 와 있었다. 그런데 그를 베트남의 새로운 왕으로 책봉한 청조의 처사에 대해 당시 많은 의혹이 있었다. 본래 청조에서는 베트남의 예전 국왕이었던 여유기黎維祁를 구원하고 완광평을 토벌하기 위해 대규모로 군대를 파견하였지만, 완광평의 군대에 크게 패해 어쩔 수 없이 그를 왕으로 책봉하였던 것이다. 하지만 청조에서는 이러한 현실을 은폐하여 정확한 사실관계가 외부에 알려지지 않도록 했다. 이에 유득공은 더 정확한 사정을 알기 위해 청조 인사들을 탐문하기도 했지만 질문을 회피하며 답변을 해주지 않았다. 그러한 상태에서 유득공은 다음과 같이 자신의 생각을 정리한다.

내가 가만히 안남의 사정을 생각해보매, 저 여씨란 자가 대대로 극악한 짓을 저질러 백성들은 원망하고 귀신들은 노하게 만듦으로써 스스로 천명과 단절한 것이다. …… 그러한 사정이 없이 하루아침에 임금과 신하를 바꾸었다면, 안남이 비록 바다 밖의 작은 나라라고 하지만 어찌 충의의 선비가 없었겠는가? 황제가 팔기의 군대를 동원하여 남쪽을 정벌한 여세를 몰아 옛 임금을 붙잡아 없애고 새로운 임금을 불러다가 의관을 하사하여 어루만지고 총애하여 보냈는데도 안남의 선비들은 장차 숨을 죽이고 엎드려 있었을 뿐이란 말인가? 여씨 왕조 3백 년의 은택이 남아 있었다면, 반드시 팔뚝을 휘두르고 눈물을 뿌리며 격문을 돌려 광평의 죄를 성토하며 무리 지어 일어나 완씨를 공격하는 자가 있었을 것이다. 이러한 때를 당하여 황제가 내버려두고 죄를 묻지 않는다면 권위가 손상되는 것이고, 군사를 일으켜 벌준다면 아무리 죽여도 다시 일어날 것이다. 창기瘴氣와 역병이 창궐하는 땅에서 군대를 자주 일으킨다면 승패는 알 수 없는 것이요, 양광兩廣 땅도 소요하게 되었을 것이다.

〈안남왕安南王〉

안남의 왕조 교체에 대해 제한된 정보를 얻을 수밖에 없었던 유득공으로서는 나름대로 최대한 사리에 맞추어 사태를 추리해본 것인데 그 결과는 놀랍도록 예리하다. 청조가 안남의 옛 왕을 폐하고 새 왕을 책봉한 데에는 필시 청조도 어찌할 수 없는 안남 백성의 '민심'이 자리하고 있었을 것이라는 유득공의 생각은 역사적 사실과 정확히 부합한다. 이른바 '서산농민기의西山農民起義'를 통해 새롭게 왕조를 세운 완광평은 오늘날까지도 베트남 인민들에게 역사의 영웅으로 기억되고 있는 것이다. 아시아의 정치적 안정이 청조의 군사력만으로 지탱되는 것이 아님을 날카롭게 지적하고 있는 유득공의 통찰은 대단히 인상적이다. 유득공은 중국중심주의에 매몰되지 않고 아시아의 입장에서 아시아를 바라보고 있었다.

2) 한·중 문화교류의 생생한 보고報告

근년에 들어 일국一國 중심적 시야에서 벗어나 더 넓은 국제적 안목에서 역사와 문화를 이해하고자 하는 연구태도가 학계의 대세를 이루고 있고, 그에 따라 연행록이라든지 일본통신사 관련자료를 통해 한·중, 한·일 간의 문화교류에 대한 연구가 활발하게 진행되고 있다.

그러한 한·중 문화교류라는 관점에서 보았을 때, 《열하기행시주》는 대단히 소중한 자료라고 할 수 있다. 다음은 유득공이 기윤紀昀과 교유하였던 장면을 기록한 대목이다.

기紀 대종백의 이름은 윤昀이요, 직례直隸 헌현獻縣 사람으로 예부상서禮部尙書인데, 현재 중국에서 사림詞林의 종장으로 추앙하고 있다. …… 성안에 있는 그의 집을 방문했더니 상좌에 맞이하여 빈주賓主의 예를 조심스럽게 차리기에, 내가 말하기를 "저는 나이도 어리고 관직도 보잘것없으니,

존장尊長을 움직일 처지가 못 됩니다"라고 하니, 상서는 "옛 예법이 이와 같고 지금 나라의 법제가 또한 그러하니 겸양할 필요가 없습니다"라고 하였다.

〈기효람紀曉嵐 대종백大宗伯〉

기윤은 청조의 국가적 학술사업이었던《사고전서四庫全書》의 편찬을 주도했던 당대의 대표 학자였다. 그러한 기윤이 조선의 젊은 검서檢書 유득공을 정중히 대했다는 이 일화는 당시 한·중 문화교류의 일단을 흥미롭게 보여준다. 위 인용문은 계속해서《사고전서》의 편찬과 유득공의 문집인《영재집》에 대한 품평 등을 두고 기윤과 유득공이 나누었던 대화를 소개하고 있고, 또 기윤이 유득공과 박제가를 만나기 위해 숙소를 방문하였지만 마침 유득공과 박제가가 숙소에 없어 서로 만나지 못했던 일화 등도 소개하고 있다.

유득공은 기윤을 만나고 난 뒤에 나빙羅聘을 통해 기윤이 우루무치 〔烏魯木齊〕로 귀양 갔을 때 한비漢碑 하나를 구해왔다는 말을 듣고서는, 자신이 일전에 기윤을 방문하였을 적에 그 비를 확인하지 못한 것을 못내 안타까워하며 다음과 같이 말하였다.

내가 기 상서의 집을 방문하였을 때 이런 일이 있었던 것을 알지 못하여 미처 찾아보지 못한 것이 한스러웠다. 청나라《일통지》에 따르면, 비령碑嶺은 합밀성哈密城 북쪽 120여 리의 천산天山 위에 있는데, 파리곤 군영으로 가려면 반드시 이곳을 거쳐야 한다. 토착민들은 그곳을 '활석도滑石圖'라고 부르는데, 한어로는 '비석이 있는 고개〔碑嶺〕'라는 뜻이다. 당唐의 비문은 글자가 떨어져나간 것이 많지만 아직도 '후군집령십사만군候君集領十四

萬軍'등의 글자가 남아 있다고 한다. 기공이 가지고 온 것이 이 비가 아니
었을까? 나양봉이 잘못 알고 한비라고 했던 것일까? 아니면 별도로 한비
가 있는 것인가?

〈기효람 대종백〉

여기서 유득공은 고증학에 대한 깊은 관심과 함께 학술에 대한 자
신의 자부심을 은근히 드러내고 있다. 기윤이 소장하고 있다는 한비
는 아마도 당비唐碑일 것이라는 자신의 견해를 구체적인 증거를 통해
개진하는 데서, 청조의 학술에 위축되지 않는 유득공의 학문적 자부
심을 읽을 수 있다.

다음에 소개하는 장도악張道渥 관련 일화는 유득공 일행이 북경의
문인들 사이에서 상당히 인기 있는 존재였음을 흥미롭게 보여준다.

장수옥의 이름은 도악道渥이고, 강소성 양주부 사람이다. …… 양봉 나
빙의 처소에서 서로 보게 되었는데, 부채에 시를 써서 내게 주었다. ……
나와 차수를 청하여 가서 술을 마시려 하는데 양봉이 화를 내며 손님을 빼
앗아간다고 하자, 수옥 또한 성을 내어 그 자리에서 큰 싸움이 벌어졌다.
그래서 나는 그곳에 남고 차수가 떠나서 겨우 미봉이 되었다.

〈장수옥張水屋〉

유득공 일행을 손님으로 맞이하기 위해 서로 크게 싸움을 벌였다는
사정이 해학적으로 그려지고 있다. 이러한 일화는 한·중 문인들의 교
류가 어느 한쪽의 요구에 의한 것이 아니라 서로간의 요구로 이루어
진 것임을 보여준다.

또한 《열하기행시주》에서는 조선의 연행사절단과 중국 문인과의 교류가 일회성 행사에 그치는 것이 아니라 그 전통이 양측 모두에 의해 계승되어갔던 점을 확인시켜주고 있다.

완원의 자는 백원伯元, 강소 의징儀徵 사람으로 한림편수翰林編修이다. 유환지의 자는 패순佩循, 호는 신방信芳, 산동 제성현諸城縣 사람으로 한림 검토翰林檢討이다. 내가 객관에 머물 때 두 사람이 함께 수레를 타고 와서 객관 앞을 배회하였지만 누구도 맞아서 접대하는 사람이 없자 섭섭한 태도로 돌아가려 하였다. 내가 그들을 청하여 캉에 이르게 하여 함께 말을 해보니 모두 명망 있는 선비였다. 그들이 말하기를, "지난해 우리 모두 서길사庶吉士로 있으면서 벽 하나를 사이에 두고 사신들과 서로 알고 지냈습니다. 지난해 왔던 사람이 어찌 한 사람도 오지 않았습니까?"라고 하여 내가 대답하기를, "꼭 다시 오는 것은 아닙니다"라고 하였다.

완백원은 저서로 《거제고기車制考紀》가 있는데, 대종백이 그 고증이 정밀하고 자세하다고 자주 칭찬하였다는 것을 내가 열거하며 말하였더니 백원이 환한 얼굴로 좋아하였다.

〈유환지劉鐶之 · 완원阮元 두 태사二太史〉

널리 알려진 바와 같이 완원은 추사秋史 김정희金正喜가 스승처럼 여긴 청조의 대학자이다. 그런데 위 인용문에서 완원은 조선의 문인 유득공을 만나기 위해 직접 찾아왔다가 유득공의 격려를 받고서 매우 기뻐하는 젊은 학인으로 그려지고 있다. 또 함께 언급되는 유환지는 청대의 저명한 서예가 유용劉墉의 조카인데, 그의 아들 유희해劉喜海는 조선의 문인들과 활발한 학술교류를 하여 후일 《해동금석원海東金石苑》

을 펴낸 인물이다. 이러한 점에서 볼 때, 1790년 유득공의 연행은 이후에 전개된 추사 김정희 시대 한·중 문화교류의 한 초석이 되었다고 볼 수 있다.

4. 글을 맺으며

18세기에 박학博學으로 유명했던 연경재硏經齋 성해응成海應은 자신의 필기筆記인 《난실담총蘭室譚叢》에서 '유혜풍열하시주柳惠風熱河詩注'라는 제목으로 《열하기행시주》의 주석 내용을 발췌하여 초록하였다. 또 19세기에 박학으로 유명했던 오주五洲 이규경李圭景은 자신의 저서 《오주연문장전산고五洲衍文長箋散稿》 가운데 '서오외양필제변증설西隖外洋筆制辨證說', '패문운부소루변증설佩文韻府所漏辨證說', '기상제역변증설寄象鞮譯辨證說' 등 모두 12조목에서 《열하기행시주》를 활용하였다. 이러한 점을 통해 《열하기행시주》에 수록된 각종 정보가 당시에 매우 요긴한 것이었음을 넉넉히 짐작할 수 있다.

그리고 한·중 문화교류에 대한 실증적인 연구로 선구적 업적을 남긴 후지쓰카 지카시藤塚鄰의 《청조문화 동전의 연구淸朝文化東傳の研究》(1975)에서도 연행과 관련된 대표적 기록으로 《담헌연기湛軒燕記》, 《열하일기》와 함께 《열하기행시주》를 거론하였다.[9]

이러한 점들은 《열하기행시주》의 자료적 가치가 어떠한가를 묵묵히 웅변해주고 있다. 그렇지만 오늘날 《열하기행시주》에 대한 관심은 《열하일기》와 관련한 학계의 방대한 연구성과나 일반 독자의 깊은 사

9_ 과천문화원, 《추사 김정희 연구》, 2009, 33쪽.

랑에 견주어 초라하기 짝이 없는 것이 사실이다. 모쪼록 본서의 출간을 계기로《열하기행시주》가 지닌 역사적 가치와 문학적 아름다움이 세상에 널리 알려지기를 기대해본다.

김용태

일러두기

1 이 책은 《열하기행시주》(일본 동양문고 소장 필사본)를 저본으로 삼아 역주작업을 하였다. 원문의 교감을 위해 저본과 《난양록》(국립중앙도서관 위창문고 소장 필사본)을 축자逐字 대조하여 원문을 확정하였다. 저본 자체의 오자誤字를 바로잡고 주석을 달았으며, 《난양록》과 다른 부분에 대해서도 주석을 달았다. 확정된 원문은 독자들이 읽기 쉽도록 구두句讀를 표시하고 문단을 나누었다. 《열하기행시주》는 벽사 이우성 선생이 펴낸 《서벽외사해외수일본栖碧外史海外蒐佚本》(아세아문화사, 1986)에 수록되어 있으므로 '수일본'이라 일컬었고, 《난양록》 또한 벽사 선생이 편차編次한 《유혜풍전서柳惠風全書》(未刊)에 수록되어 있으므로 '전서본'이라 일컬었다.

2 번역문은 원전의 뜻을 충실히 반영하도록 하였다. 독자들이 읽기 쉽도록 원문을 적절히 끊어서 번역하고, 필요한 경우 주석을 달아 설명하였다. 동의어나 간단한 설명은 ( ) 속에 병기하였다. 저자가 사용한 우리말 음차 표기는 〔 〕 속에 밝혀두었다.

3 번역문의 제목들 중 일부는 원제原題를 우리말로 풀이하여 달았다.

4 번역문과 원문에 문장부호를 붙였다. 【 】-원주原註, 《 》-책명, 〈 〉-편명, 〔 〕-동의이음同意異音 한자 표시를 뜻한다.

5 각 편의 옮긴이는 다음과 같다.
〈서문〉에서 〈신점〉까지 이현우, 〈세하〉에서 〈조양현〉까지 서경희, 〈라마구〉에서 〈평천주〉까지 이신영, 〈홍석령〉에서 〈연회에 참석하다〉까지 최영옥, 〈만주의 여러 왕〉에서 〈회회의 여러 왕〉까지 손혜리, 〈안남왕〉에서 〈남장의 사자〉까지 김용태, 〈면전의 사자〉에서 〈고북구〉까지 김진균, 〈원명원〉에서 〈감달한〉까지 이철희, 〈산호수〉에서 〈기효람 대종백〉까지 김영죽, 〈어사 반추루〉에서 〈나양봉〉까지 윤세순, 〈장수옥〉에서 〈철야정 시랑〉까지 김형섭, 〈복건장군〉에서 〈심양〉까지 한재표, 〈봉성〉은 신익철이 옮겼다.

열하를 여행하며 시를 짓다 熱河紀行詩註

서문

우리나라 사람은 열하熱河[1]에까지 갈 일이 없었다. 경자년(1780)에 사신이 이르렀으나, 연경燕京에서 고북구古北口[2]로 갔다가 다시 고북구로 해서 연경에 이르렀던 것이다.[3] 지난날의 사서史書를 살펴보니, 고구려 장수 갈로葛盧·맹광孟光[4]이 연燕나라 왕 풍홍馮弘[5]을 맞이하기 위

1_ 열하熱河 │ 중국 하북성河北省 동북부 열하 연안에 있는 승덕시承德市의 옛 이름. 도처에 온천이 있어 겨울에도 물이 얼지 않아 '열하'라는 이름을 얻었다고 한다. 청 황제의 여름 집무지인 피서산장避署山莊이 있었다. 열하는 난하灤河의 지류이며, 강의 북쪽에 도시가 건설된 데서 이 글을 '난양록灤陽錄'이라고도 명명했다.

2_ 고북구古北口 │ 중국 하북성 밀운현密雲縣에 있는 만리장성의 관문. 연경에서 열하에 이르는 길목에 있는데, 연경을 지키는 군사적인 요충지로 '경도쇄약京都鎖鑰'이라 불렸다. 1780년에 박지원이 이곳을 지나며 느낀 소회를 적은 〈야출고북구기夜出古北口記〉가 유명하다.

3_ 경자년(1780)에 … 것이다 │ 정조 4년 5월에 금성위錦城尉 박명원朴明源 일행이 청 고종高宗 건륭제乾隆帝의 고희古稀 축하사절로 열하까지 사행을 연장한 것을 말한다. 당시 정사正使는 박명원, 부사副使는 정원시鄭元始, 서장관書狀官은 조정진趙鼎鎭이었고, 연경에서 고북구·밀운·난하를 거쳐 열하로 이동하였다. 이때 박지원은 수행 군관의 자격으로 참가하여 《열하일기熱河日記》를 남겼다.

4_ 갈로葛盧·맹광孟光 │ 고구려 장수왕 때의 장수들. 갈로는 갈만로葛蔓盧 또는 갈거로葛居盧로 전해지기도 하며, 갈로와 맹광을 한 인물로 보는 견해도 있다. 북연北燕(407~436)의 군주 풍홍馮弘이 고구려에 망명하던 무렵 전공을 세웠다. 북연의 수도 화룡和龍에 진격하여 풍홍과 그 주민들을 고구려로 무사히 귀부歸附하게 하였다.(《삼국사기三國史記》〈고구려본기高句麗本紀〉 장수왕 24년)

5_ 풍홍馮弘 │ 중국 북연의 마지막 군주 소성제昭成帝를 가리킴. 북위北魏의 잦은 공격으로 나라가 기울자, 436년 고구려에 망명하였다. 뒤에 고구려의 처우에 불만을 품고 유유劉裕와 내통했는데, 이것이 고구려에 발각되어 손수孫漱·고구高仇 등 장수왕이 보낸 장수들에게 죽임을 당하였다.(《삼국사기》〈고구려본기〉 장수왕 26년)

해 용성龍城에 이르렀다. 군사들에게 명하여 헤진 옷을 벗게 하고, 연나라 무기고에서 새롭고 예리한 무기와 복장을 가져다 나눠주어 성안을 크게 약탈하고 귀환하였다.[6] 용성은 지금의 조양현朝陽縣[7]이니, 조양으로부터 서쪽의 건창建昌·평천平泉 등지는 맹광이 이르지 못했던 곳이다. 나의 이번 걸음은 곧장 요동 벌판의 백대白臺에서 해奚[8] 땅을 거쳐 피서산장避暑山莊[9]을 구경하고, 고북구에 들어갔다가 산해관山海關[10]으로 나와 귀국하였다. 여산閭山[11]은 일주 도중에 있었고, 만리장성은 그 절반을 지나왔다. 일찍이 없었던 일이라 하겠다.

6_ **사서史書를 … 귀환하였다** │ 《삼국사기》〈고구려본기〉 장수왕 24년조에 관련 기사가 보인다.

7_ **조양현朝陽縣** │ 현재 중국 요령성遼寧省의 조양시이다. 요遼나라에서는 흥중부興中府, 원元나라에서는 의주로懿州路 흥중주興中州, 명明나라에서는 타안위계朶顔衛界라고 하였는데, 청나라 초기에 삼좌탑통판三座塔通判을 설치하였다가 뒤에 승격시켜 조양현이라고 하여 영덕부永德府에 예속시켰다.

8_ **해奚** │ 열하 지역에 살던 종족. 남북조시대에는 고막해庫莫奚로 불리다가 수隋·당唐 때에 해奚라고 불렸다. 유목생활을 하였으며, 뒤에 점점 거란인에 동화되었다. 《신오대사新五代史》 74, '거란' 조에서는 "해는 본래 흉노의 별종" 이라 하며, 《북사北史》 94, '해奚' 조에서는 "해는 거란과 이종異種 동류로 본래 고막해라 하였는데, 그 선조가 동호東胡의 우문字文의 별종" 이라고 하였다. 고구려 때 이들의 악기인 해금奚琴이 전해졌다.

9_ **피서산장避暑山莊** │ 중국 하북성 열하에 있는 청조의 이궁離宮. 피서별궁避暑別宮, 열하행궁熱河行宮으로도 불렸다. 1703년 강희제康熙帝 때부터 짓기 시작하여 옹정제雍正帝를 거쳐 1790년 건륭제 때 완성되었다. 총면적이 5,460m²이고, 성벽의 길이가 10km이다.

10_ **산해관山海關** │ 중국 하북성 발해만 연안에 있는, 만리장성의 동쪽 관문. 명나라 홍무洪武 17년(1384)에 서달徐達이 증수했다고 하며, 두 번째 문루에 '천하제일관天下第一關' 이라는 현판이 걸려 있다. 명말明末에 청군이 관내로 진입할 때 명의 대군이 이곳을 거점으로 끝까지 저항하였다. 우리나라 사신들이 연경에 갈 때 이 관문을 경유하였다.

11_ **여산閭山** │ 의무려산醫巫閭山을 가리킴. 중국 요령성 북진현北鎭縣 서쪽에 있으며, 광녕산廣寧山이라고도 한다. 남북으로 산줄기가 길게 뻗어 있으며, 산의 북쪽은 몽고이고, 남쪽은 발해이며, 동쪽은 요동 벌판이고, 서쪽은 북경이다. 《주례周禮》〈직방職方〉에 나오는 유주幽州의 진산鎭山으로, 뒤에 중국의 오진五鎭에 들어갔다. 골짜기 남쪽에 북진묘北鎭廟가 있다. 연행 사절단의 경유지로, 홍대용洪大容이 쓴 《의산문답醫山問答》의 무대이기도 하다.

을묘년(1795) 장지長至에 유득공柳得恭은 고운재古芸齋[12]에서 쓴다.

압록강鴨綠江

박작성泊汋城[1] 남쪽, 푸른 물결 불었는데　　　　　泊汋城南漲綠波
경쾌한 배, 빠른 말, 이별 노래 기다리네.　　　　快船輕騎待離歌
총총히 몇 자 적어 빠른 파발에 보내오니　　　　忽忽書付流星撥
연경으로 가지 말고 열하로 향하라 하네.　　　　不向燕京向熱河

《건륭어제집乾隆御製集》에 "근래 연등절燃燈節에 자주 율시를 올리니,
조회하러 오는 사람 응당 시를 잘 지어야 하리(邇來燈節頻呈律, 觀謁
應來能句人)"라는 시구가 있는데, 대개 본국 사신을 가리켜 한 말이
다. 그 주석에서 분명히 언급하기를, 임인(1782)·계묘(1783) 연간 사신
들의 상원上元 응제시應制詩들은 그 글의 뜻이 모두 볼 만하다고 하며,
예의지방禮義之邦이라 거듭 칭찬하였다.[2]
　대신들이 경연經筵에서 아뢰어 천거하여, 만수절萬壽節[3]에 파견할 진
하부사進賀副使로 규장각 전前 부제학 학산鶴山 서공徐公[4]을 충원하여

1_ 박작성泊汋城 | 고구려 때 압록강 연안에 쌓았던 성. 강을 거슬러 올라오는 길목을 통제했던
　것으로 보인다. 《동사강목東史綱目》〈고구려제현고高句麗諸縣考〉 '박작성'조에 《당서唐書》〈지
　리지地理志〉를 인용하여 "압록강 입구에서 배를 타고 100여 리를 간 다음, 이어 작은 배를 타
　고 동북 30리를 거슬러 올라가면 박작구에 이르게 된다(自鴨綠江口, 舟行百餘里, 乃小舫泝流東北三
　十里, 至泊汋口)"라고 하여, 대략 그 위치를 짐작할 수 있다.

파견키로 하였다. 서공이 이무관李懋官[5]과 박차수朴次修[6]를 추천하여 종관從官으로 삼았는데, 무관이 어버이가 연로하다고 고사했으므로 바꾸어서 나를 추천하였다. 그해 5월 24일에 나는 광흥창廣興倉[7] 주부主簿에서 사도시司導寺[8] 주부로 바뀌어 임명되었는데, 아문衙門에 녹봉을

2_ **《건륭어제집乾隆御製集》에 … 칭찬하였다** | 건륭제의 시는 〈조선배신접근인득구朝鮮陪臣接覲因得句〉(《어제시사집御製詩四集》 권99)로 그 전문은 다음과 같다. "四度謁陵慕志中, 朝鮮依例遣陪臣. 前畨有奬屏翰悃, 此次無妨禮樂彬. 守道邦乎信知義, 嘉誠予也合施仁. 邇年燈節頻呈律, 覲謁應來能句人." 그 주석은 다음과 같다. "自壬寅歲, 命朝鮮陪臣一體與上元筵宴, 陪臣黃仁點·洪秀輔各賦七言律詩一首. 癸夘歲, 依例與宴陪臣鄭存謙·洪良浩亦賦詩呈進. 詞旨並有可觀, 信爲東方禮義之邦也."

3_ **만수절萬壽節** | 청나라 건륭제의 팔순절八旬節을 말함. 이때 조선의 축하사절단으로 정사에 창성위昌城尉 황인점黃仁點, 부사에 서호수徐浩修, 서장관은 이백형李白亨, 통역관은 홍명복洪命福과 이광렬李光烈이 참가하였다.

4_ **학산鶴山 서공徐公** | 서호수(1736~1799)를 가리킴. 학산은 서호수의 호. 자는 양직養直. 본관은 달성達城. 서유구徐有榘의 부친. 영조 41년(1765) 식년문과에 장원으로 급제하여 규장각 직제학·예조판서 등의 벼슬을 역임하였다. 정조의 문집인 《홍재전서弘齋全書》의 기초가 된 《어제춘저록御製春邸錄》의 간행을 주관하였고, 1790년 청에 사행을 다녀오면서 《연행기燕行紀》를 남겼다. 《문헌비고文獻備考》의 천문학 부분인 〈상위고象緯考〉를 집필하였고, 관상감 제조 때는 《신법중성기新法中星記》·《신법누주통의新法漏籌通義》를 편찬하였으며, 중인 과학자인 김영金泳을 발굴·중용하였다.

5_ **이무관李懋官** | 무관은 이덕무李德懋(1741~1793)의 자. 호는 형암炯庵·아정雅亭·청장관靑莊館. 본관은 전주. 통덕랑通德郎 이성호李聖浩의 서자. 박지원·홍대용 등 북학파 실학자들과 교유하면서 많은 영향을 받았다. 1778년 서장관으로 연경에 다녀왔으며, 1779년 박제가·유득공 등과 함께 초대 규장각 검서관이 되어 많은 서적을 정리·교감하였다. 그가 사망하자, 정조는 《아정유고雅亭遺稿》를 간행해주었다.

6_ **박차수朴次修** | 차수는 박제가朴齊家(1750~1805)의 자. 또 다른 자는 재선在先·수기修其, 호는 초정楚亭·정유貞蕤·위항도인葦杭道人. 승지承旨 박평朴坪의 서자. 29세(1778) 때 사은사謝恩使 채제공蔡濟恭의 수행원으로 연경에 가서 이조원李調元·반정균潘庭筠과 교유하였으며, 귀국하여 《북학의北學議》를 저술하여 생산기술의 향상, 통상무역을 통한 이용후생利用厚生의 실현을 주장하였다. 30세 때 규장각 검서관이 되었으며, 네 차례나 연행길에 올랐다. 흉서사건凶書事件의 주모자인 윤가기尹可基와 사돈이라는 이유로 말년에 유배되기도 하였다. 문집으로 《정유집貞蕤集》이 있다.

7_ **광흥창廣興倉** | 고려 말부터 조선시대에 문무백관의 녹봉을 관리하던 관청.

8_ **사도시司導寺** | 조선시대에 궁중의 곡물과 장醬의 공급을 맡은 관청.

나눠주는 일을 오래 비울 수 없기 때문이었다. 27일에 상上께 하직 인
사를 올렸다.

6월 11일, 의주義州에 도착하였다. 21일에는 성경장군盛京將軍[9]의 자
문咨文이 이르렀는데, "본국 사신은 힘써 7월 10일 이전에, 서둘러 열
하에 도착하여 연석宴席에 참여하라"는 것이었다. 조정의 명령이 애초
에 연경으로 가서 8월 13일 연석에 들도록 하였으므로, 의주에 조금
머무르며 곧장 강을 건너지 않고 있었다. 이첩移牒한 자문을 보매, 밤
낮으로 이틀 길을 하루에 가지 않으면 기일에 닿을 수 없었고, 열하는
또 만리장성 바깥의 낯선 길이라 정사와 부사가 사유를 갖추어 치계馳
啓하였다. 22일, 구룡연九龍淵에서 강을 건너자 성경장군의 재촉하는
공문이 잇달아 도착해 있었다. 그 내용은 다음과 같았다. "본국 사신
은 되도록 밤낮으로 급히 달려가되, 7월 10일 이전으로 기한을 정하
여 바로 열하로 가서 각국 공사貢使들과 함께 연석에 들어가도록 하
고, 절대로 늦거나 잘못되는 일이 없도록 하십시오. 만약 가까운 길을
택하여 구관대九關臺를 경유하여 열하로 간다면 도중에는 전혀 역참驛
站이 없어서 늦어지거나 잘못될 것이 두려우므로, 이미 의주 기민旗民[10]
과 지방관에게 계칙戒飭하는 문서를 급송하여 견고한 수레와 건장한

9_ 성경장군盛京將軍 ㅣ 중국 청나라 때 심양瀋陽 지역의 군정軍政을 담당하던 관리. 청나라는 순
치順治 원년(1644)에 연경을 수도로 정하면서 옛 수도인 심양을 승격시켜 성경盛京(천권성경天
眷盛京의 약칭)으로 고쳐 부르고, 성경장군·성경오부盛京五部·봉천부윤奉天府尹을 두어 각각
군정, 군민 교섭, 민정을 담당하게 하였다.

10_ 의주 기민旗民 ㅣ 여기 의주는 평안도 의주가 아니라 요동에 있는 지명이다. 기민은 기인旗人
이라고도 한다. 청 태조 때에 정한 병제兵制로, 만주족뿐만 아니라 이 군역軍役에 참가한 한인
漢人·몽고인·조선인이 모두 여기에 포함되었다. 청 개국 초기에 4기旗를 편성하였다가 그
뒤에 8기로 늘렸고, 또 그 뒤에 몽고군과 한군漢軍을 각각 8기로 편성하여 모두 24기에 30만
군을 운영하였다. 기旗로써 사람을 통솔하므로 기민이라는 이름이 생겼다.

말을 준비하였다가 행차에 응하도록 하였습니다. 이어 변외邊外에 있
는 조양·적봉赤峯·건창 등의 고을에도 속히 신칙申飭하여 모든 대비
책을 마련해두도록 하였습니다."

23일, 책문柵門[11]에 들어갔다. 일행의 마부와 말들을 나누어 긴요하
지 않은 짐바리는 산해관의 큰길을 따라 참站을 거쳐 천천히 연경으로
향하도록 하였다. 나와 차수次修, 상사上使의 막객幕客인 포의布衣[12] 이
윤암李綸庵,[13] 서장군관書狀軍官인 전前 부사府使 이경진李敬進, 역관譯官
세 사람, 사자관寫字官 한 사람은 사신을 따라서 행장을 간편하게 꾸린
다음 길을 재촉하여 곧장 열하로 나아갔다.

11_ 책문柵門 ┃ 나무 말뚝으로 만든 방책防柵. 청은 조선과의 국경 분쟁을 피하기 위한 방편으로
압록강부터 책문에 이르는 지역을 완충지대로 하여 양국 사람들이 경작 내지 입주하지 못하
게 하였다. 《계산기정蓟山紀程》 '책문柵門' 조에 따르면, 북쪽의 탑라塔剌에서 남쪽의 해문海門
에 이르는 2,000여 리에 70개소의 책문이 설치되었다고 한다.

12_ 포의布衣 ┃ 아무 직함이 없는 평민 신분의 사람을 가리킨다.

13_ 이윤암李綸庵 ┃ 윤암은 이희경李喜經(1745~1805)의 호. 조선후기의 실학자. 자는 성위聖緯 또
는 십삼十三. 또 다른 호는 설수雪岫·광명거사廣明居士. 본관은 양성陽城. 무반 가문의 서족庶
族. 1769년에 연암을 모시고 백탑시사白塔詩社를 결성하였다. 실학적 관점을 지녔으며, 박제
가와 교분이 깊었다. 다섯 차례나 청나라에 다녀오면서 《농기도農器圖》를 편찬하고, 용미거
龍尾車를 제작하기도 하였다. 36세 때인 1780년에는 가족을 데리고 강원도 홍천에 들어가 구
전법區田法을 시험하기도 하였다. 저서에 《설수외사雪岫外史》가 전한다.

심양서원 瀋陽書院[1]

강남의 장張 수재 만나지 못해　　　　　不見江南張秀才

강당 깊은 곳에서 홀로 서성이네.　　　講堂深處獨徘徊

그해 이별하던 말, 공교롭고 슬퍼라　當年別語工凄楚

심수瀋水가 동쪽으로 흐르면 내 다시 오리라고.　瀋水東流可再來

　무술년(1778) 가을, 나는 심양서원에 있으면서 봉천부奉天府[2] 치소治
所에 있었던 서경西京 손호孫鎬, 서경의 사위 장섭張燮, 교수敎授 배진裵
振, 거인擧人 심영신沈映宸 · 심영풍沈映楓 형제, 김과예金科豫, 왕원王瑗,
왕지기王志驥 들과 교유하였다. 이별할 즈음 시를 지어준 자들이 모두
열일곱 사람으로 나에게 화답해주기를 부탁하였고, 또 어느 때 다시
만날 수 있는지 물었다. 내가 심수를 가리키며 "서쪽으로 흐르는가,
동쪽으로 흐르는가?" 하고 물으니, 사람들이 "서쪽으로 흐른다" 하
였다.

　내가 붓을 들어 절구 한 수[3]를 지었는데 다음과 같다.

1_ 심양서원瀋陽書院 ｜ 중국 요령성 심양시 황궁黌宮(學宮) 오른편에 위치한 서원. 건륭 7년(1742)
에 공부시랑工部侍郞 이영소李永紹가 창건하였다.

2_ 봉천부奉天府 ｜ 1657년에 청조가 심양성 안에 설치한 부府. 청나라는 북경을 국도國都로 정한
뒤, 이곳을 배도陪都로 삼고 부를 설치하였다.

유유히 작은 이별 진실로 슬프기도 한데   悠悠小別儘堪哀

심수가 동쪽으로 흐르면 내 다시 오리라.   瀋水東流可再來

기억해두게나, 금년 가을 서원에서   記取今秋書院裏

담황색 종이에 필담 나누며 돌아오던 일.   淡黃紙上筆談回

좌중이 모두 크게 놀랐는데, 대개 내가 다시 압록강을 건너 서쪽으로 오지 못하리라 여겼던 것이다.

6월 28일, 심양에 도착하였다. 차수와 함께 수레를 타고 곧장 서원을 찾아가니 옛날 같이 놀았던 이는 한 사람도 없었다. 황문교黃文橋라는 자가 있어 그와 더불어 이야기를 했다. 손서경孫西京 · 배교수裵教授는 이미 옛사람이 되었고, 김과예와 심씨 형제 등은 혹 지방관이 되어 떠났다고 한다. 헤아려보니 10년 전의 일이라, 나도 모르게 슬픈 생각이 들었다.

다른 날 길에서 모자에 푸른 정자頂子[4]를 단, 금주錦州 사람 옥십리沃什里라고 하는 자가 동류 몇 사람과 상사의 군관을 함께 만났는데, 내

3_ **절구 한 수** | 이 시는 《영재집泠齋集》 권3, 〈고금체시古今體詩〉에 '서원의 여러 수재와 이별하며(別書院諸秀才)'라는 제목으로 수록되어 있는데, "奉天府王瑗 · 沈映宸, 遼陽王志騏, 錦州金科豫, 復州姜文玉諸人"이라는 주석이 붙어 있다. 심양의 유생에 대해서는 박제가도 〈차김과예次金科豫〉라는 시를 남겼으며, 이덕무 또한 〈입연기入燕記〉라는 글에서 배진 · 김과예 등과 필담을 나눈 일화를 수록하였다.

4_ **정자頂子** | 중국에서 모자 위에 꼭지처럼 만들어 붙이던 꾸밈새. 벼슬의 품계에 따라 금 · 은 · 옥 · 석의 구별이 있다. 유득공의 《연대재유록燕臺再遊錄》(1801)에 금정자에 대해 다음과 같은 기록이 보인다. "연경 사람들은 간혹 말하기를, '벼슬을 사서 무엇을 하자는 건가? 은만 없어지기 쉬우니, 약간의 은자를 바치고 서품되어, 금정자를 다는 것이 좋지 않은가' 한다. 그들 사이에서는 모자 위에 정자가 있은 연후에야 체면이 서서 행세할 수 있기 때문이다.(燕中人或曰, '焉用買官爲哉? 易失銀, 莫如納若干銀兩敍品, 戴金頂子好矣.' 彼中帽上有頂子, 然後有軆面, 可以行世故也)"

이름을 들며 "10년 전에 서원에서 알게 되었소. 지금쯤 관리가 되지 않았소?"라고 물었다 한다. 관리가 되어 내각內閣에 근무하는데, 지금 수레 뒤쪽에 앉아 있다고 하니, 그 사람이 돌아보며 놀라고 기뻐했다 한다. 나는 수레 안에 있었으나 잠을 자느라 지나쳐 만나지 못하였다. 《읍루여필挹婁旅筆》에는 옥십리라는 이름이 없다. 일찍이 서원에서 노닐 때 요양遼陽·심양 사이의 수재들을 많이 알았는데, 혹 빠뜨리거나 잊은 자가 있었나 보다.

주류하周流河

주류 하수는 넘실넘실 흐르는데   周流河水動湯湯

달은 어둡고 별은 잠겨 아직 한밤중이라.   月黑星沈夜未央

별안간 뱃머리에 사람이 몰려섰는데   瞥見船頭人簇立

하늘 가득 나는 번개 자금 빛이라.   滿天飛電紫金光

심양에 있을 때 열하에 이르는 노정을 자세히 들으니, 큰비 뒤라 길이 몹시 험하여 다니기 어렵다고 한다. 정사와 부사는 쌍교雙轎를 버리고, 서장관은 좌거坐車를 버리고, 나와 차수 또한 역마를 버리고 태평거太平車[1]를 세내어 나누어 탔다. 심양장군瀋陽將軍(성경장군의 별칭) 숭춘嵩春은 이미 연경으로 향하였고, 부도통副都統 성책成策이 짐 싣는 수레 세 대를 마련해주어 행장을 나누어 실었다. 종자從者는 40명만 데리고 가고, 나머지는 또 연경으로 곧장 가도록 하였다.

밤낮을 가리지 않고 바삐 말을 몰아 7월 2일[2] 밤중에 주류하에 닿았

1_ 태평거太平車 | 중국 송나라 때부터 전래하던 수레. 덮개가 없는 여러 채의 수레를 열차처럼 연결하여 여러 필의 말이나 당나귀, 혹은 5~7두頭의 소로 끌기도 한다. 《열하일기》〈일신수필馹迅隨筆〉 '거제車制' 조에서 이 태평거를 자세히 기술하였고, 박제가는 《북학의》에서 우리나라 수레를 태평거로 교체하자고 주장한 바 있다.

2_ 2일 | 서호수의 《연행기》에는 7월 1일에 주류하에 도착한 것으로 되어 있다.

다. 검은 구름이 사방을 덮고 들과 하늘이 합해졌는데, 구름이 이어진 가운데 금빛 뱀 같은 번갯불이 번쩍이고 서북풍이 크게 일어나더니 수레 안의 등불이 다 꺼져버렸다. 때는 무더운 여름철인데, 사람들은 모두 수레 안에 앉아 솜이나 가죽으로 된 복장을 찾아 입었다. 강에는 배가 두 척뿐이어서 오고 가며 실어 날랐는데, 몹시 힘들고 고생스러웠다. 주류하를 벗어나서 성의 서문 밖에 이르니 동방이 이미 밝았다.

신점新店

초가을 작은 배를 요서에 띄우는데   新秋小艇泛遼西

뜻밖에 서늘한 기운 버들 둑에서 이는구나.   分外微涼生柳堤

수로조천水路朝天[1] 길 동쪽 굽이에 있는데   水路朝天東曲在

다만 여인들의 슬픈 노랫소리 없구나.   但無紅袖唱悽悽

    요동 벌판에서 가장 진흙 수렁인 곳은 '일판문一板門'과 '이도정二道 井'이라는 장소이다. 가을장마가 막 지난 다음이라 온통 물로 뒤덮였 는데, 7월 3일 이도정에 도착하였다. 사신이 영令을 내려 밤길을 가고 자 하니, 수역首譯 홍명복洪命福[2]이 들어와 불가함을 아뢰었다. 사신은 일행과 하인들을 저지한다고 여겨 잡아들여 곤장을 치려 하는데, 명 복이 눈물을 흘리며 말하기를, "소인은 그것이 반드시 위험함을 알기

1_ 수로조천水路朝天 │ 만주족이 요동을 장악했을 때, 우리나라 사신이 서해 뱃길로 명나라에 통 교한 일을 말함. 당진 등에서 출발, 산동반도에 배를 정박하여 다시 연경으로 들어갔다. 1623 년에 인조의 책봉을 요청하기 위해 명나라에 파견된 이덕형李德泂 일행의 사신 행로를 담은 그 림인 〈항해조천도航海朝天圖〉에 당시의 사행 경로가 자세히 나와 있다.

2_ 홍명복洪命福 │ 정조 때의 한어漢語 통역관. 1778년에는 차석 통역관으로, 1790년에는 수석 통 역관으로 연행에 참가하였다. 그가 엮은 《방언집석方言集釋》은 우리말로 한어·만주어·몽골 어·일본어 어휘를 풀이한 외국어 학습서로, 1778년에 편찬하여 정조에게 올렸으나 간행되지 못하였다. 그 부본副本이 서명응徐命膺의 《보만재잉간保晩齋剩簡》에 편입되어 전하며, 여기에 서명응의 서문이 붙어 있다.

에 비록 곤장을 맞아 죽는 한이 있더라도 감히 받들 수 없습니다"라고 하였다. 부득이 하룻밤을 묵었다.

다음 날 평명平明에 역참 문을 나서 바라보니, 하늘과 물이 서로 비치어 그것이 몇 리나 되는지 알 수 없었다. 온전한 배는 심양장군이 진공進貢할 물건을 모두 실어 떠났고, 다만 낡은 배 두 척이 남아 있었다. 정사와 부사는 표문表文과 자문을 받들어 한 척을 골라 탔고, 서장관과 나와 차수는 그 다음 배를 탔다. 물이 배의 틈으로 솔솔 들어오니, 배 안의 사람들이 소란을 피우며 뛰어내리려 했다. 그러나 타고 갈 만한 다른 배가 없었으므로 나는 웃으면서 달래어 말했다. "내가 근래에 거듭 수상선水上船의 차원差員이 되어 뱃일을 익히 알게 되었소. 이 정도는 걱정하지 않아도 됩니다" 하고는, 종자에게 소리 질러 물을 퍼내고 헌 옷가지로 틈새를 막게 하니, 뭇사람들이 비로소 안정되었다.

정사와 부사가 탄 배와 함께 나란히 물결을 따라 나아가는데, 양쪽 언덕 느릅나무와 버드나무에 가을바람이 슬슬 불었다. 서로 돌아보고 웃으며 말하기를, "이것이 이른바 수로조천이란 것인가?" 하였다. 신점에 이르러 하선하여 지나온 길을 꼽아보니 40리였다.

세하 細河 [1]

아홉 채 빠른 수레로 백대를 나와	九兩輕車出白臺
화아루花兒樓가 좋아 몇 잔 술에 취했네.	花兒樓好醉深杯
넓은 곡斛 [2] 안에 앉아 물에 떠서 건너가니	恢恢斛裏浮將去
헛된 이름, 두어 말 재주 [3] 가 부끄럽다네.	慚愧虛名數斗才

신점에서 남쪽 소흑산小黑山으로 가면 산해관으로 가는 길이고, 서남쪽 백대자白臺子로 가면 열하로 가는 길이 된다. [4] 백대자 이후로 요동 벌판이 비로소 끝나고 점점 구릉이 보이며, 곳곳에 황폐한 봉화대가 있다. 멀리 의무려산醫巫閭山을 바라보니, 횡橫으로 하늘가까지 뻗어 있다. 90리를 가면 위가령魏家嶺인데, 자못 험하고 협소하여 광녕

1_ 세하細河 | 변외의 토묵특매달리령土默特邁達里嶺이 근원인데, '의마도하衣馬圖河'라고 한다. 서남으로 흘러서 청하淸河 변문邊門을 경유하고 동으로 경내境內에 들어와 세하가 되고, 동남으로 흘러서 대릉하大凌河로 들어간다. (서호수의 《연행기》 참조)

2_ 곡斛 | 곡식을 되는 그릇. 여기서는 10말[斗] 용량의 큰 그릇을 말한다.

3_ 두어 말 재주 | '두어 말 재주[數斗才]'는 시문詩文의 재주가 풍부함을 말한다. 위魏나라 조식曹植의 글 재주가 높은 것에 대해 사령운謝靈運이, "천하의 재주가 모두 한 섬[石]인데, 조식이 팔두를 차지하였고 내가 일 두를 얻었으며, 고금 사람들이 모두 합쳐 일 두를 가지고 나누었다"라고 한 데서 '팔두문장八斗文章'이라는 말이 생겼다.

4_ 신점에서 … 길이 된다 | 서호수의 《연행기》에는 "신점의 뒤 언덕에서 정서쪽 소흑산으로 뚫린 것이 산해관으로 가는 길이고, 서북쪽 백대자로 뚫린 것이 열하로 가는 길이다"라고 되어 있다.

廣寧 의주의 인후咽喉가 된다.[5] 목책이 동에서 서로 끊어지지 않고 연이어 있으며, 목책 바깥은 몽고 땅이다. 바야흐로 여기서부터는 크고 작은 산이 둘러싸고 있어 그 지방 사람들은 광녕산廣寧山이라 부르지만, 사실상 의무려산의 북쪽 지맥이다. 또 10리를 가면 화아루인데, 옛날에는 누대가 있었던 듯하나 지금은 없다. 다만 두어 채의 시골집이 보여서 수레를 멈추고 술을 사서 마셨다.

또 20리를 가서 세하에 이르니, 강물이 불어났는데 건널 배가 없었다. 정사와 부사는 큰 궤짝을 수레 가운데 쌓은 뒤 그 위에 올라가서 여섯 마리의 말을 몰아 물을 가로질러 건넜다. 서장관과 나와 차수는 그곳 촌민에게서 네모난 곡을 빌려 물 위에 띄우고 그 안에 단정히 앉았다. 헤엄 잘 치는 네 사람에게 각각 곡의 귀퉁이를 잡게 하고 둥둥 떠서 건너가니, 사람들이 모두 크게 웃었다.

5_ 90리를 ⋯ 인후咽喉가 된다 │ 위가령 동쪽은 광녕 땅이고, 서쪽은 의주 땅이며, 남쪽은 중국의 경계가 되고, 북쪽은 몽고의 경계가 된다.(서호수의 《연행기》 참조)

의주 義州

대릉하大凌河[1] 입구에 수레 먼지 가득하고	大凌河口漲車塵
가을 버들 스산한데 먼 길 가는 사람 정체되었네.	秋柳蕭蕭滯遠人
삼한의 사신이 언제 일찍 이곳을 지났으랴	韓使何曾來過此
성안 가득 다투어 절풍건折風巾[2]을 구경하네.	滿城爭看折風巾

의주성은 대릉하 남쪽 언덕에 있는데, 산수가 명미明媚하고 흰 성가퀴가 길게 뻗어 흰 띠를 두른 듯하다. 성안에는 시전市廛이 나열되어 매우 번화하니 변방의 큰 고을이다. 살펴보건대, 의주는 한漢나라 때 무려현無慮縣 땅이었다. 요나라에서는 의주宜州를 두었고, 금金나라에서는 의주義州로 고쳤으며, 원나라에서는 대령로大寧路에 예속시켰고, 명明나라에서는 의주위義州衛를 두었다. 청나라 초에는 그 땅을 차하르〔察哈爾〕[3]에게 주었는데, 강희제康熙帝[4] 연간에 차하르가 배반하자 그곳을 토벌하여 평정하고, 성을 설치하고 수위守尉를 두었으며, 옹정제雍正帝[5] 12년(1734)에 의주로 승격시켰다.

1_ **대릉하**大凌河 | 현재 중국 요령성 조양시 인근을 흐르며, 서부의 강줄기를 합쳐 요동만으로 흘러드는 강. 의주의 서쪽에서부터 구관대 변문의 동쪽으로 변내에 들어와 흐른다.

2_ **절풍건**折風巾 | 고구려 때 품관品冠에 따라 다르게 쓰던 모자의 일종인데, 모양은 중국의 한족이 쓰던 변弁과 비슷하며, 벼슬 품계에 따라 빛깔이 다르다.

본국 사객使客은 일찍이 이곳에 도착한 적이 없었다. 내가 마침 뒤처져 물을 건넜으므로, 구경하는 사람들에게 에워싸여 이루 다 응답해줄 수 없을 지경이었다. 말을 빨리 달려 성으로 들어가니 구경꾼들도 뒤쫓아 이르렀다. 말 모는 자가 휘장을 걷어 올리고 보여주었다.

백대를 지나는 날, 광녕의 지현知縣 장개원張凱元이 장경章京[6]을 보내가는 길을 호위해주었고, 의주의 지주知州 문량文良이 기병騎兵를 파견하여 출행 일자를 탐문하고 돼지 다리를 보내주었다. 연도에는 길을 안내하는 사람과 기병·보병 수십 명이 삽을 메고 나와 길을 닦았으며, 분주하게 옆에서 호위해주었다. 의주성에 도착하니 큰 수레 13량이 마련되어 있었는데, 삿자리로 장식하고 각각 라마騾馬 5, 6필을 매었다. 일행이 그것을 나누어 타고 심양에서 세낸 수레는 돌려보냈다. 여기서부터는 지나는 주·현에서 차례로 수레를 준비해주었다. 간혹 쓰던 수레를 그대로 쓰기도 했다.

3_ 차하르〔察哈爾, Chakhar〕 | 15세기 몽골족을 통일한 다얀 칸Dayan Khan(1464~1524)이 세운 제국의 일파. 다얀 칸이 죽은 후, 칸의 지위는 사실상 약화되어 차하르 내부에만 공식적으로 남아 있었다. 마지막 차하르의 칸인 릭단Lighdan(재위 1604~1634)은 칸의 권위를 되찾기 위해 백방으로 노력했으나 적대 관계의 다른 몽골 부족과 새로 부상한 만주족에게 패하고 말았다. 그가 죽은 후 차하르의 유민들은 대부분 만주족의 지배하에 들어갔으며, 그들의 후손은 오늘날 중국의 내몽고자치구內蒙古自治區에 살고 있다.

4_ 강희제康熙帝 | 청나라 제4대 황제로 1662~1722년간 재위했다.

5_ 옹정제雍正帝 | 청나라 제5대 황제로 1723~1735년간 재위했다

6_ 장경章京 | 매륵장경梅勒章京, 갑라장경甲喇章京 등 청나라 문무관원을 지칭하는 용어. 본래는 '장군將軍'의 만주어 음역音譯이다.

만자령 蠻子嶺

만자령 남쪽의 만자촌蠻子村   蠻子嶺南蠻子村

처는 전족纏足을 했는데, 어찌 지아비는 변발辮髮[1]했나.

                                                妻雖纏脚奈夫髡

스스로 말하기를 가문 대대 몽고가 아닌데   自言家世非蒙古

만蠻이란 호칭 내린 것 대원大元부터라 하네.   賜號爲蠻自大元

　조양현 경계로 들어가니 산길이 비의 충격으로 파괴되었다. 수레가
산등성이를 따라 수십 리를 가니 큰 고개가 있었는데 시속에 만자령
이라고 불렀으며, 만자령 아래에 거주하는 100여 호의 민가를 만자촌
이라고 했다. 사람들이 혹 잘 모르고 그들에게 "당신은 몽고인입니
까?"라고 물으면, 고개를 흔들며, "아니오. 우리는 만자蠻子입니다"라
고 말했다. 부녀들이 빼곡하게 문에 서서 구경하는데, 의상이 남루했
고 또한 모두 전족을 하고 있으니, 대개 만자는 한인漢人인 것이다. 원
나라 때부터 이미 만군의 칭호가 있었는데, 만蠻은 아름다운 칭호가
아닌데도 그들은 스스로 자랑삼으니 가히 우습고 연민할 만하다.

1_ 변발辮髮 | 만주인의 풍속으로, 남자가 12, 3세가 되면 후두부만 남겨놓고 나머지 부분을 깎아
뒤로 길게 땋아 늘인 머리 모양을 말한다.

그곳은 만자와 몽고인이 섞여 살고 있으며, 만자는 몽고 땅을 경작하고 몽고에 그 조세를 바쳤는데, 몽고는 목축만 하기 때문이다. 그들이 지은 흙담, 초가집, 네모 창, 판잣집의 풍속이 마치 우리나라 시골의 것과 흡사했다. 내 수레를 모는 자가 길에서 사람을 만나면 바로 몽고인으로 분별해냈다. 내가 그것을 기이하게 여겨 물었다. "만주·몽고·만자의 면목이 서로 비슷하고 의상과 모자도 비슷한데, 너는 어떻게 그것을 구분하는가?" 그러자 수레를 모는 자가 웃으며, "바지 입구가 넓게 트여서 느슨하게 허리띠를 매고, 바지 입구를 뒤집어서 거꾸로 드리워 배와 배꼽이 전부 드러난 자가 몽고인입니다"라고 말했다. 이로 인해 우리나라 풍속 또한 그러함을 깨달았다. 고려 때 원나라를 본받은 것이다.

만자령 서쪽은 전혀 점방店房이 없어서 하루 종일 굶주리고 피곤한 날도 있었다. 만자가 가끔 초서병焦黍餠을 팔았는데, 피마자유²로 구운 것이었다. 그것을 서너 개 사서 점심으로 대략 주린 배를 때우고 나니, 비로소 피마자향이 느껴져서 다시는 먹을 수가 없었다.

2_ 피마자유 | 피마자는 아주까리라고도 하는데, 그 종자에서 짜낸 기름을 피마자유 또는 곤마유蓖麻油라고 한다.

조양현朝陽縣

우리 행차 더디고 빠름 하늘인들 어찌할까?　　吾行遲速奈天何
마침 조양현에 이르러 하수 둑 터진 것 보았네.　　恰到朝陽看決河
함께 성 남쪽 관제묘關帝廟에 가서 자니　　　　共向城南關廟宿
응당 동가佟哥를 위해 술 부어 제사 지내야 하리.　　合將盂酒灌佟哥

　심양에 있을 때 수레 아홉 량을 세내었는데, 수레 주인이 급한 상황임을 알고는 수레 세를 평일보다 열 배의 가격으로 불렀다. 봉황성鳳凰城 장수 액이항액額爾恒額[1]이 마침 심양에 있었는데, 그 소식을 듣고 우리에게 생색을 내고자 하여, 주막 안에 아홉 차부車夫를 잡아 가두고 그 값을 평소대로 돌리게 했다. 수레 주인이 감정을 품고, 동가라고 하는 한 부랑아를 뽑아 수레를 총괄하는 이로 삼았는데, 일행은 알지 못했다.

　동가는 매양 내 수레 앞에서 말을 건넸는데, 대략 글자를 아는 모양이었다. 자칭 정황기正黃旗[2]에 소속되었다고 하면서 활 쏘는 모양을 하기도 하고, 간혹 가는 소리로 읊조리거나 노래를 부르기도 하며, 혹은

1_ 액이항액額爾恒額 ㅣ 서호수의 《연행기》에는 "액이항액은 봉황성의 수위守衛이며, 만주 사람이다"라고 되어 있다.

머리를 숙이고 졸기도 하여 매우 가증스러웠다. 모든 차부들은 그가 턱짓으로 부리는 지시를 따라 가라고 하면 가고 머물라고 하면 머물렀으며, 5리를 가서 한 번 말을 먹이고 10리를 가서 두 번 말을 먹였다. 빨리 달리라고 꾸짖으면, "진흙이 깊어 당겨도 움직이지 않아 어찌할 수 없습니다. 말들이 불쌍합니다"라고 하였다. 부채와 약으로 달래어도 그대로여서 밤낮으로 가도 6, 70리에 불과했으니, 일행은 크게 곤란하게 되었다. 팔을 걷어붙이고 탄식하며 "옛날 열사烈士가 이런 경우를 당하면 반드시 칼로 베어버렸을 것이다"라고 말하는 자도 있었으니, 그 분한 마음이 극에 달했음을 상상할 수 있다.

정사와 부사가 수레를 버리고 가마를 타려고 하였지만, 가마는 이미 산해관 길을 향해 가버렸다. 각자 말 한 마리를 사서 때로는 혼자 말을 타고 달렸다. 나도 수역의 말을 빌려서 그 뒤를 따랐다.

7월 6일에 의주에 도착하니, 대릉하는 누렇고 탁한 물이 크게 불어나서 강 둔덕 수십 리가 습지가 되어 말의 배까지 빠졌다. 왕왕 수수의 줄기를 펴놓아서 겨우 수레가 지나갈 수 있었다. 성 북쪽 주막은 다 무너지고, 성의 서북쪽 문에는 강물이 출입한 흔적이 있었다. 그 지방 사람에게 물어보니, 지난 달 27일부터 큰비가 내려 이번 달 초3일에 이르러서야 비로소 날이 개었는데, 떠내려간 민가가 100여 호에, 물에 빠져 죽은 이가 수천 명이고, 백성들은 모두 성에 올라 있으며, 구관대의 변문邊門은 물이 길을 끊어 다닐 수가 없다는 것이었다. 그래서 성의 남문으로 최가구崔家口를 지나 육대六臺를 경유하여 나왔다.

2_ 정황기正黃旗 | 만주군 팔기에 속한 부대. 만滿·한漢·몽고의 군사를 팔기로 나누어 황거皇居 천자의 거소居所인 궁성을 공위拱衛케 하고, 도통都統·부도통副都統·참령參領·좌령佐領으로 거느리게 하였다.

이달 초9일에 조양현에 도착하니, 현의 치소治所 절반이 강물에 쓸렸다. 조양현에는 원래 요遼·금金 때의 고탑古塔이 셋 있어 '삼좌탑청三座塔廳'[3]이라고 불렸는데, 몽고 말에 '삼三'은 '고이판古爾板'이라 하고 '탑塔'은 '소파이한蘇巴爾漢'이라 하여, '고이판소파이한성古爾板蘇巴爾漢城'이라고도 불렸다. 이번에 한 탑이 무너지고, 두 탑만 남았다. 그곳 백성으로 물에 빠져 죽은 이의 수를 알 수 없었으니, 의주보다 더 참혹하였다.

이날 조양현의 관제묘에서 유숙하였는데, 사당은 요나라 영감사靈感寺의 옛 터이다. 뜰에 석가불 사리탑비가 있는데, 태평太平[4] 9년(1029)에 유성柳城 사람 양수기梁守奇·양도린梁道隣 두 형제가 탑상塔像을 세우고, 상서도관 원외랑 요서로 전백판관尚書都官員外郎遼西路錢帛判官 장사초張嗣初가 비명碑銘을 지은 것이다.[5]

꽃과 약초가 나뉘어 열 지어 있고, 드리운 두 그루의 버드나무가 서늘한 바람에 나부꼈다. 밤에 차수·윤암과 버드나무 아래에 앉아서 달을 마주하며 술을 들고, 시를 지으면서 감탄하며 말했다. "이곳은 한나라 유성柳城이요, 모용씨慕容氏[6]의 용성龍城이요, 당唐나라 영주도

3_ 삼좌탑청三座塔廳 ㅣ 서호수의 《연행기》에 따르면, "청나라 초기에 구관대문부터 서쪽 열하에 이르는 곳에 칠청七廳을 설치하여 열하에 예속하게 하였으며, 건륭乾隆 병신년(1776, 영조 52)에는 삼좌탑청으로 조양현치朝陽縣治를 삼았다" 한다.

4_ 태평太平 ㅣ 태평(1021~1030)은 요나라 제6대 황제 성종聖宗(971~1031)의 세 번째 연호이다.

5_ 장사초張嗣初가 … 지은 것이다 ㅣ 서호수의 《연행기》에서는, "뜰의 옛 비석에 '대요 흥중부 영감사 석가불 사리탑비(大遼興中府靈感寺釋迦佛舍利塔碑)'라고 썼는데, 상서도관 원외랑 요서로 전백판관 장사초가 지은 비문이 있다. 장사초는 소부소감少府少監 장검張檢의 아들이다. 비문에는 '탑은 유성柳城 양수기, 양도린 두 형제의 출가를 위하여 세운다. 천경天慶 6년 병신丙申에 비를 세움'이라고 되어 있다"라고 하였다. 《삼조북맹회편三朝北盟會編》에는 요서로 전백판관 장사초가 병신년(1116)에 남긴 석각石刻이 있으며, 1120년에 금인金人의 포로가 되었다는 기록이 있다. 천경(1111~1120)은 요나라 천조제天祚帝의 연호이다.

독부營州都督府요, 요나라 흥중부興中府이다. 누가 이해 이달 이날 이 밤에 우리 세 사람이 고국으로부터 2천 리나 떨어진 이곳에서 술을 마실 줄 생각이나 했겠는가?"

이야기가 동가의 일에 미치게 되었을 때 황연히 깨달았다. 이 희마戲魔가 아니었다면 6, 7일 전에 의주와 조양 사이에 이르러 틀림없이 대릉하의 액곤이 닥쳤을 것이다. 이 일로 인해 혀를 찼다. 그 사람은 혹 신선이나 보살이어서 우리 일행의 목숨을 구해준 것이 아닐까? 이것으로 보건대, 사람이 남을 헤치려고 한 것이 도리어 그를 이롭게 한 것이니, 이런저런 은혜와 원망을 모두 잊어버릴 수 있겠다. 동행하는 제군에게 이 말을 하니, 옳게 여기지 않는 이가 없었다.

이해에 대릉하의 상류 및 하류 부근 주·현들이 모두 터지고 무너지는 환난을 입었다. 쓸려나가고 떠돌아다니는 백성이 많았으니, 관외關外[7]의 큰 변고였다. 부와 현을 맡은 관리가 재난을 입은 기민의 수를 모두 줄여서 위에 보고하여 원망하는 소리로 시끄러웠으니, 주막의 사람들과 차부들이 하는 말이 이와 같았다.

조양현에 숙박하던 날, 심양장군의 만주 글자로 된 공문이 도착하였는데, "사신이 심양을 아직 경유하지 않았으면 관關으로 진입하여 연경으로 오게 하고, 이미 변외로 나와 열하를 향하고 있다면 그들이 가는 대로 가도록 하고 재촉할 필요는 없다"라고 하였다.

6_ **모용씨慕容氏** | 선비족인 모용황慕容皝이 수도를 용성으로 정한 뒤 건국한 전연前燕을 말한다. 모용황은 이후에도 세력을 확장하여 황제로 즉위하였고, 화북지방의 동부를 지배하였다. 전연이 멸망한 뒤 후연後燕과 남연南燕이 건국되었지만, 5세기 초 북위에 병합되었다.

7_ **관외關外** | 심양으로 가는 길의 만리장성 바깥을 말한다.

라마구 喇嘛溝

라마구 수목들이 어둡기 구름 같은데   喇嘛溝樹暗如雲

풀밭의 벌레 소리 한밤을 알리네.   艸際蟲聲正夜分

변방으로 나온 금년 헤매다 길을 잃으니   出塞今年迷失道

운수 기박한 사람, 또 이李 장군[1]이라네.   數奇人又李將軍

    조양현 서쪽은 강과 육지가 얽히고설키어 길이 분명치 않았다. 수레는 느린 것도 있고 빠른 것도 있어 자주 흩어졌기 때문에 낮에는 바퀴 자국을 보고 가고 밤에는 등불을 바라보고 갔다. 정사와 부사가 먼저 역참에 들어가면 뿔피리를 불어 모이게 했다. 7월 10일에 라마구에 도착하니 밤이 이미 3~4경이었는데, 그곳은 풀과 나무가 황잡하고 벌레 소리가 사방에서 들렸다. 군뢰軍牢가 자는 바람에 뿔피리를 불지 않아 나는 라마구를 10여 리 지나쳤다. 행호자杏胡子에 이르니 동녘이 이미 밝았는데 정사와 부사의 소재처를 알 수 없었다. 허기가 심

1_ 이李 장군 | 한나라 무제武帝 때의 명장 이광李廣을 말한다. 이윤암을 이광에 비유하여 지은 시이다. 길을 잃었다는 것은 이광이 말년에 대장군 위청衛青을 따라 흉노를 정벌하러 나섰다가 길을 잃어 대패한 일을 비유한 것이다. 또 운수가 기박하다는 것은 평생에 걸쳐 흉노와 70여 차례 싸워 크게 이겨 흉노로부터 비장군飛將軍이라 불리기까지 하며 많은 공훈을 세웠는데도 끝내 봉후封侯를 얻지 못한 것을 말한다.(《사기史記》 권109 〈이장군열전李將軍列傳〉 참조)

하여 점방에 들어가 국수를 사 먹는데, 밤에 라마구에서 온 한 몽고인이 말하기를, "고려 대인大人이 저곳에 있습니다" 하였다. 기다리니 잠시 뒤에 정사와 부사가 말을 달려 왔다. 뿔피리를 불어 수레를 모아보니 이윤암이 보이지 않았다. 급히 군뢰와 마두馬頭 한 명에게 명하여 사방으로 찾아보게 하니, 이틀 만에 비로소 왔는데 7, 80리를 우회하여 오느라 이틀 동안 먹지도 못했다는 것이었다. 길을 잃게 된 정황을 물으니 말하기를, "수레가 느려 점차 앞의 등불을 놓쳐 한 마을에 잘못 들어갔는데, 마을 사람들이 몽고 도적인 줄 알고 포를 쏘고 크게 모여 밤새도록 포위되어 고생하다가 비로소 벗어나 돌아올 수 있었습니다" 하였다. 일행이 이에 크게 웃었다.

내가 일찍이 구외口外(관외)의 거주민에게 묻기를, "그대들은 몽고인이 무섭지 않은가?" 하니 말하기를, "무섭지 않다!" 하였다. 내가 "어째서 무섭지 않은가?" 하니, 그들은 내리치고 결박하는 모양을 해보이며 "무섭지 않다, 무섭지 않다!"라고 말하였다. 저 몽고의 풍속은 사납고 부끄러움을 몰라, 25부가 지금은 비록 귀순하였지만 아직도 약탈의 우환이 있어, 대릉하의 얼음이 얼면 돌진하여 쳐들어오는 것이 더욱 심해진다고 한다. 윤암이 포위를 당했던 것은 이 때문이다. 윤암은 늙은 포의로 정사의 막하에 들어왔는데, 나는 그를 이李 비장飛將이라고 놀렸으니, 이는 '비飛'와 '비裨'의 음이 서로 같기 때문이었다.

야불수 夜不收[1]

공주의 능침과 승려의 방, 옛 변방의 가을인데   主寢僧房古塞秋

황제의 별장과 소주국燒酒局이 하류를 안고 있네.   皇莊酒局抱河流

낙타와 양 가득한 푸르른 풀밭이여   駝羊百萬靑靑草

낙토樂土로는 야불수만 한 곳 없다네.   樂土無如夜不收

    의주와 사하沙河의 서쪽에 공주릉公主陵이 있는데, 높은 담으로 주위를 둘러 홍예문虹霓門을 만들었고 담 안에는 커다란 나무가 많았다. 내가 그곳 사람에게 묻기를, "어느 대의 공주인가?" 하니 대답하기를, "노왕老王[2]의 공주로 몽고왕에게 시집왔다가 이곳에서 돌아가셨으니 지금 황제의 고모이다" 하였다.

    구외의 범궁梵宮 중에는 조양현 석인구石人溝의 지장사地藏寺가 가장 정쇄精灑하였다. 그곳에 한 라마승 주지가 있는데, 수병酥餠[3]과 낙차酪茶[4]를 내어 일행을 잘 대접하였다. 그의 기완器玩들은 아름답고 좋았

1_ 야불수夜不收 | 야불수는 명나라 말년에 군영軍營에서 정탐인으로 활동하던 사람들의 명칭이다. 그들이 정탐할 때 밤에 다니고 낮에는 잠복해 있었으므로 야불수라 불렸는데, 이 때문에 이들이 파견되었던 마을 이름도 야불수라고 부르게 되었다. (서호수의 《연행기》 참조)

2_ 노왕老王 | 건륭제의 조부인 성종聖宗 강희제를 말한다.

3_ 수병酥餠 | 밀가루에 기름과 꿀을 넣어 반죽하고 산초, 계피 등을 뿌려 바삭하게 구워낸 빵을 말한다.

으며, 벽에는 황제의 여섯째아들 영용永瑢[5]의 대련對聯이 걸려 있었다. 재자관齋咨官이 돌아왔을 때 비로소 그가 죽었다는 소식을 들었는데, 지금 그의 필적을 보니 진실로 명사名士이긴 하나 제왕가의 기상은 아니었다.

행차가 망우영蟒牛營에 도착하니 또 복녕사福寧寺가 있었다. 한 노승을 보았는데, 모습은 괴이하고 황색 승복을 입은 채 벽청甓廳 안에서 벽을 등지고 앉아 있었다. 좌우에는 각 여섯 명의 중이 줄지어 앉아 일제히 염불을 하는데, 그 소리가 매우 우스워 마치 한 떼의 두꺼비들이 창락唱諾[6]하는 듯, 울먹이며 부르짖는 것 같았다. 땀을 흥건하게 흘렸는데, 한창 입이 타들어갈 때쯤 한 사미가 주발을 들고 물을 뿌리고 지나가면, 모든 중들이 차례대로 손가락을 펴고 물을 적셔 입술에 발랐다. 염불이 끝나매 북 치고 나발 불고 징을 울리며 전각을 세 번 돌고 그쳤다. 이는 서장교西藏敎 중들이 황제를 위해 복을 비는 것으로, 매일 이와 같이 한다고 한다.

내가 그 노승에게 묻기를, "서장西藏(티베트)은 여기에서 몇 리나 되오?" 하니 답하기를, "6만 리입니다" 하였다. 또 묻기를, "반선班禪 액이덕니額爾德尼[7] 라마는 지금 또 환생[8]하셨는가?" 하니 답하기를, "지금 아홉 살입니다" 하였다. 살펴보건대 서장의 승려는 예로부터 이술

4_ **낙차酪茶** ┊ 낙차에 대해 자세한 것은 알 수 없으나 다른 연행 기록을 참고해볼 때 그 빛이 붉고 맛이 담담한 차라고 한다.

5_ **영용永瑢** ┊ 건륭제의 여섯째아들 질친왕質親王을 가리킨다. 호는 구사주인九思主人. 건륭 38년(1773)에 《사고전서四庫全書》의 편찬사업을 맡아보았고, 서법과 그림·시에도 뛰어났다. 저서로 《구사당시초九思堂詩鈔》가 있다. 건륭 55년(1790) 48세의 나이에 곽란으로 죽었으며, 시호는 장莊이다.

6_ **창락唱諾** ┊ 창야唱喏라고도 한다. 남자들이 예를 행할 때 손으로 읍을 하고 동시에 경하하는 말을 하는 것을 말한다.

異術이 있다고 하여, 원나라 세조世祖는 팔사파八思巴[9]에게 '황천지하일인지상선문보치대성지덕보각진지좌국여의대보법왕서천불자대원제사(皇天之下一人之上宣文輔治大聖至德普覺眞智佐國如意大寶法王西天佛子大元帝師)'라는 호를 내렸고, 명나라 성제成帝는 합립마哈立麻[10]에게 '만행구족시방최승원각묘지혜선보응우국연교여래대보법왕서천대선자재불(萬行具足十方最勝圓覺妙智慧善普應佑國演敎如來大寶法王西天大善自在佛)'이라는 호를 내리고 불교도를 거느리게 하였다. 건륭 경자년(1780)에 반선 액이덕니가 황제를 알현할 때, 황제는 반선이 사는 찰십륜포扎什倫布를 본떠 수미복수須彌福壽【찰십륜포를 중국어로 번역한 것이다】의 묘廟를 황제 산장의 북산北山에 지어 거처하게 하였다. 우리나라 사신도 그를 만나보았는데, 몸집이 매우 크고 얼굴은 황금색이었다고 한다. 뒤에 들으니 천연두에 걸려 죽었다고 하는데, 번인番人들은 천연두를 가장 무서워하여 이미 천연두를 앓았으면 '숙신熟身'이라 하고 아직 앓지 않았으면 '생신生身'이라 하여, 생신은 감히 내지內地에 들어가지 못한다 한다. 그렇다면 반선은 한 명의 범상한 번인이다. 어찌 환생하는 이술이 있을 수 있겠는가!

서북 지역의 여러 번족番族들은 황교黃敎[11]를 숭봉하므로 중국에서는 그 풍속을 따라 다독거려주는 것이다. 그러므로 그 무리가 함부로

7_ **반선班禪 액이덕니**額爾德尼 | 반선은 서장 황교黃敎 교주의 칭호인데, 박학하고 광대하다는 뜻으로, 지덕智德이 깊고 넓은 것을 표현한 말이다. '액이덕니'는 반선의 이름이다.

8_ **환생** | 원문은 '투태탈사投胎奪舍'인데, 투태投胎는 사람이나 동물의 영혼이 딴 세상에 다시 태어나는 것이며, 탈사奪舍는 도가에서 남의 시신을 빌려 환생하는 법을 말한다.

9_ **팔사파**八思巴 | 1235~1280. 티베트 라마교의 중으로, 본명은 나탁견찬羅卓堅贊(blo-gros-rgyal-mtshan)이다. 원나라에 라마교를 전파하였으며, 몽골의 공용 문자인 파스파문자를 제정하였다.

10_ **합립마**哈立麻 | 1389~1415. 티베트 라마교의 중으로, 명나라 성조成祖에게 초청되어 중국에 와서 라마교를 전파하고 최고 봉호인 대보법왕大寶法王에 봉해졌다. 탑립마塔立麻라고도 한다.

하는 망언은 믿을 것이 못된다. 또 서장 지역과 이곳과의 거리 또한 6만 리나 떨어진 것은 아니다. 서장 승려의 옷은 황색이거나 붉은색인데, 황색을 귀한 것으로 여긴다. 그 옷 짓는 방법은 깃은 있고 소매는 없으며, 옷자락을 어깨에 걸쳐 등을 가리고 양쪽 팔꿈치로 여미고 다니는데, 우리나라의 이른바 천의薦衣[12]라는 것과 매우 흡사하다. 천의라는 것은 바로 서장 승려를 본받았던 원나라 풍속을 고려에서 또다시 좇아 본받은 것이 아닐까. 그들의 관冠 또한 괴상한데, 마치 작은 포단蒲團[13]과 같이 잡스럽게 꾸미고 누렇게 물들였으며 양털을 덥수룩하게 올렸다.

평천주의 경계 내에는 곳곳에 황제의 별장이 있는데, 커다란 궁궐과 동산이 내와 언덕을 포괄하고 있다. 조양현의 장가영張家營에는 또 소주국이 있는데, 담장 안에 커다랗게 마치 큰 기와가마 같은 곳이 대여섯 곳 있으며 이곳을 관고官酤라고 한다.

건창현에 닿기 65리 전의 역참 이름이 야불수이다. 평평한 내와 탁 트인 들판이 눈길 닿는 곳까지 푸르게 펼쳐져 있고, 말·소·낙타·양이 무리를 지어 흩어졌다 모였다 한다. 땅이 매우 비옥한데 밭두둑 하나 없이 오직 무성한 풀들이 있을 뿐이다. 목축의 이로움이 농사짓는 것보다 크다는 것을 알 수 있다.

11_ 황교黃敎 | 라마교의 일파. 누런색 법의와 모자를 써서 다른 종파와 구별하며, 계율이 특히 엄격하다.

12_ 천의薦衣 | 처네. 조선후기에 부녀자가 애용하던 방한을 겸한 외출용 쓰개를 말한다.

13_ 포단蒲團 | 부들로 둥글게 틀어 만든 방석. 보통 승려들이 깔고 앉거나 절할 때 사용한다.

건창현 建昌縣

바람 이는 긴 하수에 석양이 지고 　　　風動長河正落暉
켜켜이 만 겹 기와에 안개비 자욱하네. 　　鱗鱗萬瓦鎖烟霏
붉은 치마, 검은 나귀, 어느 집 여자인고? 　　紅裙黑衛誰家女
둥근 부채로 뭇 시선 가리며 선명하게 돌아오네. 　團扇遮人的歷歸

　건창현의 성 북문 밖에서 한 여자를 보았는데, 용모가 풍만하고 고 왔다. 그 여자는 푸른색의 웃옷과 붉은 치마에 띠를 매어 급한 복장을 하였고, 부채로 서쪽 해를 가리며 나귀를 채찍질하여 돌아오는데, 나 귀는 나는 듯 빨랐다. 변방의 풍광이 또한 나쁘지 않았다.

　10일로 잡았던 기한이 벌써 이틀이나 지났는데 열하는 아직도 360 리나 남아서 일행이 수심에 잠겼다. 중당中堂 화신和珅[1]이 그의 종제從 弟 군기장경軍機章京 아무개를 보내와 사신에게 말하기를, "구외의 길 이 험하여 10일의 기한에는 미치지 못했으나 16일의 연회에는 참석해 야 하니, 밤낮을 가리지 않고 행차하여 반드시 15일에는 열하에 들어 오라"고 하였다.【이날 다시 야행을 의논하였다.】

1_ 화신和珅 ｜ 1750~1799. 원이름은 선보善保, 자는 치재致齋. 본래 만주인인데 건륭제의 총애를 얻어 정권을 천단하며 갖은 축재와 비리를 자행하였다. 건륭제가 승하한 후 뒤를 이은 인종仁 宗 가경제嘉慶帝에 의해 처결되었다.

평천주平泉州

구변九邊¹의 비바람, 백 년토록 공허하더니   九邊風雨百年空

하삭河朔² 땅에 상인들 수레가 곳곳으로 통하네.   河朔商車處處通

구외의 번화함을 그대여 들어보게   口外繁華君聽取

수양버들 십 리에 시루市樓들 화려하다네.   垂楊十里市樓紅

7월 14일, 평천주에 도착하였다. 열하가 점차 가까워지매 사람과 물품이 번성하고 저자의 번화함이 구외에서 으뜸이었다. 몽고족의 부락에서는 열하로 가서 머리를 조아리고 돌아오는 남녀들과 승려들이 연이어 길에 끊이지 않았다. 살펴보건대 조양현·건창현·평천주 등의 지역은 요遼와 금金 때에는 모두 중경도中京道에 속했고, 원元 때에는 대령로에 속했으며, 명明 때에는 영왕寧王 권權³을 이곳에 봉하였다가 곧 버렸고, 오래도록 토묵특土默特·객라심喀喇沁에 의해 점거되었다. 청나라가 흥기하자 몽고의 여러 부락들이 솔선 귀부하여 맹약을 하고

1_ **구변九邊** | 중국 9처의 변경邊境, 곧 요동·계주薊州·선부宣府·대동大同·산서山西·연유延綏·영하寧夏·고원固原·감숙甘肅을 말한다.

2_ **하삭河朔** | 중국의 황하黃河 이북 지방을 가리키는 말로, 보통 북방을 뜻한다.

3_ **영왕寧王 권權** | 명나라 태조太祖의 16번째 아들 주권朱權(1378~1448)을 말한다. 13세에 대령大寧에 봉해져 영왕이라 불렸다. 총명하고 독서를 좋아하여 평생 연구와 저술에 힘썼다. 그의 저술 가운데 《태화정음보太和正音譜》는 중국 최고最古의 잡극雜劇 곡보曲譜이다.

우호를 맺었는데, 얼마 뒤에 점차 그 땅을 빼앗아 자기 군현으로 삼았다. 장성을 둘러싸고 성경(심양)에 잇닿아 구외의 울타리 역할을 하니, 중국에게 득이 되기는 하나 몽고인들의 마음이 올곧지 못한 것이 아니겠는가?

홍석령紅石嶺

푸른 봉우리 옛 유주幽州에 어지러이 솟아 있는데   靑峯亂揷古幽州
관하關河의 만 리 수심 다 씻어주네.   盪盡關河萬里愁
이곳은 천하의 두뇌頭腦라 불릴 수 있으니   此處堪呼天下腦
홍석령 고개 위로 가을 길을 배회한다.   徘徊紅石嶺頭秋

홍석령에 이르기 전 수십 리의 산 위에 벽돌을 쌓은 것 같은 돌들이 있는데, 성이라고도 하고, 연대烟臺라고도 하고, 돌이라고도 하였다. 의견이 분분하여 정할 수 없었는데 점점 봉우리마다 이와 같음을 보고는 비로소 그것이 돌임을 알게 되었다. 홍석령에 이르자 가운데가 우뚝 솟아 하늘에 닿았고, 그 정상에 오르니 남쪽으로는 희봉구喜峰口·반가구潘家口·고북구 등 여러 관문이 바라보여 모두 파악할 수 있었다. 서북쪽으로 몽고지방을 바라보매, 구름 산이 겹겹이라 북방의 한기가 엄혹하였다. 근래 황제께서 열하로부터 심양으로 가기 위해 고갯길을 닦았지만 험준한 비탈이 5리나 되어 수레를 버리고 서서히 걸어 내려왔다. 길가의 큰 돌들은 마치 성과 같고, 탑과 같고, 누각 같고, 홍예문 같아서 형상할 수는 없는데 모두 웅황색을 띠어 《대관석록大觀石錄》[1]이라 할 만하였다. 고개 아래에는 새로 지은 관제묘가 있어서 잠시 쉬면서 차를 마셨다. 이 고개는 장성의 북쪽에 위치하여 천하

의 두뇌가 된다. 그리하여 그 돌들의 기이하고 웅장함이 이와 같은 것
인가.

1_《대관석록大觀石錄》 | 이규경李圭景의《오주연문장전산고五洲衍文長箋散稿》에 돌의 기괴함에 대
해《대관석록》을 본떴다는 기록이 있으나, 자세한 내용은 알 수 없다.《관석록觀石錄》을 지칭하
는 것으로 여겨지는데,《관석록》은 청나라 고조高兆가 편찬한 책으로, 필자가 귀향하여 11명의
벗들과 감상한 수산석壽山石 140여 점을 신품神品·묘품妙品·일품逸品 등으로 나누어 그 형상
에 따라 묘사하여 엮은 것이다. 모기령毛奇齡이 편찬한《후관석록後觀石錄》과 쌍벽을 이룬다.

열하 熱河

홍석령 서쪽, 난수灤水 북쪽   紅石嶺西灤水陽

산천은 울울하게 일만 호戶를 품고 있네.   山川鬱鬱萬家藏

대가의 은미한 뜻 어디에 있는고   大家微意知何在

명백하게 '피서장避暑莊'이라 이름 하였네.   明白題來避暑莊

7월 15일, 열하에 도착하여 행궁 남쪽에서 묵었다. 황지皇旨로 음식이 제공되었다. 6일을 머물렀다.

열하를 살펴보건대, 한나라 때에는 요양要陽과 백단白檀 두 현縣을 두어 어양군漁陽郡에 예속시켰고, 후위後魏 때에는 안평安平과 밀운密雲 두 군郡의 변방 경계로 삼았으며, 당나라 때에는 해족奚族의 땅이 되었고, 요나라 때에는 북안주北安州에 흥화군興化軍과 흥화현興化縣을 두어 중경대정부中京大定府에 예속시켰다. 금나라 때에는 흥주興州 영삭군寧朔軍으로 고쳐 북경로北京路에 예속시켰고, 원나라 때에는 상도로上都路에 예속시켰으며, 명나라 때에는 타안위朶顔衛[1]의 땅이 되었다. 강희 연간에 궁실을 세워 '피서산장'이라 이름 하였고, 옹정 11년(1733)에 승덕주承德州를 두었으며, 건륭 연간(1736~1795)에 부府로 승격되었다.

문묘文廟 대성문大成門의 왼쪽 벽에 있는 비碑에 다음과 같은 기록이 있다.

"건륭 43년乾隆(1778)에 황상皇上께서 조서를 내리셨다. '경기京畿 동북 400리의 열하지방은 고북구 북쪽에 있다. 우공禹貢 때에는 기주冀州의 변방 끝이었으며, 우虞와 은殷·주周 때에는 유주의 경계였다. 진한秦漢 이래로 영역에 포함되지 않다가, 원위元魏(북위) 때에는 안주安州와 영주營州 두 개의 주를 세웠고, 당나라 때에는 영주도독부가 있었으나 내지內地에서 교치僑治²하는 것에 불과하였고, 요·금과 원나라 때에 비로소 그 이름을 드러낼 수 있었다. 그러나 왕조를 오래 유지하지 못하여 옛터는 곧 황폐해졌고, 명나라 때에는 대령大寧을 버려 남의 땅처럼 여겼다. 지난번에 승덕주를 설치하였으니, 이제는 마땅히 승격시켜 부府로 삼아야겠다. 곧 동지同知³로 올려 설치한다. 그 나머지 6청廳에 대해서는, 객라하둔청喀喇河屯廳은 난평현灤平縣⁴으로 고치고, 사기청四旗廳은 풍녕현豐寧縣으로 고치고, 팔구청八溝廳은 그 땅이 비교적 넓으니 평천주로 고치고, 오란합달청烏蘭哈達廳은 적봉현赤峯縣으로 고치고, 탑자구청塔子溝廳은 건창현으로 고치고, 삼좌탑청은 조양현으로 고친다.'"

청나라《일통지一統志》에 기록되길, "열하는 세 갈래의 근원이 있다. 하나는 부의 동북쪽에서 나오는데 탕천湯川이라 하고, 하나는 부의 북

1_ 타안위朶顏衛 | 명나라 태조太祖가 설치한 타안·복여福餘·태령泰寧의 삼위三衛 중 하나를 말하는 것으로, 이곳은 원래 올량합兀良哈이 살던 지방이었다. 태조가 천하를 차지하자 요왕遼王 아례실리阿禮失里와 타안이 귀순해오므로 이곳에 삼위를 설치하고 이들을 수용한 뒤, 아들 권權을 봉하여 영왕을 삼고 이들을 감독하게 하였다. 그 뒤 성조成祖가 건문제乾文帝를 몰아내고 황제가 되자, 이 땅을 모두 분배하여 공로가 있는 자에게 주었다.
2_ 교치僑治 | 어느 지역이 적에게 함락된 뒤, 다른 지역에다가 치소治所를 두고 명칭은 그대로 유지하는 것을 말한다.
3_ 동지同知 | 부府를 맡은 지방 책임자의 관직명이다.
4_ 난평현灤平縣 | 승덕부에 속한 현으로 열하에서 고북구로 가는 길목에 있다.

쪽에서 나오는데 묵리하墨里河라고 하며, 하나는 부의 서북쪽에서 나오는데 십팔이태하十八爾台河라고 한다. 세 갈래의 물이 합하여 남으로 흐르다가 행궁을 둘러 또 남으로 흘러서 난하灤河[5]로 들어간다"라고 하였다. 역도원酈道元[6]의 《수경주水經注》에, "유수濡水는 동남으로 흐르는데 무열수武列水가 이곳으로 들어간다"라고 하였다. 《건륭어제집》에는, "난하가 곧 유수이며, 열하는 무열수이다"라고 하였다.

가만히 열하의 형세를 살펴보니, 산과 물이 두루 둘러 있고 들은 넓고 샘물은 빠르게 흐르며 풍토와 기후가 높고 시원하다. 북으로는 몽고를 누르고, 우로는 회회回回[7]를 끌어당기며, 좌로는 요령·심양에 통하고, 남으로는 천하를 통제한다. 이는 강희황제가 고심한 것인데, '피서산장'이라고 한 것은 그것을 숨긴 것이다.

지금의 황제가 즉위한 이래 뜻과 일을 이음으로써 선황先皇들의 사업을 계승하여,[8] 지금까지 50여 년 동안 백성과 물자가 점점 많아져 상인들이 모여드니, 술집과 찻집 들의 깃발이 휘황하게 서로 바라보이고 마을은 즐비하며, 악기를 불고 타는 소리가 밤새도록 그치지 않는다. 비록 외성外城이 없더라도 궁성의 높이만으로 포악한 적들을 대

5_ 난하灤河 | 하북성 북서부에서 발원하여 승덕부의 남쪽을 끼고 흘러 발해로 유입되는 총 길이 885km의 강. 열하는 그 지류의 하나이다.

6_ 역도원酈道元 | 466(또는 472)~527. 자는 선장善長, 북위 범양范陽(지금의 하북성 탁현涿縣) 사람이다. 관환세가官宦世家에서 태어나, 평성平城과 낙양洛陽에서 기도위騎都尉·어사중위御史中尉·북중랑장北中郎將 등의 중앙관직과 기주장사冀州長史·노양군태수魯陽郡太守·동형주자사東荊州刺史·하남윤河南尹 등의 지방관을 역임하였다. 대표작으로 지리서인 《수경주》가 있다.

7_ 회회回回 | 신앙이 이슬람교인 서역西域의 나라 이름이다.

8_ 뜻과 … 계승하여 | 이 구절의 원문은 '繼志述事, 肯堂肯構'이다. '계지술사繼志述事'는 "선인들의 뜻을 이어받아 그 사업을 계승한다"라는 뜻으로 자손으로서 조상의 사업을 계승함을 말하고, '긍당긍구肯堂肯構'는 "기꺼이 집터를 닦고 집을 짓는다"는 뜻으로 조상의 유적지에 집을 짓고 선대의 유업을 표창하는 것을 의미한다.

비할 수 있었다. 강희 연간의 1만 호가 지금은 몇 배만 늘어난 것이 아니어서【문묘 어제비御製碑의 기록이다】, 먼 곳의 군대를 기다리지 않아도 6, 7만의 갑졸甲卒을 손쉽게 마련할 수 있으니, 부유하고 번성하다 하겠다.

재위 55년(1790) 팔순八旬 만수절에 번왕番王과 만객蠻客들이 사방에서 다 모였는데 천고의 제왕들이 미칠 수 없는 바이니, 뜻을 얻었다고 할 수 있다. 비록 그렇더라도 이른바 운運이라는 것이 있으니, 운이 떠나지 않으면 열하의 6청廳 지역을 버리고 고북구 관문을 닫아도 또한 연경에서 베개를 높여 편안히 지낼 것이고, 운이 진실로 떠나면 열하의 자녀와 재물이 몽고의 여러 부족에게 턱을 움직이면서 먹히는 바가 될 것이다. 또한 각라씨覺羅氏[9]의 종실宗室과 만주장군滿洲將軍 중에 금나라 말엽 포선만노蒲鮮萬奴[10]와 같은 자가 없다고 할 수 있겠는가?

열하까지의 노정은 우리나라 사람들이 알지 못하는 바다. 그러므로 신점을 시작으로 아래에 덧붙여 기록한다.

신점에서 백대자를 지나 정안보正安堡까지 50리, 망산포望山舖까지 10리, 사방포四方舖까지 10리, 사보자四堡子까지 10리, 위가령까지 10리이다.【동으로는 광녕의 경계가 되고 서로는 의주의 경계가 되며 목책이 있다.】화아루까지 10리, 황토감黃土坎까지 10리, 세하까지 10리, 관제

9_ **각라씨覺羅氏** | 청 황제의 성인 애신각라씨愛新覺羅氏를 말한다.

10_ **포선만노蒲鮮萬奴** | ?~1233. 금나라의 무장武將이다. 함평로 선무사咸平路宣撫使로 있다가 1215년에 금나라를 배반하고 요동에 웅거하여 국호를 대진大眞, 연호를 천태天泰라고 하여 대요국大僚國과 대립하였다. 원나라 성길사한成吉思汗에게 쫓겨 두만강 유역으로 이주한 뒤에는, 국호를 동진국東眞國으로 고치고 두만강과 압록강 주위에 있는 여진족을 통합하였다. 1217년에 몽고와 화맹和盟하고는 고려를 구한다는 구실로 고려의 동북쪽을 쳐들어왔으며, 1233년에 몽고의 공격으로 멸망했다.

묘참關帝廟站까지 5리, 고대자高臺子까지가 20리이고, 사하를 건너 공주 릉을 지나 묘구참廟口站까지 20리, 대릉하를 건너 의주성까지 35리, 최 가구까지 20리, 두도하자頭到河子까지 10리, 육대 변문까지가 25리이 다.【조양현 경계】유하柳河를 건너 석인구의 지장사까지 5리, 만자령까 지 20리, 수촌자水村子까지 30리, 장가영의 소주국을 지나 망우영의 복 녕사까지가 25리이며, 다시 대릉하를 건너 25리, 조양현까지 15리, 대 영자大營子까지 20리, 호접구蝴蝶溝를 지나 삼가아三家兒까지 30리, 라마 구까지 25리, 행호자대杏胡子臺까지 10리, 단장구량担杖溝梁까지 30리이 다.【건창현 경계】공영자公營子까지 20리, 야불수까지 25리, 장호자張縞 子까지 30리, 건창현까지 35리, 송가장宋家莊까지 30리, 쌍묘雙廟까지 25리, 북궁北宮까지 40리, 양수구楊樹溝까지 35리이다.【평천주 경계】대 묘참大廟站까지 20리, 평천주까지 30리, 봉황령鳳凰嶺까지 30리, 칠구七 溝까지 20리, 상운령祥雲嶺까지 15리이다.【승덕부承德府[11] 교계비交界碑가 있다.】서륙구西六溝까지 25리, 황토량자黃土梁子까지 30리, 홍석령을 지나 평대자平臺子까지 30리, 열하의 승덕부까지 30리로 모두 960리 이다.

열하에서 연경까지의 노정은 경자년(1780) 사신단이 지나간 길이 지만, 이 또한 아는 자들이 드물다. 그러므로 여기에 또 덧붙여 기록 한다.

열하에서 광인령廣仁嶺을 지나 난평현까지 40리, 왕가영王家營까지 30리, 상산욕常山峪까지 40리, 양간방兩間房까지 40리, 고북구까지는 40

11_ 승덕부承德府 | 지금의 승덕시. 중국 하북성 북부 열하강 서쪽 기슭에 있는 도시. 청나라 때 황제의 피서산장이 있던 열하에 옹정제가 승덕주를 설치했는데, 건륭제가 다시 승덕부로 격 상시키고 주변 일대를 관할하게 하였다.

리이고, 남천문南天門을 나와서 낙가洛迦[12] 선경仙境을 지나 석갑성石匣城까지 40리, 밀운현까지 60리, 회유현懷柔縣까지 40리, 남석조南石槽까지 30리, 청하淸河까지 60리이며, 연경에 이르러 덕승문德勝門으로 들어가기까지가 20리로, 모두 440리이다.

12_ 낙가洛迦 | 본래 중국 절강성浙江省에 있는 산 이름인데, 일반적으로 불교의 성지를 일컫는 말로 쓰인다.

분장한 배우들의 연극扮戲

청음각清音閣이 오색구름¹ 사이에 솟아났는데   清音閣起五雲間
징과 북이 울리는 삼층에 분장한 배우들이 둘러쌌네.

　　　　　　　　　　　　　　　　　　　　　　　鐃鼓三層粉墨環
가장 볼 것은 천자가 머리 돌리는 곳에   最是天家回首處
문득 누런 머리털이 붉은 얼굴로 바뀌는 것이라네.

　　　　　　　　　　　　　　　　　　　　　　　居然黃髮換朱顏

　청음각은 연희演戱하는 장소이다. 정전正殿 앞에 있는데 위아래 층에
악공과 배우들이 함께 모여 있었다. 배우들은 분과 눈썹먹을 칠하고
머리에 두건을 쓰고 비단옷과 허리띠를 두르고 가짜 수염을 매달아,
의젓하게 한관漢官의 위의威儀²로, 무리를 쫓아 난간을 따라 돌며 다녔
는데, 어떤 자는 화축畫軸을 들고 어떤 자는 비단 깃발을 받들었다. 퉁
소와 북이 야단스레 울리고 노랫소리는 괴로워 목이 메어 허공에 떠
돌았지만 그 말하는 바를 알 수 없었다. 회회국 왕자가 연극 제목이
있는 작은 첩자를 가지고 있어 그것을 가져다 보니, 모두 헌수獻壽하

1_ 오색구름 | 제왕이 있는 곳을 나타내는 표현이다.
2_ 한관漢官의 위의威儀 | 중국 고대에 점잖은 관리의 풍모를 말한다.

고 복을 비는 말이었다. 그중에 '반로환동返老還童'이란 것이 있는데 희곡명이다. '황발환주안黃髮換朱顏'은 연극에서 누런 머리털의 노인이 차츰차츰 가면을 바꾸어 장년에서 어린아이로까지 변하는 것이다.

연회에 참석하다 入宴

동랑東廊과 서무西廡에 꽃방석이 깔렸는데	東廊西廡布花氍
만사蠻使와 번왕의 앉은 위치 다르구나.	蠻使番王坐位殊
한낮 기방機房에서 하사품 내어주니	日午機房傳內賜
침향목과 여의주, 비연통鼻烟桶[1]이라네.	沈香如意鼻烟壺

황제가 전각에 나아가 연희를 관람하는데, 동무東廡에는 친왕親王·패륵貝勒·다라군왕多羅郡王·진국공鎭國公·보국공輔國公[2] 등 여러 종실이 차례로 모시고 앉았다. 서무에는 몽고왕이 첫째이고, 다음으로 회회왕回回王, 그 다음으로 안남국왕安南國王이 함께 앞줄에 모시고 앉았는데, 회회 두목 한 사람이 갑사甲士를 거느리고 모시고 섰다. 그 다음에 본국 사신, 그 다음에 안남국 배신陪臣,[3] 그 다음에 남장南掌(라오스) 사신, 그 다음에 면전緬甸(미얀마) 사신, 그 다음에는 대만臺灣 생번生番[4]

1_ 비연통鼻烟桶 ┃ 코담배를 담는 통으로, 마개를 뽑고 코로 냄새를 맡게 되어 있다.

2_ 친왕親王 … 보국공輔國公 ┃ 모두 청나라 때 종실과 몽고 귀족에 대한 작위명爵位名이다. 이들에 대한 봉작封爵은 9등으로 나뉘었는데, 1등이 화석친왕和碩親王, 2등은 다라군왕, 3등은 다라패륵多羅貝勒, 4등은 고산패자固山貝子, 5등은 봉은진국공奉恩鎭國公, 6등은 봉은보국공奉恩輔國公이었다. 본문에서는 2등인 다라군왕과 3등인 패륵(다라패륵)의 순서가 뒤바뀌어 있는데, 이는 유득공의 착오인 듯하다.

3_ 배신陪臣 ┃ 제후諸侯의 관리가 천자天子에 대하여 자신을 이르는 말이다.

이 함께 뒷줄에 모시고 앉았다. 날마다 상으로 비단류, 수놓은 주머니, 자완磁椀, 정교하게 꾸민 그릇[牙盤], 침향목과 단목, 옥으로 꾸민 여의주, 유리로 된 비연통 등 여러 물건을 하사하는데, 모두 군기처軍機處[5]에서 시행되었다.

4_ **생번生番** | 중화의 입장에서 야만족을 지칭하던 어휘인데, 특히 대만 고산족高山族의 별칭으로 사용되기도 하였다. 대만 고산족은 생번, 토번土番, 번족 등으로 불리기도 한다.

5_ **군기처軍機處** | 청대에 황제를 보좌하여 정무를 보던 기구이다. 정원은 없으며 친왕·태학사·상서·시랑 등에서 충원하였고, 군기대신이라 칭했다. 매일 황제에게 군무에 관한 것을 보고하고 군무와 관련한 황제의 지시를 각 부서와 관원에게 하달하는 역할을 했다고 한다.

만주滿洲의 여러 왕諸王

화석和碩 다라패륵多羅貝勒공들 　　　　　　　　和碩多羅貝勒公
지란芝蘭과 옥설玉雪이 사방 자리에 동일하구나. 　芝蘭玉雪四筵同
금나라 본기本紀를 유의해 읽으면서 　　　　　　金源本紀[1]留神讀
근년에 옛 풍모가 변한 것 매우 한스러워 했다네. 深恨年來變舊風

내가 본 여러 왕과 패륵들이 매우 많은데, 그들은 눈썹과 눈이 곱고 빼어나 모두 옥설 같은 사람이었다. 불사佛寺에서나 시중 누각에서 혹 황자皇子와 황손皇孫의 글씨를 보았는데, 문징명文徵明[2]과 동기창董其昌[3]을 배워서 중국의 재자才子들이라도 이보다 나을 수 없었다. 100여 년 전 백산흑수白山黑水[4]에 있을 때는 반드시 이와 같지 않았을 것이니, 기

1_ 紀 | 수일본과 전서본에 모두 '記'로 되어 있으나, 문맥에 따라 '紀'로 고친다.

2_ 문징명文徵明 | 1470~1559. 명나라 때의 화가이자 서예가. 본명은 문벽文璧, 자는 징명徵明, 호는 형산衡山. 호남성湖南省 형양衡陽 출신. 스승인 심주沈周와 함께 중국에서 존경받는 문인화가들의 유파인 오파吳派의 중심 인물로 여겨졌다. 53세에 비로소 은둔생활을 버리고 세상에 나와 조정의 인정을 받고 한림원翰林院 대조대조待詔로 임명되었으며, 3년 뒤 은퇴하였다. 〈춘심고수도春深高樹圖〉,〈산우도山雨圖〉,〈진상재도眞賞齋圖〉 등의 대표작을 남겼다.

3_ 동기창董其昌 | 1555~1636. 명나라 때의 문인이자 서화가. 자는 현재玄宰, 호는 사백思白. 벼슬은 예부상서禮部尚書를 지냈으며, 행서行書·초서草書에 능하였다. 동원董源·석거연釋巨然에게 그림을 배웠고, 중국화를 북종화北宗畵와 남종화南宗畵로 나누기도 하였다. 그의 서예는 조맹부趙孟頫와 문징명, 그리고 궁극적으로는 진晉과 당唐의 대가들의 뒤를 이었다. 저서로는 《화안畵眼》,《화지畵旨》,《화선실수필畵禪室隨筆》 등이 있다.

이하다. 열하의 조방朝房⁵ 안에서 붕안朋安을 알게 되었는데 또한 청조의 종실이었다. 나이가 20여 세로 단아하여 아름다운 수재秀才 같았는데, 그가 살고 있는 골목을 말해주어 서로 방문하기로 약속하였으나, 연경에 도착하자 바빠서 방문하지 못하였다. 《건륭어제집》 속에는 금나라 세종世宗⁶의 말을 인용한 것이 많은데, 편안한 날이 오래되매 팔기자제八旗子弟⁷들이 마치 매가 새장 속에 갇혀 있듯 날마다 고기로 배를 불려 힘차게 공격할 수 없음을⁸ 탄식하였다. 가히 깊고 긴 염려를 했다고 할 수 있다.

4_ 백산흑수白山黑水 | 장백산長白山과 흑룡강黑龍江을 아울러 이르는 말.

5_ 조방朝房 | 백관百官들이 조회朝會에 참여하기 위해 대기하던 곳.

6_ 금나라 세종世宗 | 완안옹完顏雍(1123~1189)을 가리킨다. 여진명은 오록烏祿이며, 세종은 그의 묘호廟號로, 군대를 일으켜 해릉왕海陵王을 배반하고 즉위하였다. 뒤에 중도中都(지금의 북경)로 천도하여 금 왕조를 유지하고 통치하는 데 치력하였다.

7_ 팔기자제八旗子弟 | '팔기'는 정황正黃, 정백正白, 정홍正紅, 정람正藍, 양황鑲黃, 양백鑲白, 양홍鑲紅, 양람鑲藍으로 구성된 청나라 군사 편제제도. '팔기자제'는 특히 팔기귀족의 자제를 지칭하는데, 이들이 중국을 차지한 뒤 특권을 향유하게 되면서 마침내 점점 부패하였다. 이후 팔기자제는 아무런 재능도 없으면서 특권을 누리는 귀족 자제를 일컫게 되었다.

8_ 편안한 날이 … 없음을 | 《팔기통지八旗通志》 권11 〈칙유敕諭〉에서도 같은 표현을 볼 수 있다.

몽고蒙古의 여러 왕諸王

대원大元의 세력, 아직도 웅대하고 강성한데	大元家世尙雄强
구외의 가벼운 모래 이는 곳, 옛 땅이었다네.	口外輕沙舊地方
25왕이 와서 축수를 올리고	二十五王來獻壽
유리병에선 내수奶酥[1] 향기 뿜기네.	玻瓈瓶噴奶酥香

　열하 정전 문밖에 조방이 있는데, 매일 사신들은 이곳에 도착하여 때를 기다렸다가 연회에 나아갔다. 나는 차수와 흑단령黑團領[2]을 갖추어 입고 따라가 조방 안에 있다가 간혹 들어가 연회를 보고 나왔다. 몽고와 회회의 여러 왕들도 때때로 나와서 쉬었으므로 그들과 친해졌는데, 날이 오래되자 온갖 농담을 하며 못하는 말이 없었다.

　몽고의 25부部를 살펴보면, 과이심科爾沁·곽이라사郭爾羅斯·두이백특杜爾伯特·찰뢰특扎賴特·토묵특·찰로특扎魯特·아록과이심阿祿科爾沁·오한敖漢·내만奈曼·객이객좌익喀爾喀左翼·객이객우익喀爾喀右翼·객라심·옹우특翁牛特·아패합납이阿霸哈納爾·아패해阿霸垓·고제특高齊特·오주목진烏朱穆秦·파림巴林·극서극등克西克騰·사자부락四子部落·소니특蘇

1_ 내수奶酥 | 우유로 만든 낙농제품을 말한다.
2_ 흑단령黑團領 | 검은 빛깔의 단령. 벼슬아치가 입는 것을 둥글게 한 공복公服의 하나. 당상관堂上官은 무늬가 있는 검은 사紗를 쓰고, 당하관堂下官은 무늬가 없는 검은 사를 쓴다.

尼特·모명안毛明安·귀화성토묵특歸化城土默特·악이다사鄂爾多斯·오라특吳喇忒으로 51기旗이다. 5등급의 봉작封爵이 있으니, 친왕·군왕·패륵·패자貝子·진국보국 등의 공公이다. 그들 중 열하에 온 자는 예닐곱 왕으로, 과이심왕·객라심왕·달이한왕達爾漢王【군공이 있다고 일컬어진다】이었는데, 그 나머지는 기록하지 않는다. 늙은 자는 침착, 웅혼하기가 호랑이 같고, 젊은 자는 준수하고 활기 차기가 매와 같다. 지금 시대에 만주족에 대해 깊은 걱정과 먼 염려가 되는 것은 몽고족이 아니면 누구이겠는가? 황제가 매년 한 번 열하에 와서 어루만지고 억누르는 것을 어찌 그만둘 수 있겠는가?

한 늙은 왕이 젊은 왕을 가리키며 말하기를, "이 왕은 그림을 잘 그린다"라고 하였다. 나는 말하기를, "내일 우리나라의 부채를 가지고 올 터이니 왕께선 저를 위하여 그려줄 수 있겠는가?"라고 하자, 젊은 왕이 "좋다"라고 하였다. 다음 날, 차수와 내가 각각 부채 하나씩 들고 그려줄 것을 청하니, 머리를 흔들며 말하기를, "그릴 줄 모른다"라고 하여 자못 의아하였다. 훗날 달이한왕이 와서 말하기를, "그대는 그려주지 않은 뜻을 아는가? 그날 만주왕이 자리에 있어서 그런 것일 뿐이다"라고 하였다. 만주와 몽고는 아직도 이러한 간격이 있다.

내가 몽고와 회회의 여러 왕들이 입은 의복을 보니, 옥 글자와 구름 무늬에 비단으로 만든 독특한 모양으로 곱고 아름다움을 다하였는데, 모두 소주蘇州와 항주杭州에서 짜서 수레로 변방에 실어 나른 것이다. 가엾구나! 소주와 항주의 백성이여.

《청회전淸會典》강희 13년(1674)의 제준題準에, "매년 절기마다 과이심 등 10기旗는 함께 108을 진상하되 양 108마리와 유주乳酒³ 108병으로 계산하며, 악이다사 6기와 오라특 3기는 함께 81을 진상하되 양 81

마리와 유주 81병으로 계산하며, 나머지 25기는 함께 27을 진상하되 양 27마리와 유주 27병으로 계산한다"라고 하였다.

건륭 원년(1736)에 몽고의 각 기旗에 복준覆準[4]하여, 찰살극扎薩克[5]은 매년 12월 각각 양 1마리와 유주 1병을 진상하는 것을 분명하게 정례 定例로 만들었다. 이것으로 보면, 몽고에서 공납하는 것은 약간의 양과 술에 불과한데, 중국이 상으로 내리는 은과 비단은 천만으로 헤아린다.

3_ 유주乳酒 | 술 이름으로, 말 젖을 발효하여 만든 것인 듯하다.
4_ 복준覆準 | 거듭 심사를 거친 결재.
5_ 찰살극扎薩克 | '지배자'라는 뜻의 몽고어. 몽고족 각 기旗의 존장尊長을 가리킨다.

회회回回의 여러 왕諸王

회회의 모자는 양 끝이 뾰족한데	回回帽子兩頭尖
저마다 덥수룩한 수염을 거꾸로 세웠네.	箇箇鬚鬢倒豎鬚
좋구나, 회회왕에 준수한 자 많아	却愛回王多俊秀
한어, 몽고어, 청나라 말을 또한 모두 잘하네.	漢蒙淸話也能兼

회회의 용모는 눈이 깊고 눈동자가 푸르며 수염이 사납다. 그 왕들은 모두 준수한 젊은이다. 혹 조롱박처럼 살찐 이도 있고, 눈썹이 풍부하고 눈이 시름겨운 이도 있다. 의관은 만주와 동일한 모양인데, 어떤 이는 변발을 하였고 어떤 이는 머리를 모두 깎아 중의 머리를 만들었으니, 이는 이상한 일이다. 두목이 머리에 쓴 전립氈笠의 챙은 앞뒤가 말려 있고 좌우가 뾰족하여 마치 펴지지 않은 연잎과 같다. 객사 안에 있는 자는 대부분 챙이 없는 흰 모자를 썼는데 꽃무늬가 그려져 있었으며, 10여 명의 한 무리는 투구를 착용하고 붉고 푸르게 아롱진 베옷을 입고 있으며 단단하게 띠를 매었다. 그중 한 명의 두목은 통솔하여 반열에 선 자이다.

회회의 12부部를 살펴보면, 합밀哈密【한나라 때는 이오伊吾 땅이고, 당나라 때는 이주伊州 땅이다】· 벽전토로번闢展土魯蕃【한나라 돈황군敦煌郡 명안현冥安縣 땅】· 합랍사랍哈拉沙拉【옛날 언지국焉支國】· 고거庫車【옛날 귀자국龜茲

國·사아이沙雅爾·새리목賽里木·배拜【부유하고 두텁다는 의미】·아극소阿克蘇·오십烏什·객십갈이喀什噶爾·체이강蔕爾羌·화전和闐으로, 몽고의 제도와 동일하다. 찰살극을 설치하여 기무旗務를 다스리고, 합밀과 벽전에 군왕을 두었으며, 합랍사랍 서쪽의 여러 회성回城에 모두 백극伯克[1]을 설치하였다.

열하에 온 자는 합밀왕과 오십왕【백극과 비슷하지만 또한 왕이라 칭한다】으로, 나와 가장 친하였다. 내가 그들에게 말하기를, "귀국貴國은 우리나라와 거리가 비록 멀지만, 귀국 사람이 일찍이 우리나라에 와서 벼슬한 자가 있습니다"라고 하니, 두 왕이 놀라 묻기를, "누구요?"라고 하였다. 나는 말하기를, "귀국의 설손偰遜이란 자가 원나라 조정에 입사入仕하였는데 공주를 따라 동쪽으로 와 고려에서 벼슬하여 높은 관직에 이르렀습니다. 지금 그 후손 중 아직도 살아있는 자가 있습니다"라고 하니, 두 왕이 서로 돌아보며 기이하게 여겼다.

그 왕들은 한어와 몽고어, 청나라 말을 잘하였다. 매일 서로 만나 내가 우리나라 말을 하면 회회왕은 회회 글자로 번역하고, 회회왕이 회회 말을 하면 나는 우리나라 글자로 번역하였는데 한어로 질정質正하였다. 그 왕들은 매우 총명하여 한 번 번역하면 곧바로 암송하였다. 대저 만주·몽고·회회의 여러 왕들은 대개 모두 각국 말을 하여, 이야기하는 중에 아무 나라의 말로 물으면 그 나라의 말로 대답하니, 매우 짧은 시간에 변환하고 끝없이 순환하여 웃으며 즐거워하였다. 이것은 천하가 크게 힘써야 하는 바이다. 우리나라 사람은 이것에 매우 어두

1_ 백극伯克 | 신강新疆 회부回部 위구르족〔維吾爾族〕의 관직명으로, 아기목백극阿奇木伯克을 장長으로 삼고 이십한백극伊什罕伯克을 부副로 삼았으며, 그 아래에 각 급級의 백극을 설치하였다.

위 회회·몽고·만주어는 말할 것도 없고, 비록 한어라도 또한 배우려고 하지 않는다. 무식한 자는 한어를 오랑캐 말이라고 하는데, 오랑캐 말을 배우는 것이 또한 어찌 쓰일 때가 없겠는가?

회회어에, 하늘을 '아스만阿思【중국음】蠻', 땅을 '지민脂【중국음】民', 해를 '쿠쿰【중국음】', 구름달을 '애靉', 나라를 '세얼社兒【중국음】', 국왕을 '바사穰【중국음】社', 아버지를 '아타阿陁', 어머니를 '아나阿那', 형을 '악하握何', 아우를 '욱하郁何'라고 한다. 하나는 '페이을飛【중국음】乙', 둘은 '이치伊欺【중국음】', 셋은 '유치由置', 넷은 '더여得【중국음】歟', 다섯은 '비에씨別【중국음】氏', 여섯은 '알치謁置', 일곱은 '여치如置', 여덟은 '삭커스朔可【중국음】思【중국음】', 아홉은 '토옥커스吐沃顆【중국음】思【중국음】', 열은 '온溫'이라고 한다. 앉는 것을 '올토兀吐', 앉기를 청하는 말은 '올토롱兀吐籠', 앞으로 오라는 말은 '치에을崺【중국음】乙', 일어나 오라는 말은 '고읍姑邑', 밥 먹는다는 말은 '아타아阿拖阿', 잠들었다는 말은 '우후라于候羅', 나이가 얼마인가라는 말은 '간차야시다干且耶施多', 네 이름이 무엇이냐는 말은 '아칭치임阿稱欺【중국음】任', 또는 '아칭니마阿稱尼麻', 좋은 것은 '약시若施', 좋은가라는 말은 '약시무若施無', 평안하다는 것은 '진치眞置', 평안한가라는 말은 '진치무眞置無'라고 한다.

안남왕安南王

병선兵船 만 척으로 황제의 위엄을 떨치니 　　　　　戈船萬舳振皇威
남국의 군신이 머리 조아려 사례하고 돌아갔네. 　　南國君臣叩謝歸
삼성三姓[1]이 지금은 모두 영락해버렸는데 　　　　三姓如今都冷了
완씨阮氏 왕조가 새로이 만주 옷을 입었다네. 　　　阮家新着滿洲衣

완광평阮光平[2]의 처음 이름은 혜惠이니, 안남의 세족世族으로 건륭 54
년(1789)에 거병하여 반란을 일으켰다. 국도國都를 공격하여 함락시키
매 안남왕은 패하여 죽고, 세자 여유기黎維祁는 모친과 도망하여 광서
廣西 땅에 이르러 구원을 요청하였다. 청나라 황제는 양광총독兩廣總督
복강안福康安[3]과 장군 손사의孫士毅[4]를 시켜 군대를 거느리고 가서 광평

1_ 삼성三姓 | 베트남의 세 왕조. 진씨陳氏 왕조(1226~1400), 여씨黎氏 왕조(1428~1788), 막씨莫氏
　왕조(1527~1677)를 지칭한다.
2_ 완광평阮光平 | 본래 이름은 완문혜阮文惠. 1771년 이른바 '서산농민기의西山農民起義'를 주도
　하여 당시 매우 혼란했던 베트남을 통일하고 완씨 왕조를 개창한 인물. '광평'은 그가 청나라
　황제에게 책봉을 요청할 때 스스로 일컬었던 이름이다. 안으로는 여러 제도를 개혁하고, 밖으
　로는 매우 실리적인 외교를 펼쳤으나, 1792년 39세의 나이로 일찍 죽었다. 베트남에서는 '꽝
　쭝光中' 황제라고 부른다.
3_ 복강안福康安 | ?~1796. 자는 요림瑤林. 효현황후孝賢皇后의 조카로 권세가 매우 드높았으나
　사치를 일삼고 법도에 맞지 않게 상벌을 내린다는 평판이 있었다. 손사의 군대가 완광평에
　게 패하자 손사의를 대신하여 양광총독에 임명되었으나, 완광평의 뇌물을 받고서 공격을 멈추
　고 완광평이 책봉될 수 있도록 황제를 설득하였다. 시호는 문양文襄이다.

을 토벌하도록 하니, 광평은 패주하였다.[5]【이묵장李墨莊[6] 태사太史의 〈손
중승孫中丞[7]의 '남정南征'에 화답하다〉라는 시의 주석에, "비적匪賊 혜惠가 이
미 패하자 소와 술을 바쳐 황제의 군대를 호궤犒饋하려 하였는데 공은 거절하
였다"라고 말하였다.】

　여유기가 새로이 자리를 이어 왕위에 올라 황제에게 철군할 것을
청하매, 황제가 그대로 따르자 광평은 다시 여유기를 공격하였다. 그
런데 어떤 일로 인하여 황제는 광평을 안남왕에 봉하고, 여유기를 불
러 참령參領이라는 삼품三品의 무직武職에 배수토록 하였다. 현재 북경
에는 여유기의 친족과 종신 천여 명이 모두 한군기漢軍旗 아래에 배속
되어 있는데 실상 그 군신을 금고禁錮하고 있는 것이다.

　대략 사정이 이러하지만 상세히 알 수는 없다. 북경에서 자자하게
도는 말로는 광평이 금은보화를 수레에 실어 복강안에게 바쳐 드디어
왕에 책봉된 것이라고 하였다. 내가 중국 사대부들과 어울릴 때 안남
에 대해 언급하면 모두들, "기운 것은 엎어버리고, 새로 심은 것은 북
돋아주는 것이 바로 천도天道이다"라고 말했다. 억지로 더 물으면 "오

4_ 손사의孫士毅 ｜ 1720~1796. 자는 지야智冶. 관직은 문연각 대학사文淵閣大學士에 이르렀다.
　양광총독으로 있을 때 완광평을 공격하였으나 크게 패하고 말았다.

5_ 청나라 황제는 … 패주하였다 ｜ 유득공의 이러한 설명은 사실과 다르다. 손사의가 이끄는 청
　나라 군대는 1788년 12월에 베트남으로 입성하여 여유기를 안남왕으로 책봉하였는데, 1789
　년 완광평의 군대에 의해 베트남에서 쫓겨나고 말았다. 1790년 복강안이 손사의를 대신하여
　양광총독으로 내려오자, 완광평은 현실적으로 청나라에 계속해서 대항할 수는 없다고 판단하
　여, 자신이 안남왕에 책봉될 수 있도록 복강안에게 뇌물을 썼다. 이에 청나라에서는 건륭제의
　80세 만수절에 완광평이 직접 입공入貢하라는 조건을 달고서 그를 안남왕에 책봉하였다. 그러
　나 완광평은 자신과 용모가 비슷한 조카 범공치范公治를 대신 보냈다.

6_ 이묵장李墨莊 ｜ 이정원李鼎元(1749~1812). '묵장'은 그의 호. 이조원李調元의 종제로서 조선의
　사신들과 친분이 깊었다. 관직은 병부주사兵部主事에 이르렀으며 시문에 뛰어났다.

7_ 손중승孫中丞 ｜ 손사의를 지칭하는 것으로 보인다.

안남왕 ● 85

늘 밤에는 다만 풍월風月을 이야기하는 것이 좋겠다"라고 하며 끝내 말하려 하지 않았다. 그 일은 온 세상이 감추는 바임을 알 수 있었다.

그 이름이 생각나지 않는 한 형부낭중刑部郎中은 강개한 선비인 듯했는데, 조방에서 나와 이야기를 나누다가 안남의 배신陪臣이 지나가는 것을 보고는 "완광평은 역적이다!"라고 욕을 하는 것이었다. '역적 광평이 복강안에게 뇌물을 썼다'는 이야기는 '도청도설道聽塗說'에 지나지 않는다. 그러나 광평이 열하로 와서 화신·복장안福長安 등을 대열에서 만나기만 하면 황망하게 반쯤 무릎을 꿇는 광경을 보지 못한 사람이 없다. 이는 만주의 습속으로 천한 자가 귀한 이를 섬기는 예禮이다. 중국 조정의 대신과 대등하게 예를 차리지 못하고, 이렇게 비굴하고 아첨하는 태도를 지어내니 그가 하지 못할 일이 없음을 알 수 있었다.

광평과 그의 신하들은 모두 만주식 의모衣帽를 착용하였다. 어떤 이는 말하기를, 광평이 변발을 하겠다고 자청하자 황제가 이를 허락하지 않고 다만 의모를 내려주었는데, 그가 상투를 풀고서 머리를 땋았다는 것이다. 나라를 얻은 방법이 바르고 바르지 않고는 우선 논하지 않는다 하더라도, 창업創業의 군주라 하면 특별한 풍모가 있지 않을까 싶어 여러 차례 살펴보았지만, 대략 청수淸秀한 듯하기는 한데 달리 남다른 점이 없었다. 꼭대기를 금으로 장식한 보교步轎를 타고 의기양양하게 들어와서는 만주식으로 꿇어앉아 절하는 모양이 꽤나 익숙하였다.

광평이 데려온 신료와 하인들은 모두 184명이라 하였는데, 출입할 때는 다만 10여 명만이 따랐다. 그중 한 사람은 그림이 그려진 접부채 한 자루를 거꾸로 펴서 손에 들고 있으면서 잠시도 떠나지 않았다. 광평이 궁문으로 들어가면 그는 문밖에서 기다렸는데, 사람들이 보여달라고 해도 굳게 쥐고서 보여주지 않았다. 아마도 그것은 그 나라의 의장儀仗으로서 없어서는 안 되는 물건인 듯하였다. 또 악공 10여 명을 대동하고 왔는데, 황제의 만수를 경하하며 아첨을 떠는 데 극진하지 않음이 없었다.

그 종신 이부상서吏部尚書 반휘익潘輝益과 공부상서工部尚書 호택후灝澤侯 무휘진武輝瑨 두 사람은 몸집이 작고 얼굴빛은 그을고 말랐으며 이〔齒〕는 성글고 검었다. 나머지 사람들도 모두 보잘것없었다. 이로써 보건대 광평은 그 나라의 걸출한 인물이다. 저 두 사람은 처음 나라를 열어 매우 위급한 때에 수륙으로 만릿길을 호종하여 입조入朝하였으니, 외교에 능하고 지혜가 풍부하여 급박할 때 의지할 만한 자들일 것이다. 외모는 진실로 남에게 감동을 주지 못하였다. 매양 우리나라 사신들을 향해 말하기를, "광평왕은 본래 광남廣南 땅의 포의였기에 여씨黎氏 왕조에 대하여 애초에 신하로서 섬길 의리가 없었다"라고 하기도 하고, 또 말하기를 "현재 안남의 궁실은 모두 여씨가 쓰던 옛것이므로 본국에 돌아가서는 불가불 편액扁額을 바꾸어야 한다"라고도 하고, 또 말하기를 "이번에 진공하는 물품으로는 황금 기린麒麟 한 쌍과 황금 봉황 한 쌍 이외에도 통서通犀[8]와 육계肉桂[9]를 대對와 근斤[10]을 맞추어 허다히 가져왔다"라며 자랑하였다. 그 말에는 가증스런 점이 많았지만 그들을 탓할 일은 아니었다.

8_ 통서通犀 | 물소 뿔의 일종으로, 내부가 흰색이다.
9_ 육계肉桂 | 5~6년 이상 자란 계수나무의 두꺼운 껍질을 말하는데, 주로 강장제로 사용한다.
10_ 대對와 근斤 | 모두 물건을 헤아리는 말이다. '대'는 '쌍'과 같은 의미이고, '근'은 무게를 재는 단위이다.

그들은 비록 본국을 떠나 멀리까지 와서 상국上國에 머물고 있는 처지이긴 하였으나, 그래도 의당 군신 간에는 분별이 있어야 하거늘, 매양 연회 자리에서 임금이 앞에 있고 신하들이 뒤에 있으매 임금을 경외하는 빛이 거의 없었으며, 물건을 주고받을 때 혹 임금 옆에 던지는 일까지 있었다. 그 임금이 우연히 우리나라 사신에게 "왜국倭國이 얼마나 먼가?"를 물어 우리나라 사신들이 대답을 하였다. 그 뒤 임금이 다시 말을 하려고 하자 휘익 등이 눈을 부라리며 제지하는 것이었다. 참으로 놀라운 일이었다.

휘익과 휘진이 각각 칠언율시를 한 수씩 지어 우리나라의 정사와 부사에게 보내왔다. 부사가 호저縞紵의 의리[11]로서 화답하여 보내면서 부채 몇 자루와 청심환淸心丸 몇 알을 증정하였다. 그러자 휘익 등은 부채와 약을 되돌려주며 "내일 북경으로 떠나기 위해 지금 이미 짐을 모두 꾸리고 말았습니다. 원컨대 북경에서 주십시오"라는 편지와 함께 밀향蜜香,[12] 이자胰子,[13] 아선牙扇[14] 한 자루를 답례로 보내왔다. 그런데 밀향은 아무 향기가 없고, 이자는 냄새가 고약했으며, 아선은 물에 젖어 종이가 찢어져 있었다.

뒤에 우리 사신들이 관계官桂(육계)를 구한다는 말을 듣고 스스로 말하기를 가품佳品을 가져왔다 하며 지나친 값을 요구하기에 취하여 보니 가품이 아니었다. 다시 곽향藿香[15]을 구한다는 말을 듣고 또 가품

11_ 호저縞紵의 의리 ┃ 춘추시대에 오吳나라 계찰季札이 정鄭나라로 가서 자산子産을 만났는데 두 사람은 옛 친구처럼 마음을 터놓을 수 있었다. 이에 계찰은 '호대縞帶(명주로 만든 띠)'를 자산에게 선물하였고, 자산은 답례로 '저의紵衣(모시로 만든 옷)'를 계찰에게 주었다.

12_ 밀향蜜香 ┃ 침향沈香. 팥꽃나뭇과의 상록교목으로, 향료로써 널리 쓰인다.

13_ 이자胰子 ┃ 돼지나 양 등의 등심살.

14_ 아선牙扇 ┃ 상아로 만든 부채.

을 가져왔다 하며 곽향 한 근을 인삼 한 근과 바꾸자고 하기에 취하여 보니 북경 시장의 물건인 듯하였다. 저들의 비쇄鄙瑣함이 대체로 이와 같았다. 완씨 왕조의 개국공신들이 어떠한 자들인지 가히 알 만하다.

만주식 의모에 대해 그들은 자못 부끄러워하는 마음이 있어 스스로 말하기를 본국에 돌아가면 그렇게 하지 않는다고 하였다. 13일의 태화전太和殿 연회에는 마땅히 본국의 옛 제도에 맞추어 입참入參하기로 되어 있었다. 13일이 되자 이른바 대사마大司馬란 자가 객관에 병으로 누워 있다가 처음으로 참반參班에 들어와 휘익의 윗자리에 섰는데, 세 사람이 입은 것이 전에 보던 것과 판연히 바뀌어 있었다. 복두幞頭와 금대를 하였고, 포袍는 붉기도 하고 푸르기도 하며 이무기와 용의 무늬가 그려져 있었다. 다만 포의 양 귀퉁이가 너무 높아서 머리를 조아릴 때 두 어깨 위로 돌출하여 엄연히 쌍각雙角처럼 보였다. 망건은 끈으로 매었는데, 그 망이 너무 허술하여 또한 능히 단단히 묶을 수 없어 다만 두르고 있을 따름이었다. 자세히 살펴보니 모두 배우들의 물건을 빌려온 것이었다.

내가 차수와 함께 조방에 있을 때 또한 휘익 등과 친숙히 지냈다. 원명원圓明園[16]에 이르러 차수가 오언율시 두 수를 지어 두 개의 부채에 써서 휘익과 휘진에게 나누어주었다. 그러자 곧 한림翰林 단완준段阮俊이란 자로 하여금 시를 지어 우리나라 사신에게 바치게 하고, 정성내서政省內書 도금종陶金鍾과 장가엄張加儼 등도 차수의 시에 화답해

15_ 곽향藿香 ┃ 꿀풀과의 여러해살이풀. 향료 및 소화제 등의 약재로 쓰임.

16_ 원명원圓明園 ┃ 청나라 때 북경 교외에 건설한 이궁離宮. 서양식으로 건축된 원명원은 강희제 때 건설하기 시작하여 건륭제 때 완성되었는데, 1860년 영불연합군과의 싸움에서 불에 타고 말았다.

보내도록 하니, 은연중 서로 맞서 재주를 겨뤄보겠다는 뜻이 있었다.
나도 비록 차수의 시에 차운次韻하였지만 결국 보내지는 않았다.

반휘익의 시는 이러하다.

나라는 바다의 동과 남으로 경계를 나누었지만	居邦分界海東南
모두 명당을 향해 멀리 수레를 달려왔네.	共向明堂遠駕驂
문헌을 통해 일찍 오도吾道의 소재所在를 징험하였고	
	文獻夙徵吾道在
부드러운 회포로 황제의 은덕이 미침을 온전히 우러르네.	
	柔懷全仰帝恩覃
풍속을 함께하는 천고의 의관과 제도요	同風千古衣冠制
기이한 만남으로 연일 손뼉을 치며 담소하네.	奇遇連朝指掌談
시를 지어 풍극관馮克寬과 이수광李睟光[17]의 옛일에 견주나니	
	騷雅擬追馮李舊
우리의 우정은 진한 술에 달게 취한 것 같네.	交情勝似飮醇甘

무휘진의 시는 이러하다.

바다의 남쪽과 바다의 동쪽	海之南與海之東
지역은 비록 다르나 도맥道脈이 통하네.	封域雖殊道脈通

17_ 풍극관馮克寬과 이수광李睟光 | 선조 30년(1597)에 이수광은 북경의 옥하관玉河館에서 베트
남 사람인 풍극관과 만나 시문을 수창酬唱한 일이 있었다. 이에 이수광은 《안남국사신창화
문답록安南國使臣唱和問答錄》을 엮었으며, 이 일은 문단의 성사盛事로 후대에 두고두고 칭송
되었다.

왕회王會[18]에 처음 오매 문헌을 함께하였고	王會初來文獻並
이곳 황제의 별장에 와서 근첨覲瞻[19]을 함께하였네.	皇莊此到覲瞻同
의관은 마침 지금의 제도를 따르더라도	衣冠適有從今制
우의를 나눔에 어찌 고풍을 잇지 못하겠는가?	縞紵寧無續古風
저 옛날 사신들 중에 누가 우리와 비슷할까?	伊昔使華誰似我
연이어 아침 일상의 자리에서 담소를 나누네.	連朝談笑燕筵中

두 시의 성률이 통창通暢하지는 못하나 일본과 더불어 서로 견줄 만하였다. 그런데 이수광과 풍극관의 수창酬唱이 그 나라에서 아름다운 일로 널리 알려졌으므로 휘익이 시에서 그렇게 말한 것이다.

내가 가만히 안남의 사정을 생각해보매, 저 여씨란 자가 대대로 극악한 짓을 저질러 백성들은 원망하고 귀신들은 노하게 만듦으로써 스스로 천명과 단절한 것이다. 광평이 과연 호걸이었기에 온 나라가 그림자처럼 따른 것이었으니, 완씨가 여씨를 대신한 것은 여씨가 막씨莫氏를 대신하고 막씨가 진씨陳氏를 대신한 것과 같은 것으로 이상하게 여길 것이 없다. 그러한 사정이 없이 하루아침에 임금과 신하를 바꾸었다면, 안남이 비록 바다 밖의 작은 나라라고 하지만 어찌 충의의 선비가 없었겠는가? 황제가 팔기의 군대를 동원하여 남쪽을 정벌한 여씨를 몰아 옛 임금을 붙잡아 없애고, 새로운 임금을 불러다가 의관을 하사하여 어루만지고 총애하여 보냈는데도 안남의 선비들은 장차 숨을 죽이고 엎드려 있었을 뿐이란 말인가? 여씨 왕조 3백 년의 은택이

18_ 왕회王會 ┊ 각 지역의 제후 및 주변 이민족들이 황제에게 조공을 하기 위해 모이는 행사.
19_ 근첨覲瞻 ┊ 제후들이 황제에게 인사하는 의식을 가리키는 말.

남아 있었다면, 반드시 팔뚝을 휘두르고 눈물을 뿌리며 격문을 돌려 광평의 죄를 성토하며 무리 지어 일어나 완씨를 공격하는 자가 있었을 것이다. 이러한 때를 당하여 황제가 내버려두고 죄를 묻지 않는다면 권위가 손상되는 것이고, 군사를 일으켜 벌준다면 아무리 죽여도 다시 일어날 것이다. 창기瘴氣와 역병이 창궐하는 땅에서 군대를 자주 일으킨다면 승패는 알 수 없는 것이요, 양광兩廣 땅도 소요하게 되었을 것이다.

남장南掌의 사자使者

이무기 수놓은 옷자락을 땅에 끌며 가는데　　　繡蟒衣裾拂地行
붉은 관冠은 주머니처럼 불룩 솟아 보이네.　　　赤冠如橐望崢嶸
이름을 물어도 대답 않고 고개만 숙이고 있다가　問名不道低頭久
다만 말하길 관함이 일평一評이라 하네.　　　　但道官啣是一評

　남장 사람은 모두 15명이었다. 사신은 이무기를 수놓은 옷을 입고
붉은 천으로 된 관을 썼는데, 그 관의 모양은 마치 자루가 반쯤 뒤로
늘어진 것 같았고 진주조개로 장식하였다. 부사의 관이나 옷도 동일
하였으나 다만 진주조개 장식이 없었다. 수행하는 사람들이 쓴 것은
호연건浩然巾[1]과 모양이 비슷한데, 구름 문양을 그려넣었으며 울긋불
긋한 직물로 만든 옷을 걸치고 있었다.
　남장 사람은 면전 사람과 모습이 대략 비슷하였다. 키는 작고 까무
잡잡한데 눈이 매우 사납고 독하며, 그 발은 나무뿌리처럼 단단하다.
나이 든 자들도 모두 부녀자들처럼 전신과 팔뚝에 교룡蛟龍, 호표虎豹,
화훼花卉의 문양을 새겼다. 다만 남장 사람들의 상투는 머리에 가깝
고, 면전 사람들의 상투는 이마에 가까우니 이것이 다른 점이었다.

1_ 호연건浩然巾 ┃ 뒤쪽이 헐렁한 두건의 일종.

남장 사람 가운데 중국에 자주 와봐서 대략 중국말을 아는 자가 한 사람 있었다. 그 사람에게 남장 사신의 이름을 물어보았는데, 그는 대답하려 하지 않았다. 아마도 그는 이런 일로 사람들에게 자주 비웃음을 당한 듯하였다. 관직의 명칭을 물으니, "일평一評·이평二評이고 그 나머지는 일세무一世撫·이세무二世撫·삼세무三世撫·사세부四世拊이다"라고 하였다. 그가 말한 '일평·이평'이란 것은 아마도 일품·이품이 와전된 것으로, 중국을 흉내 내어 제멋대로 지어낸 말인 듯한데, '세부'라는 것은 무슨 말인지 알 수 없었다.

내가 보니, 한 몽고의 왕이 캉〔炕〕² 위에 앉아 남장 사람을 내려다보며 가만히 웃자, 남장 사람은 사나운 눈으로 그를 올려다보았다. 한 사람에게 철마鐵馬를 달려 차고 밟는 형상이 있다고 한다면, 또 한 사람에게는 깊은 대나무 숲에서 독화살을 쏘는 뜻이 있었다. 남만南蠻과 북적北狄이 서로 만나니 그 모양이 우스웠다.

남장 사람은 매우 독하다. 고북구의 남천문 위에서 우리나라의 마두 한 사람이 우연히 성 아래로 침을 뱉었는데 때마침 남장 사람이 그 아래를 지나다가 얼굴에 맞았다. 그자는 성을 내며 옷을 벗고는 자신의 성기를 흔들어대면서 올려다보고 무어라 무어라 지껄이는 것이었다.

그 사람들은 또한 음탕하다. 원명원에 있을 때 남장 사신이 토통사土通事³를 통해 우리들에게 한 물건을 팔고자 하였다. 그가 합盒 하나를 꺼내니 매미처럼 찌륵찌륵 우는 것이 동기銅器에 들어 있었다. 손바닥에 올려놓으니 더욱 울어댔는데 팔뚝으로 이어지더니 가슴에 와

2_ 캉〔炕〕│중국 북방 지역에서 쓰이는 구들. 우리나라의 온돌과 달리 침대처럼 높게 만든다.
3_ 토통사土通事│역관譯官의 한 직급.

잦아들었다. 물으니 그것은 이른바 면령緬鈴이란 것이었다. 동그랗고 입구가 없으며, 작은 호두 크기만 한데 겉면에는 금이 입혀 있었다. 과가撾家⁴에서 가져온 것이라 하는데, 금·은·동 세 물질을 녹이고 두드려 81개의 조각으로 만들어 봉합한 것으로 속에 작은 구슬이 있으니, 찌륵찌륵 소리가 났던 것은 그 구슬이 움직이는 것이었다. 용도를 물어보니 매우 외설스러웠다. 남장의 추잡함이 모두 이와 같았다.

그들이 열하로 왔을 때 예부에서는 문묘의 이륜당彛倫堂에서 거처하도록 하였다. 8월 20일에 황제가 안남의 국왕 완광평과 각국 사신들에게 공자를 알현하도록 하였다. 대성문 안에서 삼궤구고례三跪九叩禮⁵를 마치고 대성전 안으로 올라 탁자 위의 제기祭器며 옛 기물들을 삼가 살펴보니 모두 황제의 창고에서 나온 물건이었다. 그런데 흘낏 보니 남장 사람 하나가 알몸과 맨발에 머리를 풀어헤친 채 얼룩진 베옷을 걸치고 제 맘대로 대성전 안을 다니는데도 꾸짖어 제지하는 이가 한 사람도 없었다. 통탄할 일이었다.

4_ 과가撾家 ┃ 남장 즉 라오스 지역을 일컫는 말.
5_ 삼궤구고례三跪九叩禮 ┃ 꿇어앉아서 머리를 세 번씩 조아리기를 모두 세 차례 행하는 예식. 최고의 경의를 표하는 예절이다.

면전緬甸의 사자使者

은합에 빈랑檳榔¹ 가득가득 품고서 　　　　　銀盒檳榔滿滿懷
가요를 나직이 읊조리며 천가天街²를 밟았네. 　　微吟俚曲踏天街
귓바퀴 어찌 괴롭도록 잔뜩 꾸몄는지 　　　　耳輪何苦偏修飾
나무 덧대고 구리 꽂고 골패骨牌³를 매달았네. 木補銅穿懸骨牌

　면전 사람은 모두 28명이다. 사신 네 명은 금단錦緞으로 짠 띠를 머리에 두르고 덩굴풀을 수놓은 녹색 바탕에 붉은 무늬의 융단옷을 입었으며, 수행원들은 붉은 비단을 머리에 두르고 알록달록한 비단옷을 입었다. 귓바퀴를 뚫고 주석통을 꽂아 앞뒤로 훤히 통하였는데, 혹은 누런 나무를 꿰어 골패를 매달기도 하였으며, 구슬끈을 머리에 두르고 팔뚝에 은복숭아를 꿰고 있었다. 작은 은합을 꺼내는데, 빈랑과 부류등扶留藤⁴ 잎과 조개의 재가 담겨 있다. 옷깃 속에 보관하다가 때때로 뒤져 꺼내어 등 잎으로 재를 싸서 먹으며 빈랑을 씹었고, 나지막하

1　**빈랑檳榔** ┃ 종려나뭇과의 상록교목으로, 열대우림지역에서 자란다. 열매는 베틀닛betel nut이라고 부르는데 먹을 수 있다.
2　**천가天街** ┃ 중국의 거리를 뜻하는 말로, 여기서는 열하의 거리를 말한다.
3　**골패骨牌** ┃ 뼛조각으로 만든 장식물인 듯함.
4　**부류등扶留藤** ┃ 구장蒟醬. 후춧과의 풀. 그 잎은 판pan 혹은 베틀후추betel piper라고 불리며, 동남아 일대에서 빈랑을 먹을 때 석회를 발라 쌈처럼 싸서 씹어 먹는다.

게 노래를 부르며 마당 가운데를 걸었다. 그 이름을 물으니 한 사람은 망란다재두교련芒蘭多才頭狡連이라 하고, 또 한 사람은 망지리쇠다옹芒知俚衰多翁이라고 하였다. 후일 그들을 보고 그 이름을 부르니 바로 응답하였다.

원명원에 이르러 그들의 숙소를 지나노라니, 영창부永昌府 등월주騰越州 호살戶撒 토사土司[5]로 성이 뇌賴라는 자가 면전 사신 두 명과 막중에 있었는데, 대개 인솔하고 온 자이다. 내가 들어가 뇌 토사와 이야기하였는데, 뇌 토사는 문자를 몰랐고 그의 수행원 한 사람이 대략 문자를 알았다. 내가 사신의 이름을 물으니 머리를 흔들며 말하지 않았다. 관직명을 물으니 써서 보이는데, 편기미타便氣未駞·편기각과便氣覺抓·세립각과細立覺抓·남달저소南達趄素라고 하였다. 그 나라의 산 이름과 물 이름을 물으니, 산은 없고 모두 평야이며 물은 금사강金沙江[6]이 있다고 하였다.

편기미타라는 자가 붉은 합을 열어 순금 가락지 한 개를 내보이는데 파란 보석을 머금고 있었고, 편기각과라는 자는 손가락을 펴서 은가락지를 내보이는데 자색 보석을 머금고 있었다. 관품官品을 분별하는 물건인 듯하였다. 또 자루 속을 뒤져 쌀알 같은 보석가루를 조금 꺼내 나눠주었다. 내가 어디에 쓰는 것인지 묻자, 곁에 있던 사람이 가지고 있는 비연호鼻煙壺를 가져다가 그 가루로 문질렀다. 옥석·마노

5_ 토사土司 | 토관土官이라고도 한다. 원나라 시대부터 변경에 개설한 관직인데, 소수민족의 우두머리로 충원하고 세습하게 하였다. 선위사宣慰使·선무사宣撫使·안무사安撫使 등의 무관직과 토지부土知府·토지주土知州·토지현土知縣 등의 문관직으로 나뉜다.

6_ 금사강金沙江 | 장강長江 상류의 일부로 청해성靑海省 옥수현玉樹縣부터 사천성四川省 의빈시宜賓市까지를 가리키는데, 이 강의 지류는 메콩강과 나란히 흐르며 버마를 지나간다. 사금이 산출되어 금사강으로 불린다고 한다.

瑪瑙 따위는 모두 닳았는데, 수정은 그렇지 않아서 보석가루가 도리어 부서졌다. 수정호水晶壺를 지녔던 자가 아주 좋아했다. 아마 옥을 연마하는 도구인 듯하였다. 내가 다시 돌려주었다.

　지필紙筆과 문자가 있는지 물으니 있다고 답하며 붓 한 자루를 꺼내 보이는데, 은으로 대롱을 만들어 활석滑石을 머금게 하고 끝을 뾰족하게 한 것이었다. 곧 그을린 분첩 위에 글씨를 쓰는데, 왼쪽에서 오른쪽으로 가는 것이 회회 글자 같았고, 돌가루가 감기고 둘려서 전서篆書 모양으로 지나간 달팽이 흔적 같았는데, 손으로 닦아서 제거하였다. 또 붓 하나를 꺼내 보여주는데, 철 대롱의 작은 칼이었다. 스스로 말하기를 종려껍질에 글씨를 새기는 것이라 하고 이어서 종려껍질 문자를 꺼내 보여주었는데, 글자 항렬이 분명하고 삼삼하여 사랑스러웠다. 편기각과가 내 부채를 가져다가 글자를 새겼는데, 서로 이어진 것이 2촌寸 길이였고, 붓을 놀리는 것이 매우 민첩하였다. 내가 이게 무슨 말이냐고 물었더니 답하기를, "고려 대인"이라고 하였다.

대만臺灣의 생번生番

그림 그린 관冠에 닭 깃털 흐드러지게 꽂고서 　　畫冠鷄羽挿琶毸

방울은 딸랑딸랑 걸음걸음 재촉하네. 　　　　　鈴子郞當步步催

대만부 생번은 살아있음이 좋아 　　　　　　灣府生番生也好

내산에서 비적을 산 채로 포박해왔다네. 　　　　內山纔縛匪人來

　대만 생번은 모두 10명이다. 건륭 52년(1787) 임상문林爽文[1]의 난을
토벌할 때 임상문의 군대가 패하여 내산에 들어갔는데, 생번 등이 포
박해 바쳐 공이 있었다. 열하의 문묘 대성문 오른쪽 벽에 비석으로 그
일을 기록하였다.

　생번은 모두 몸집이 작았고, 머리카락을 잘라 이마를 덮었는데 머
리카락의 색이 칠흑 같았으며, 미간이나 턱 위에 팔괘 문양 같은 낙인
을 찍었다. 속에 녹색 긴 옷을 입고 겉에 홍색 짧은 옷을 걸쳤는데, 가
장자리를 금실로 둘렀고 비단천은 들쭉날쭉하였다. 갓 앞뒤의 양태가

1_ 임상문林爽文 | ?~1788. 청나라 때 대만의 농민으로 천지회天地會에 참가하여 창화彰化 천지
　회의 수령이 되었고, 건륭 51년(1786)에 봉기하여 대만부 등을 장악하고 위세를 떨쳤다. 하지
　만 다음 해에 복강안의 진압군에 쫓기다가 고산족에 의해 생포, 압송되어 이듬해 처형되었다.
　고산족은 임상문을 생포한 공으로 열하 대성문 밖에 '평정대만기平定臺灣紀'를 비석에 새기는
　포상을 받았고, 해마다 황제에게 조회할 수 있는 특전을 입게 되었다.

솟아 있는데 역시 들쭉날쭉하였다. 구름무늬를 그렸으며, 한가운데에
는 궁륭穹窿 모양의 양梁²을 덧대어 닭 깃털을 줄지어 꽂았다. 갓의 앞
뒤에는 작은 구리방울을 각각 세 개씩 매달아 걸을 때마다 딸랑거렸
다. 목에는 나무패를 걸고 있었는데, 한 면에는 이름을 적고 다른 한
면에는 거처하는 사社³의 명칭을 적었으니, 대개 사람의 무리로 대우
하지 않는 것이었다. 중로다라대보사中路多蘿大埔社 투왕投旺, 남로망자
립사南路望仔立社 균력력均力力, 북로말독사北路末篤社 나사회축囉沙懷祝,
북로옥오사北路屋鰲社 야황왜단也璜哇丹, 북로사자사北路獅子社 회목회懷目
懷 등이 있는데, 나머지를 다 적지는 않겠다. 입고 있는 의복은 대만부
에서 마련해준 것이라고 한다.

살펴보건대 대만은《명사明史》에서 계롱산鷄籠山이라 칭하고 또 동
번東藩이라 칭하였다. 영락永樂시대에 정화鄭和⁴가 동서의 바다를 편력
遍歷할 때 조공을 바치지 않은 종족이 없었는데, 유독 동번은 멀리 달
아나 숨었다. 정화가 그것을 미워하여 집집마다 구리방울 하나씩을
내려주어 목에 걸도록 하였으니, 개들의 나라로 견준 것이다. 그 뒤
에 사람들은 도리어 보배로 여겨, 부자들은 심지어 여러 개를 꿰고서
"이것은 조종祖宗의 유산이다"라고 하였다. 꿩과 닭을 먹지 않는 습속
이 있는데, 다만 그 깃털을 갖고 장식한다. 지금 그 사람들을 보니 과

2_ 양梁 ㅣ 굴건屈巾이나 관冠의 앞이마에서부터 우뚝 솟아올라서 둥그름하게 마루가 져서 뒤쪽
　까지 닿은 부분.
3_ 사社 ㅣ 대만 고산족의 사회조직. 토사土社 · 번사番社라고도 함. 적게는 8, 9호에서 많게는 100
　여 호로 구성되고, 각 사마다 두목이 있어 세습한다.
4_ 정화鄭和 ㅣ 1371~1435. 본명은 마삼보馬三保. 운남성雲南省 이슬람교도 출신의 환관으로, 명
　나라 영락 연간(1403~1424)에 수군제독이 되어 수차례 해상 원정을 지휘하며 동남아시아, 중
　동을 거쳐 아프리카 동부 해안까지 편력하였다.

연 구리방울을 걸고 닭 깃털을 꽂았다.

발발 餑餑¹

보이차 다 마셔가매, 과일합 열어보니 普洱茶殘果榼開
꿀에 재운 감이 양매楊梅²와 함께 있네. 柹仁淹蜜伴楊梅
시신侍臣들 아직 조용히 물러나지 않고 侍臣尙未從容退
또 아침상 발발이 오는 것을 기다리네. 且等朝盤餑餑來

매일 아침녘에 연회에 나온 여러 왕과 패륵 및 각국의 사신에게 과
일합을 하사하였다. 한 사람마다 하나씩이었는데, 모양은 둥글고 칸
막이가 있어서 용안龍眼³·여지荔枝⁴·건포도·양매·수유茱萸·꿀대추·
감과 기타 단것 따위를 나누어 담았으며, 차는 틈틈이 마시도록 해주
었다. 해가 밝아지면 비로소 삶은 돼지와 발발을 내려주었다.

1_ **발발**餑餑 | 전서본에는 이 시가 〈분희〉 뒤에 편차되어 있다. 발발은 밀 또는 보릿가루로 만든
피로 겉을 싸서 만든 만두 종류의 음식이다.
2_ **양매**楊梅 | 소귀나뭇과에 속하는 상록교목으로, 열매는 검붉고 단단하다.
3_ **용안**龍眼 | 무환자나뭇과에 속하는 열대산 과일나무로, 꽃은 작고 황백색을 띤다. 열매는 공
모양으로 황갈색을 띠는데, 과육은 하얗고 즙이 들어 있다.
4_ **여지**荔枝 | 무환자나뭇과에 속하는 열대산 과일나무로, 열매는 용안과 흡사한데 좀 더 붉고 표
면이 거칠다.

시표時標[1]

서양 작은 시계, 조용한 가운데 움직여	西洋小標[2]暗中催
묘시卯時 되면 조회하고 미시未時 되면 돌아오네.	趁卯朝天趁未廻
한 쌍의 홍교, 먼지 뿌옇게 일어나니	一對紅橋塵漠漠
여러 왕의 수레바퀴, 바람·우레와 다투는 듯.	諸王車轂鬪風雷

왕공 이하는 모두 서양의 시계를 찼다. 매일 동트기 전에 궁문에 이르러 조방 안에 가서 묘시(05~07시)를 기다려 연회에 들어가는데, 때때로 나와 쉬면서 시계를 보다가 시계가 장차 미시(13~15시)를 가리키려 하면 감히 다시 나와 쉬지 않았다. 시간이 되면 풍악이 멈추고 연회가 끝나 일제히 물러났다. 모두 급히 걸었지만 조금도 떠드는 소리가 없었고, 궁문을 나서면 수레는 흐르는 물처럼, 말은 용처럼 내달렸다. 열하에는 동홍교東紅橋와 서홍교西紅橋가 있다.

1_ 시표時標 │ 전서본에는 이 시가 〈발발〉 뒤, 〈만주 제왕〉 앞에 편차되어 있다.
2_ 標 │ 이 글자는 평측이 맞지 않아 '表'로 고쳐야 옳을 듯하다.

난평현灤平縣

난평현 어지러이 펼쳐진 산 가을인데   灤平縣裏亂山秋
객라하喀喇河는 맑아 막힘없이 흐르네.   喀喇河淸散漫流
여기 이르면 변방 사막 같은 느낌 없어지리니   到此應無沙塞想
갈대 깊은 곳에 고깃배 바라보이네.   蒹葭深處見漁舟

7월 21일, 열하에서 연경을 향해 출발하였다. 승덕부에서 큰 수레 열세 채를 마련해 보내주었다. 차부車夫는 공순했고 길도 평탄해서 바람과 우레처럼 빨리 달렸다. 난평현에 도착하니, 현 동쪽은 객라하로서 곧 난하이다. 상류에는 갈대와 억새 푸르고 서늘한데, 작은 배 서넛이 강가를 스치며 지나는 것을 보았다. 몇 달 동안 사막을 달린 뒤라 눈과 마음이 시원히 열렸다. 이날 안남·남장·면전 등의 나라도 줄줄이 출발하였고, 몽고왕은 열하에서 각 부部로 돌아갔고, 회회왕은 황제를 모시고 원명원에 이르렀다.

고북구 古北口

이중 관문에 또 이중 관문　　　　　　　　　　兩重關又兩重關
진대秦代의 성 주변이요, 한대漢代의 산이라.　　秦代城邊漢代山
느지막이 낙가洛迦 선경仙境 바라보며 쉬노라니　晚向洛迦仙境憩
푸른 사창에 비치는 작은 산山들.　　　　　　　碧紗窓映小屛顔

　고북구에는 관關에 적루敵樓[1]가 없었고, 이중 관문을 들어서니 관청
건물이 있었다. 높은 곳에 올라 바라보니, 성가퀴가 산을 따라 구불구
불 둘려 있고 조하潮河[2]가 변경 밖에서 흘러 들어오는데, 눈에 가득 황
량해 보였다. 또다시 이중 관문에 들어서니 남천문이 있고 문 오른쪽
에 관제關帝를 모신 사당이 있는데, 돌기둥 패루牌樓에 강희황제의 어
필御筆인 '낙가 선경'이 있었다. 작은 헌軒이 있는데 건륭황제의 어필
인 '남승헌攬勝軒'이 있으며, 사창은 그윽하고, 헌 뒤에는 꽃나무를 줄
지어 심었고, 깔아놓은 벽돌은 깨끗했다. 사람들은 고북구라는 이름
을 들으면 웅장하고 험할 것으로만 생각하지 이렇게 예쁘고 아기자기
한 경광이 있는 줄은 모른다.

1_ 적루敵樓 ｜ 적을 방어하기 위해 성문 담장 위에 설치한 누대.
2_ 조하潮河 ｜ 하북성 풍녕현에서 고북구를 거쳐 밀운호密雲湖까지 흐르는 강. 밀운호에서 백하白
　河와 합류하여 조백하潮白河를 이루며 발해로 흘러간다.

고북구 밖 40리는 양간방이라고 한다. 관제를 모신 사당이 있는데 역시 맑고 깨끗하다. 이부상서 팽원서彭元瑞[3]가 벽에 시 한 구절을 적어놓았다.

봄 산은 화장한 눈썹인 듯, 버들은 연기인 듯　　　　春山如黛柳如煙
그림을 찍어놓은 듯 누대는 작은 별천지.　　　　　　罨畫樓臺小洞天
구름을 밟을 한 쌍의 짧은 나막신을 얻는다면

　　　　　　　　　　　　　　　　　　　　　　　容得踏雲雙短屐
벽도화 속에 여윈 신선을 찾으리라.　　　　　　　　碧桃花裏訪癯仙

고영인顧寧人[4]의 〈창평산수기昌平山水記〉를 살펴보면, "석갑石匣에서 동북쪽으로 10리를 가면 요정포腰亭舖가 되고, 또 10리를 가면 신개령新開嶺이 되고, 또 10리를 가면 노왕점老王店이 되고, 다시 12리를 가면 고북구에 이른다. 고북구는 성이 산 위에 있는데, 둘레가 4리 310보이다. 또 3리를 가면 조하천 수어천호소守禦千戶所가 되는데, 하천의 양쪽 가에 담장을 쌓아 대臺를 세웠고, 대의 동서는 산을 따라 성을 이루었는데, 들쭉날쭉 구불구불 천 리를 끊임없이 이어진다. 그 요충지에는

3_ 팽원서彭元瑞 | 1731~1803. 청나라 건륭 연간에 진사에 급제하여 공부상서까지 지낸 인물로, 문집 《은여당고恩餘堂稿》를 남겼다. 여기서는 이 시의 작자를 팽원서라고 하였는데, 전겸익錢謙益의 《열조시집列朝詩集》에 따르면 이 시의 작자는 심정沈貞이다. 심정은 명나라 시인으로 정길貞吉이라는 자字로 행세한 인물인데, 그의 아우 심항沈恒(자는 恒吉)과 더불어 형제 시인으로 유명하였다.

4_ 고영인顧寧人 | 고염무顧炎武(1613~1682). 중국 명말청초의 사상가. 호는 정림亭林, 영인은 그의 자. 한족 출신으로 청조의 수립에 반발하였으며, 실증적 학풍으로 고증학의 기초를 닦았다. 저서에 《일지록日知錄》, 《천하군국이병서天下郡國利病書》 등이 있다.

공심적대空心敵臺[5]를 쌓았는데, 혹 4, 50보에 한 대가 있고 혹은 200보에 한 대가 있다. 대마다 백총百總 한 사람이 있고, 다섯 대에 한 파총把總이 있고, 열 대에 한 천총千總이 있다. 1, 2리마다 방울소리가 들리는 정도를 한 돈墩으로 정하였는데, 돈마다 군인 다섯 명이 멀리 관찰하는 것을 담당하였다. 길마다 전봉관傳烽官 한 사람이 있어서, 경계할 일이 생겨 봉화를 올리면 좌우로 나누어 전달하고 수백 리에서 모두 보게 된다. 대저 모두 소보少保 척계광戚繼光[6]이 남긴 계책이다"라고 하였다. 이것으로 보건대, 여기에서 첫 번째 이중 관문에 들어서면 바로 옛 조하천 수어천호소이고, 통틀어 칭하면 고북구인 것이다. 관 좌우에는 황폐한 대와 돈들이 지금까지도 여전히 많이 있다.

5_ 공심적대空心敵臺 | 적대는 적을 방어하기 위해 성벽에 돌출하여 높이 세운 탑인데, 속을 채우고 위에 올라가서 방어하는 적대를 실심적대實心敵臺라고 하는 반면, 가운데를 비우고 속에 들어가서 방어하는 적대를 공심적대라고 한다.

6_ 척계광戚繼光 | 1528~1588. 중국 명나라 말기의 무장. 자는 원경元敬, 호는 남당南塘·맹저孟諸. 왜구와의 전투에서 80여 차례 승리를 거두었고, 만리장성의 수비를 담당하여 대규모 보수공사와 제도개혁을 추진하였으나, 모반의 혐의를 입고 파직되었다. 《기효신서紀效新書》와 《연병실기練兵實紀》 등의 저서를 남겼다.

원명원圓明園

총독과 순무사巡撫使가 결채전結綵錢[1]을 나누어 바치니

督撫分供結綵錢

상서로운 무지개와 번개,[2] 만사년萬斯年[3]이라네.　祥虹瑞電萬斯年

열흘 동안 〈서유기〉를 연출하여　　　　　　　一旬演出西遊記

〈승평보벌昇平寶筏〉[4] 한 마당을 다 마치네.　完了昇平寶筏筵

　8월 13일, 황제의 만수절에 각 성省의 총독과 순무사들이 결채은結綵銀 수만 냥을 바치는데, 모두 화신이 주관하였으니, 이는 내가 내무부 필첩식筆帖式[5]에게 들어서 알게 되었다. 양회兩淮[6]의 상인들은 은 2백

1_ **결채전結綵錢** │ 결채結綵에 필요한 비용을 뜻한다. '결채'는 명절이나 나라의 큰 행사 때, 지붕 이나 문 또는 다리 등을 오색 실이나 천 또는 종이 등으로 장식하는 것을 가리킨다.

2_ **상서로운 무지개와 번개** │ 황제의 생일날을 송축하는 관용어로서, '홍전지상虹電之祥'이라고 한다. 황제黃帝, 소호少昊, 순舜 등 제왕이 무지개와 번개에 감응하여 탄생하였다는 고대신화에 서 유래하였다.

3_ **만사년萬斯年** │ 제왕의 장수를 기원하는 말로, 어원은 《시경》 〈하무下武〉편의 "만세토록 하늘 의 복을 받는다(於萬斯年, 受天之帖)"에 있다.

4_ **〈승평보벌昇平寶筏〉** │ 청대 궁중에서 연회되던 희곡의 명칭. 소설 〈서유기〉를 희곡으로 개작 한 것으로, 10본本 240척齣(희곡의 단락)으로 구성되었다. '승평'은 태평성대를, '보벌'은 고해 로부터 중생을 구제하는 불법을 뜻한다.

5_ **필첩식筆帖式** │ 청대 각 관서의 하급 문관으로, 한어와 만주어 등의 문서 번역을 담당하였다.

6_ **양회兩淮** │ 오늘날 강소성江蘇省 회하淮河의 남북 지역을 가리킨다. 송나라 희령熙寧 이후 회남 을 나누어 회동淮東·회서淮西로 칭하였는데, 뒤에 두 지역을 합쳐서 양회라고 하였다.

만 냥을 바치는데, 내무부에서 이를 상주上奏하면 황제가 처음에는 '필요치 않다[不必]'고 비답批答하고, 재차 성심誠心에서 우러나온 것이라고 상주하면 '알겠다[知道了]'고 비답한다고 한다. 이는 당보塘報[7]가 운데 보인다. 양회가 이와 같다면 다른 곳도 가히 알 만하다. 황제는 7월 30일에 원명원에 도착하는데, 8월 초하루부터 열하루까지 공연하는 연희는 〈서유기〉한 작품으로, 연희의 제목을 '승평보벌'이라고 하였다.

황제는 연로하였고, 조정 대신 중 아계阿桂[8]가 가장 현명하였는데, 그 또한 연로하였다. 한인漢人 각로閣老 중 혜황嵆璜[9]과 왕걸王杰[10] 이하는 지위를 채우고 있을 뿐, 화신의 권력이 천하를 기울었다. 직함이 경연강관經筵講官,[11] 어전대신御前大臣, 태자태보太子太保,[12] 의정대신議政大臣,[13] 영시위내대신領侍衛內大臣,[14] 문화전 태학사文華殿太學士,[15] 문연각

7_ 당보塘報 ㅣ 중앙과 지방 사이에 군사 정보를 전달하는 체제를 가리키는데, 여기서는 조정에서 반포하는 관보官報를 뜻한다.

8_ 아계阿桂 ㅣ 1717~1797. 자는 광정廣廷, 호는 운암雲岩·장가씨章佳氏로서, 만주 정람기正藍旗 출신이다. 태학사 아극돈阿克敦의 아들로, 음직으로 출사한 뒤 신강에서 전공을 세워 정백기正白旗에 소속되었고, 군기대신軍機大臣·정홍기 만주도통正紅旗滿洲都統·공부상서·태자태보太子太保·이부상서·무영전 태학사武英殿太學士 등 내외직에 중용되었다.

9_ 혜황嵆璜 ㅣ 1711~1794. 자는 상좌尙佐, 호는 졸수拙修로, 무석인無錫人이다. 1724년에 진사급제 후 일강기거주日講起居注, 한림원 시독학사侍讀學士 등을 비롯하여 이부상서, 병부상서兵部尙書, 절강총독浙江總督 등 중요 요직을 70세 후반까지 두루 역임하는 등 건륭제의 신임이 두터웠다. 특히 황하와 회수의 범람에 대비한 치수사업에 주력하여 많은 업적을 남겼다.

10_ 왕걸王杰 ㅣ 1725~1805. 자는 위인偉人, 호는 성국惺國으로, 한성인韓城人이다. 강소순무사江蘇巡撫使 진굉모陳宏謀의 막료로 출발하여 내각학사를 거쳐 동각태학사東閣太學士 등을 역임하며 79세까지 조정의 대신으로 신임을 받았다. 장재張載로부터 영향을 받아 경세經世의 학문에 주력하다. 주요 저서로《성원역설惺園易說》,《보순각집葆醇閣集》등이 있다.

11_ 경연강관經筵講官 ㅣ 황제를 위하여 경연에서 강설을 담당하는 관직.

12_ 태자태보太子太保 ㅣ 태자의 보좌와 교육을 담당하던 관직. 후대에는 실직實職이 아니라 중신重臣에게 내리는 직함으로 많이 쓰였다.

제거각사文淵閣提擧閣事,[16] 관리管理 이부吏部 · 호부戶部 · 이번원理藩院[17] ·
호부삼고戶部三庫[18] 사무총관事務總管, 내무부대신內務府大臣, 교습서길사敎
習庶吉士,[19] 관리 상사원上駟院[20] · 무비원武備院[21] · 어선처御船處 · 향도처嚮道
處 사무事務, 정백기 만주도통正白旗滿洲都統,[22] 총리總理 건예영健銳營[23] ·
원명원 팔기내부삼기八旗內府三旗[24] 관병대신官兵大臣, 보군통령步軍統
領,[25] 삼등충양백三等忠襄伯[26]이니, 중추의 요직을 모두 겸하고 있었다.

13_ 의정대신議政大臣 | 청대에 국정의 중대사를 의논하는 관직으로, 태조는 의정오대신議政五大
臣을 두었고, 태종 때는 팔기의 기마다 세 명을 두었다.

14_ 영시위내대신領侍衛內大臣 | 삼기三旗의 정예병으로 구성된 황제의 친위부대를 통솔하는 관
직. 정일품직으로 양황·정황·정백 삼기에 각각 두 명을 두었는데, 무직 중 최고의 품등이다.

15_ 문화전 태학사文華殿太學士 | 명대의 제도를 개편하여 만든 청대 태학사의 관직으로 정일품
에 해당한다. 본래는 태자의 보좌와 교육을 담당하였는데, 후대에는 황제의 근신近臣으로 고
문 역할을 하였다.

16_ 문연각 제거각사文淵閣提擧閣事 | 청나라 건륭 39년(1774)에 자금성 내부에 문연각을 세워
《사고전서》를 보관하였는데, 영각사領閣事·제거각사·직각사直閣事·교리校理·검열檢閱 등
의 관직을 두었다.

17_ 이번원理藩院 | 몽고, 신강, 서장 등 소수민족 지역의 통치를 담당하던 관서官署이다.

18_ 호부삼고戶部三庫 | 호부에 소속된 은고銀庫, 단필고緞匹庫, 안료고顔料庫를 가리킨다.

19_ 교습서길사敎習庶吉士 | 서길사의 교육을 관장하는 관직.

20_ 상사원上駟院 | 궁정의 말과 낙타를 관리하는 관청.

21_ 무비원武備院 | 병기, 갑옷과 투구, 마구 등을 관리하는 관청.

22_ 정백기 만주도통正白旗滿洲都統 | 정백기의 최고 수장. 정백기는 삼기 중 하나로서, 현재 내
몽고 시린궈러멍〔錫林郭勒盟〕 남부가 근거지이다. 순치順治 연간에 정람기正藍旗를 강등시키
고 삼기에 올랐다. 황제가 직접 통치하여 왕이 없고, 병사들은 황제의 친위병이 되었다. 도통
은 각 기의 수장인데, 만주 팔기의 수장이므로 만주도통이라 칭한 것이다.

23_ 건예영健銳營 | 중앙에 주둔한 팔기 부대의 하나로서, 정예 병사로 이루어진 특수부대이다.
건륭 연간에 창설되어 북경 서북 향산香山 아래 주둔하였다.

24_ 원명원 팔기내부삼기八旗內府三旗 | 원명원 내무부 삼기호군영內務府三旗護軍營을 가리킨다.
팔기 중 삼기에서 정예병을 선발하여 황제의 금위군禁衛軍으로 삼았는데, 옹정 연간에 원명
원 팔기호군영을 증설하여 원명원 주위에 주둔시켰다.

25_ 보군통령步軍統領 | 금위군 중의 하나인 보군영步軍營의 수장. 보군영은 중앙의 방위와 치안
을 담당한 부대이다.

만주의 풍속에는 귀천의 등급과 위계가 매우 분명하지 않은데, 화신이 멀리서 보이면 앉아 있던 자들이 모두 일어나고, 다른 대신에게는 반드시 그렇게 하지 않으니, 권위가 이미 서 있는 것이다. 화신의 아들 부마는 경박한 소년이다. 연회의 자리에서 나를 보더니 달려와서 묻기를, "본국에 연회가 있는가, 없는가?"라고 하여 내가 있다고 대답하니, 또 "중국의 것과 같은가 다른가? 좋은가 안 좋은가?"라고 물었다. 내가 같은 것도 있고 같지 않은 것도 있으며, 좋은 것도 있고 좋지 않은 것도 있다고 대답하니, 곧 웃으면서 다른 곳을 향하여 달려갔다. 복장안 등이 수선스럽게 우리 사신에게 부채와 약을 구하였는데, 복장안은 또 통역관을 시켜 우리나라의 다리〔髢髮〕를 여러 번 구하였다. 배우의 수염으로 쓰기 위해서이니, 청국 대신들의 행동거지가 이와 같았다. 황제가 손오공·저팔계의 황탄무계한 일들을 공연하게 하고 번왕·만객들과 함께 그것을 관람하니, 어떻게 이럴 수 있는지 모르겠다.

태학사 아계는 만주 정백기 출신이다. 일찍이 정서장군定西將軍으로 금천金川을 평정하고 색낙목索諾木을 체포하였다.[27] 지금 나이가 78세인데 바라보는 시선이 진중하여 대신의 풍모가 있었다. 화신에게 아부하지 않는 자는 오직 아계 한 사람뿐이라고 한다. 아계의 아들 건청문乾淸門 시위侍衛[28] 아미달阿彌達[29]은 건륭 무술년(1778)에 명을 받들어

26_ **삼등충양백三等忠襄伯** | 청대 작위爵位의 명칭. 화신은 삼등경거도위三等輕車都尉부터 일등남 작一等男爵, 삼등충양백, 일등충양공一等忠襄公 등의 작위를 수여받았다.

27_ **금천金川을 … 체포하였다** | 건륭 36년(1771) 금천의 색낙목과 소금천小金川의 승격상僧格桑이 일으킨 변란을 수년간 평정하고자 하였으나 실패하였는데, 건륭 38년에 아계가 정서장군으로 임명되어 2년간의 전쟁을 통해 마침내 금천을 평정하고 색낙목을 포로로 잡아 북경으로 압송하였다.

청해靑海에서 황하의 수원지를 찾아갔다. 성수하星宿河 서남의 아륵탄 곽륵阿勒坦郭勒에 이르렀는데, 몽고어에 '아륵탄'은 황금이고, '곽륵'은 하천이다. 그 물색이 황색인데 300여 리를 선회하여 성수해로 들어간다. 아륵탄곽륵의 서쪽에는 큰 바위가 있는데, 높이가 몇 십 장丈으로, 이름 하여 '아륵탄갈달소제노阿勒坦喝達素齊老'라고 한다. 몽고어에 '갈달소'는 북두성이고, '제노'는 바위이다. 그 절벽은 황적색으로 절벽 위에 못이 있고, 못의 물이 솟아올라 백 갈래가 되는데 모두 금빛을 띠며 아륵탄곽륵으로 들어가니 진실로 황하의 수원지이다.[30] 이곳은 곧 한나라 박망후博望侯[31]나 원나라 도실都實[32]도 이르지 못했던 곳이다. 아미달은 틀림없이 강성한 힘을 가진 사람일 것인데 나는 그를 보지 못하였다. 공부시랑工部侍郎 아필달阿必達[33] 역시 아계의 아들인데, 조방에서 함께 이야기해보니 어설프고 분명치 않아 별달리 아버지의 풍모는 없었다.

공부상서 김간金簡은 상명常明의 종손이다. 상명은 우리나라 의주 사

28_ **건청문乾淸門 시위侍衛** ｜ 건청궁은 황제의 일상 정무와 침실에 이용되던 건물로서, '시위'는 이곳을 호위하는 무관직이다.

29_ **아미달阿彌達** ｜ 아필달阿必達(1744~1791)의 초명이다. 아필달은 서령西寧에서 하신河神에게 제사를 올리라는 건륭제의 명을 받고 황하의 수원水源을 찾아들어갔으며, 그로 인하여《하원기략河源紀略》이 편찬되었다. 원문에는 아이달阿爾達로 되어 있는데, '爾'는 '彌'의 오자이다.

30_ **성수하星宿河 … 수원지이다** ｜ 건륭 47년(1782)에 내각에서 찬한《하원기략》의 글과 몇 부분 글자의 출입만 있을 뿐 내용이 동일하다.

31_ **박망후博望侯** ｜ 장건張騫(?~기원전 114)의 봉호封號이다. 한 무제의 명을 받고 황하의 수원을 찾아갔는데 신선이 사는 마을에 이르렀다는 고사가 전한다.

32_ **도실都實** ｜《원사元史》,〈지리지地理志〉에 지원至元 17년(1280) 황제가 도실을 시켜 황하의 수원지를 탐색하게 했다는 기사가 보인다.

33_ **공부시랑工部侍郎 아필달阿必達** ｜ 아필달이 공부시랑을 역임한 바 있으나, 아계에게는 아필달 외에 병부시랑과 성도장군成都將軍을 역임한 아적사阿迪斯라는 아들도 있다. 유득공이 아계의 두 아들을 혼동하여 기록한 것으로 여겨진다.

람으로, 첨지중추부사僉知中樞府事 덕운德雲의 증손이다. 덕운의 묘지는 의주 남산南山에 있는데, 비에 다음과 같은 옹정 원년(1723)의 조서가 새겨져 있다. "천명을 받들고 오덕五德을 계승하여 황제가 명하여 이르노라. 나라에서 용사를 선발할 때에는 황제의 깃발 아래에서 힘을 다하였고, 조정에서 조칙詔勅을 반포하는 영예가 있을 때는 반드시 수목공사에 근심하여 선대까지 포상하여 크게 추숭追崇하였다. 너, 덕운에게 곧 관리管理 상사원, 원무院務 산질대신散秩大臣,[34] 제독提督 남해자南海子,[35] 총리總理 오창烏鎗[36] 겸 좌령佐領[37]으로 관작 두 등급을 더하여 준다. 상명의 증조부는 덕을 심고 은혜 베풀기를 힘썼으니, 그 상서로움을 발함이 내력이 있다. 시詩와 예禮를 함양하여 힘써 외교에 대한 계책을 닦고, 전쟁에 용감하고 관직을 공경하여 일찍부터 전투의 계략을 풍부하게 지니고 있었다. 이에 너에게 은혜를 뻗쳐 광록대부光祿大夫[38]를 삼고 고명誥命을 준다. 오호라, 공명에 힘써 상이 있으면 영광이 조상에게 소급되고, 경사로운 예전禮典을 기쁘게 받으면 그 조상의 은혜를 잊지 못한다. 은총의 법전을 더하노니 능히 공경하여 받들 것이다. 건륭 24년(1759)에 태자태보, 영시위내대신, 각근공慤勤公을 더하여 준다." 내가 의주 사람에게 들으니 덕운은 일찍이 의주부의 통인通引[39]이었다고 한다.

34_ 산질대신散秩大臣 | '산질'은 일정한 직무가 없는 관위官位를 지칭하는데, 청대에는 시위처侍衛處에 소속된 종2품 무관직으로 기록되어 있다.

35_ 남해자南海子 | 북경 영정문永定門 밖 교외에 있는 남원南苑으로, 청대에는 이곳에 황제를 호위하기 위한 부대를 주둔시켰다.

36_ 오창烏鎗 | 호창영虎槍營을 말하는데, 황제의 호위를 담당한 금위군에 속한 부대이다.

37_ 좌령佐領 | 팔기에서 2~300명을 통솔하는 직책이다.

38_ 광록대부光祿大夫 | 문관의 18관등 중 정일품 최고의 품계이다.

39_ 통인通引 | 지방 관아의 잔심부름하는 사람이다.

김간은 우리나라 사람들을 후대하였는데, 의주의 관마官馬를 모는 마부들 중 성이 김金인 자들이 매양 길옆에서 엎드려 알현하며 상을 내려주길 바라니 근래에는 자못 염증을 낸다고 한다. 임역任譯[40] 또한 그를 중요하게 의지하고 있으나, 실상은 평범한 재상으로 조심스럽게 화신과 복장안을 섬기는 자일 뿐이다.

40_ 임역任譯 | 담당 관원인 임관任官과 담당 역관을 아울러 일컫는 말이다.

결채 結綵

복숭아 끈, 버들 실이 모두 진짜인 양 어지럽히니   桃綬柳絲撼亂眞
공중 누각은 거울 속의 봄이로다.   空中樓閣鏡中春
서화문西華門[1] 밖 서산으로 가는 길   西華門外西山路
푸른 냄새와 붉은 향기가 사람을 취하게 하네.   綠臭丹香醉殺人

    열하에서 북경에 이르는 400리 길에는 곳곳마다 결채가 보이고, 서
화문에서 원명원에 이르는 30리 길에는 좌우로 나누어 가설 누대를
세워놓았다. 모두 황벽색 유리 기와로 덮어서, 무늬를 놓은 비단이나
수를 놓은 융단으로 덮기도 하였고, 난간에 금박을 칠하고 색색의 천
과 유소流蘇[2]와 화포畵布를 엮어서 성곽을 만들었으며, 패루를 세우고,
문양을 새긴 돌기둥과 침향목 기둥의 형상을 만들었다. 혹 거울로 누
각을 꾸며 수백 보 길이에 거마의 왕래가 그 속에 비치었고, 종모椶毛[3]
로 만든 집과 대나무 울타리를 만들어 소쇄瀟灑함으로 번화함을 마주

1_ 서화문西華門 | 자금성의 서쪽 문으로, 서원西苑 등 서쪽 교외에 나갈 때 경유하는 문이다. 명
나라 영락 18년(1420)에 세워졌다.

2_ 유소流蘇 | 기旗나 가마와 수레 등을 장식하는 술을 가리킨다.

3_ 종모椶毛 | 종려나무의 섬유로서 질기고 탄력성이 있어 줄이나 천을 만드는 데 쓰인다. 원나라
시대 별전別殿을 지칭하기도 하는데, 종모로 기와를 대신하였기 때문에 붙여진 이름이다.

하게 해놓았다. 비단을 잘라 복숭아나무와 버드나무를 만들어놓으니 화려하여 한창 봄인 듯한데, 붉고 푸른 것의 냄새가 사람의 머리를 아프게 하였다.

각 성과 각 부, 내지 거인擧人들이 패牌를 세워 나누어 맡았고, 또 세운 패에는 "모희某戲 모곡某曲을 모처某處로부터 시작해서 모처에서 마친다"라고 쓰기도 하였다. 또 금연패를 세워 사람들이 감히 담배를 피우지 못하였고, 시정 사람들이 물을 실어 내와 먼지를 씻어냈다. 8월 12일이 되어 황제가 원명원에서 북경으로 들어오는데, 좌우의 채색 누각에서 천백千百의 어린아이들이 분장을 하고서 얇은 비단천을 끌며 모형 말이나 학을 타고 일제히 노래를 불렀다. 그곳을 바라보니 간혹 쇠약한 늙은이들이 등에 '천자만년수天子萬年壽'라고 쓴 보자기를 매달고 지팡이를 잡고 숨을 가쁘게 쉬며 다니고 있었는데, 천수연千叟宴[4]을 하고 남은 자들이라고 한다.

4_ 천수연千叟宴 | 청나라 강희·건륭시대에 치러진 경로행사로, 참여자들이 대부분 연로자이므로 '천수千叟'라 칭했다.

가산假山

성곽과 누대는 모두 만들 수 있다지만   城郭樓臺摠可爲

하늘 끝에 두어 기이한 봉우리 없어 아쉽더니.   恨無天際數峯奇

이제야 알겠노라, 삿자리가 신비한 변화를 머금어   始知蘆簟含神變

푸르게 빼어난 천태天台·안탕雁宕¹의 자태가 되네.   碧秀天台雁宕姿

　채색 누각 옆에는 삿자리를 구부려 접고 오그려서 만든 돌이 많았
는데, 황록색으로 칠을 하고 구멍이 영롱하여 진실로 태호太湖의 기이
한 돌²이었다. 또 높이가 수십 장丈인 석가산石假山³을 만들어놓았는
데, 신선·백록白鹿·원숭이 등속이 줄지어 둘려 있었다. 더욱 기이한
것은 길이 굽어지는 곳에 혹 멀리 보이는 산을 만들어놓으니 한결같
이 푸른 색깔이었고, 석양에 물든 담홍색 산을 만들고는 흰 구름을 두
산 사이에 걸쳐놓았다. 또 무엇인지 모르는 것을 땅에 깔아놓고 유리

1_ **천태天台·안탕雁宕** | 절강성에 있는 천태산과 안탕산을 말하는데, 중국에서 가장 아름다운 명
　승지로 꼽는다. 명대 문징명은 〈시인손태초詩人孫太初〉라는 시에서 "천태와 안탕은 평생의 꿈
　이니, 지팡이 잡고 시주머니에 차례대로 담아보았으면(天台雁宕平生夢, 憑伏詩囊次第收)"이라고
　하였다.

2_ **태호太湖의 기이한 돌** | 강소성의 태호에서 나오는 돌로 흔히 '태호석太湖石'이라고 부른다.
　구멍이나 주름과 무늬가 많은 기이한 형태를 지니고 있어 정원의 조형석으로 쓰인다.

3_ **석가산石假山** | 정원 등에 돌을 쌓아서 만든 인공산을 말한다.

같은 것으로 가상의 물을 만들어 붉은 난간으로 막아놓았다. 바라보면 정말로 물결이 이는 듯하여 건너갈 수 없을 것처럼 생각되었다. 원명원 못 주변에 강천사江天寺⁴를 모방해 만들어놓았는데, 사람들이 매우 흡사하다고 하였다.

4_ **강천사江天寺** | 강소성 진강鎭江 서북쪽에 있는 사찰. 금산金山 서쪽 자락에 있어 '금산사'라 칭하기도 하였는데, 청나라 강희제 때 강천사로 바꾸었다고 한다. 예로부터 많은 시인 문객들이 유람한 명소로서, 우리나라 고려시대 승려 의천義天이 수학하기도 하였다.

서직문 밖에서 西直門外

역록輾轆[1]한 수레, 길을 끼고 뽐내며 가는데　輾轆鈿車夾道驕
난향 바람, 사향 안개 주렴 밖에 나부끼네.　蘭風麝霧隔簾飄
넋 나가고 뼈까지 취해도 좋은 줄은 아는 듯　神癡骨醉猶知好
기꺼이 십칠교十七橋를 가서 보게 만드네.　好敎來看十七橋

　팔월 초엿새부터 초이레 사이에는 모든 성안 사람들이 나와 채색
누각을 구경하느라 원명원 곤명지昆明池[2]의 십칠교까지 갔다가 돌아
온다. 서직문에서 원명원에 이르기까지 길의 중앙에 돌을 깔았는데,
수레가 나란히 통행할 수 있을 정도의 너비였다. 말을 탄 사람과 걸
어가는 사람들은 모두 돌을 깐 길 밖으로 다녔는데, 왼쪽 수레가 가
고 오른쪽 수레가 돌아와 양쪽으로 통행하여 찌그덕찌그덕 수레바퀴
소리가 끊이지 않았다. 수레에 탄 부인들은 혼자이거나 둘이었는데
담황색 저고리나 푸른색 저고리를 입었고, 진주와 비취 장식이 머리
에 가득하였다. 수레 앞의 어린 여종들은 꽃봉오리를 수놓은 진홍색

1_ 역록輾轆 ┊ 수레가 지나며 내는 소리를 형용한 표현이다.
2_ 곤명지昆明池 ┊ 원명원에 있는 못의 이름. 원래는 한 무제 때 장안에 만든 못의 명칭으로, 곤명
　국昆明國의 전지滇池에서 벌어질 수전水戰을 훈련하기 위하여 그 못을 본떠 만들었으므로 붙여
　진 이름이라고 한다.

저고리를 많이 입었다. 난향과 사향의 향기가 수십 리 너머까지 진동
하였다.

감달한堪達漢[1]

친히 향기로운 술을 두 옥배에 베풀어주고	親宣香醖玉杯雙
하루 종일 이원梨園[2]에선 북방 곡조를 연주하네.	鎭日梨園演北腔
쇠 도르래로 끌고 온 감달한은	鐵鹿盧牽堪達漢
천자의 옛 땅 흑룡강에서 왔다네.	天家舊壤黑龍江

황제가 우리나라 정사와 부사를 나오게 하여 어좌 앞에 이르니, 손수 옥배에 든 술을 하사하여 정사와 부사가 차례대로 술을 다 마시고 물러나왔다. 이전에 우리 사신에게 술을 하사할 때는 황제가 근신에게 주고 근신이 사신에게 주었는데, 지금처럼 직접 사신에게 내려주는 예우를 받은 자는 패륵이나 연성공衍聖公[3] 외에는 없었다.

또 명하여 한 짐승을 끌고 나와 사신에게 보여주었는데, 사슴과 비슷하지만 목 아래에 살덩어리 주머니가 달려 있었다. 아계가 와서 묻기를, "귀국에도 이 짐승이 있는가?"라고 하기에 사신이 대답하기를,

---

1_ **감달한堪達漢** | 사슴과에서 가장 몸이 큰 종류로서, 지구 북방 고한高寒 지역에 분포되어 있다. 사불상四不象, 타록駝鹿, 미록麋鹿이라고도 한다.

2_ **이원梨園** | 연희를 교습하던 곳을 말한다. 당나라 현종 때 관에 속한 예인의 자제 300명을 선발하여 음악과 가무를 가르치던 곳으로, 여기서 배운 자들을 '이원제자梨園弟子'라고 칭하였다. 《신당서新唐書》〈예악지禮樂志〉 참조.

3_ **연성공衍聖公** | 공자의 종손에게 수여한 봉호의 명칭이다.

"소국에 어찌 이같이 기이한 짐승이 있겠습니까. 오늘 다행히 보게 되었습니다"라고 하니, 아계가 미소를 짓고 가버려 그 이름을 알 수 없었다. 나는 "감달한이다"라고 하였다. 사슴의 종류인 감달한은 흑룡강 지방에서 나오며, 그 뿔로 사수射手의 깍지를 만들 수 있는데, 색은 상아와 같으나 단단하고 하얀 것이 그보다 더하다. 깍지 사이에 검은 무늬 한 줄이 둘려 있으니, 곧 뿔 속이 통짜로 한 결이다. 음과 뜻은 《이아爾雅》의 '麚'과 같다. 강희·건륭의 어제시御製詩⁴와 《한청문감漢淸文鑑》⁵ 등의 책에 자세히 보인다. 들으니 산해관 밖에서 철창에 가두어 싣고 왔다고 하니, 흑룡강 장군이 진상한 것임을 알 수 있었다.

4_ **강희·건륭의 어제시御製詩** │ 《어제시사집》 권53, 〈감달한〉 부분과 내용이 같은데, 다만 "卽角中之通理也"와 "音義同《爾雅》麚" 사이에 "以點細密而勻正者爲最" 부분이 빠져 있다.

5_ **《한청문감漢淸文鑑》** │ 조선후기 학자 이담李湛과 역관 김진하金振夏 등이 편찬한 한어, 만주어 사전. 1779년(정조 3) 무렵 청나라 《어제증정청문감御製增訂淸文鑑》을 대본으로 하여 편찬하였다.

산호수 珊瑚樹

용 모양 갈고리, 나란히 옥색이 영롱하고 　　　螭鉤對對玉玲瓏
금불상 장엄한 것 쇄쇄함이 같구나. 　　　　金佛莊嚴細瑣同
문득 보니 보배로운 감귤, 푸른 잎에 싸인 채 　忽見珍柑承翠葉
산호나무 한 그루 궁전 앞에 붉네. 　　　　珊瑚一樹殿前紅

안에서는 군기 내무부대신들이, 밖에서는 각 성省의 독무장군督撫將
軍들이 앞 다투어 진귀한 보물을 바쳤는데, 옥으로 만든 여의如意가 가
장 많았다. 궁전의 뜰에 늘어놓으니 눈에 닿는 것마다 옥구슬이었다.
작은 금불상을 실은 수레 한 대에 수십 개의 누런 보가 덮여 있었는
데, 궁문으로 메고 들어오니 끊임없이 이어져 무려 만 구軀나 되었다.
산호수는 높이가 세 자쯤인데, 푸른 옥 잎사귀와 호박琥珀 과실로 감
귤 모양을 만들어 유리로 된 화분에 심고 금실로 엮어놓으니 수정처
럼 밝은 빛이 사람을 비추었다. 누가 바친 것인지는 알 수 없었다.

여러 권신들과 귀인들도 적당한 때를 타서 궤유饋遺[1]를 받았다. 내
가 원명원에서 한 관음각觀音閣에 들어갔더니 하남河南 순무巡撫인 목화
린穆和繭이 그곳에 머물고 있었는데, 이목吏目[2] 네다섯 사람이 분주하

1_ 궤유饋遺 ｜ 뇌물에 준한 증여를 뜻한다.

게 붉은 종이를 자르고 명첩을 정리하고 있고, 물단物單이 책상머리에 쌓여 있는 것이 보였다.

황제가 옥을 가장 좋아하여 항상 회부回部(회회국) 엽이강葉爾羌의 밀이대산蜜爾垈山에서 채취하였는데, 주차대신駐箚大臣 고박高樸이 몰래 채취하다가 극형을 받았다. 유리창琉璃廠 가운데 붓씻개〔筆洗〕와 연병硯 屛³은 그것이 옥이기만 하면, 값이 은 수백 냥 밑으로 가는 것이 없으니 대부분 진헌進獻에 소용된다고 한다.

우리나라 사상私商들이 입로笠鷺와 대리帶蠣⁴를 끼고 들어와서는 비록 타고 남은 물건일지라도 높은 값에 사지 않는 것이 없었다.

나양봉羅兩峰⁵의 거처에 어떤 이가 편지와 물건 하나를 들고 왔는데, 크기는 주먹만 하며 옅은 흑색을 띠고 있었다. 양봉이 그것을 어루만지며 자세히 살펴보다 말하기를 "옳구나, 살 만한 것이로다" 하니, 그 사람은 기쁨을 이기지 못하고 떠났다. 차수가 그 까닭을 물으니, 양봉은 "어떤 귀인이 고옥古玉을 사려 하는데 의심스러워 편지를 보내 묻기에 내가 감정해준 것입니다"라고 하였다. 차수가 "그것이 어떤 옥입니까?"라고 하니, 양봉이 "한나라 수레의 장식인데 그 값은 은 천 냥에 달합니다"라고 하였다. 위에 좋아하는 사람이 있으면 아래에는 그보다 더한 사람이 있다고 할 수 있다.

2_ 이목吏目 │ 문서 등을 담당하는 관원.
3_ 연병硯屛 │ 바람을 막거나 먼지나 먹물이 튀는 것을 막기 위하여 벼루 머리에 치는 작은 가리개. 흔히 옥이나 쇠, 구리, 나무 또는 도자기로 만들며 필가筆架를 겸한 것도 있다.
4_ 입로笠鷺와 대리帶蠣 │ 머리에 쓰는 벙거지와 허리를 묶는 띠의 종류이다.
5_ 나양봉羅兩峰 │ 나빙羅聘(1733~1799). 자는 돈부遯夫, 양봉은 그의 호이다. 강소성 양주부揚州府 사람이다. 스스로 일컬어 '화지사승花之寺僧'이라 하였다. 김농金農의 고제高弟로서 시에 능하고 그림을 잘 그렸는데, 특히 묵매墨梅와 난죽蘭竹에 뛰어났다. 양주팔괴揚州八怪의 한 사람이다.

서산궁전西山宮殿

번왕과 만객을 용주龍舟에 실었는데　　　　　番王蠻客載龍舟

한 무리의 황색 깃발, 그것이 타루舵樓[1]로다.　一簇黃旗是舵樓

흰 탑, 푸른 봉우리의 연수사延壽寺　　　　　白塔靑峰延壽寺

뱃노래 속에 창주滄洲를 거슬러가네.　　　　棹歌聲裏溯滄洲

　원명원의 동남쪽에 물을 저장하여 호수를 만들었는데 곤명지라 부르며, 연꽃과 버들을 심어놓았다. 동쪽 언덕 압수문鼋秀門 앞에는 쇠로 만든 소〔鐵牛〕가 있는데, 건륭황제의 어제명御製銘이 새겨져 있다. 안개 낀 물결이 아득한 가운데 십칠홍교十七虹橋가 놓여 있으며, 서산궁전을 바라보니 단청이 연이어 있고, 연수사의 흰 탑이 높은 하늘에 우뚝우뚝 솟아 있었다. 8월 초9일에 황제가 용주를 띄워 타루에 거둥하였는데, 타루 아래에 각국 왕과 사신들을 태우고 뱃노래〔棹歌〕를 발하며 연수사 앞에 이르렀다. 배에서 내려 옥천玉泉과 만수산萬壽山 등지의 여러 명승지를 마음껏 유람하였다. 연도燕都의 궁궐은 모두 명나라의 옛것을 이어받았는데, 수식이 매우 아름다운 것은 바로 원명원이다.

1_ **타루**舵樓 │ 선미船尾에 만들어놓은 누각으로서, 다른 곳보다 위치가 조금 높다.

궁 안에는 장시場市가 있어 사신들이 연회에 가다가 혹 그 가운데서 쉬기도 하는데, 패액牌額이며 제련題聯이 짐짓 속태俗態가 났다. 골동품 종류에서 탕면, 발발에 이르기까지 갖추지 않은 것이 없었다. 환자宦者가 그것을 주관하기에 팔 수 있는지 여부를 물었다. 환자가 말하기를 "먹는 것은 괜찮지만, 나머지는 팔 수 없소"라고 하니, 그 까닭을 알 수 없었다. 장시 한편에는 백조방百鳥房이 있는데, 아로새긴 새장에서 취가翠駕, 앵무새〔鸚鵡〕, 구관조〔秦吉了〕, 몽고 종다리〔百翎雀〕, 밀화부리 〔蠟嘴〕, 솔잣새〔銅嘴〕 등이 시끄럽게 우는 소리가 귀를 가득 채웠다. 황제는 각국 왕과 사신들에게 복해福海[2]에서 노닐도록 명하였다. 황궁은 깊고 신비스러워 만한滿漢의 귀족과 권신들도 드물게 가본 곳이었다. 누대와 연못의 기교가 극에 달해 동銅으로 만든 학·사슴·사자·원숭이들이 연못가에 늘어섰는데, 입을 크게 벌리고 물을 뿜어내니 안개처럼 뿌려지다 비가 되었다.

또 무엇으로 만든 것인지 알 수 없는 두 개의 우인偶人이 있는데, 둘 다 누각 가운데 앉아 하나는 거문고를 안고, 또 하나는 생황을 불고 있는 모습이었다. 홀연 그들이 고개를 돌려 서로 돌아보며 손으로 연주하고 입으로 부는데, 그 음운이 맑고 밝았으니 이는 모두 사람이 구석진 곳에 숨어서 발로 기계를 조종한 것이었다. 내가 나양봉에게 묻기를, "선생께서는 서호西湖를 유람하신 적이 있습니까?" 하니, "여러 번 노닐었습니다"라고 하였다. 내가 "원명원이 서호에 비해 어떻습니

2_ 복해福海 | 태액지太液池를 가리킨다. 김경선金景善의 《연원직지燕轅直指》〈유관록留館錄〉을 참조해보면, 요나라 때 처음으로 적수담積水潭이라 이름 하였고, 금나라 때 서화담西華潭이라고 개명하고 또한 금해金海라고 이름하였으며, 청나라 초기에는 복해라고 개명하여 매년 한더위에 만한 대신大臣과 한림들이 유람할 수 있게 하였다고 한다.

까?"하니, 양봉이 크게 말하기를 "어찌 감히 천연의 산수를 당해낼 수 있겠습니까?"하였다. 내가 말하기를 "산수는 과연 천연이 낫겠지만 누대는 서호가 꼭 훌륭하지는 않을 것입니다"라고 하니, "누대도 당연히 뛰어나지요"라고 하였다. 강남 사대부들이 사사건건 불평하는 것이 이와 같았다.

기효람紀曉嵐¹ 대종백大宗伯²

해내海內의 사종詞宗으로 명성이 자자한데　　　海內詞宗藉藉名

조용히 두 서생을 내방하였네.　　　　　　　　蕭然來訪兩書生

고관의 수레 머문 곳에 홍색 명자名刺 남겨두니　朱輪駐處留紅刺

제독과 아문이 반나절을 놀라더라.　　　　　　提督衙門半日驚

　기紀 대종백의 이름은 윤昀이요, 직례直隷 헌현獻縣³ 사람으로 예부상서禮部尚書인데, 현재 중국에서 사림詞林의 종장으로 추앙하고 있다. 원명원 동문 밖에서 황제의 어가御駕를 영접하였을 때, 시랑侍郎 심초沈初와 함께 앉아 각국 사신들과 차례로 만나 더불어 간단한 담소를 나누는 것을 보았다. 성안에 있는 그의 집을 방문하였더니 상좌에 맞이하

1_ 기효람紀曉嵐 | 1724~1805. 기윤紀昀. '효람'은 자, 또 다른 자는 춘범春帆이며 호는 석운石雲, 시호는 문달文達이다. 1754년 진사에 급제하여 한림원 편수編修가 되었고, 1768년 한림원 시독학사가 되었다. 그러나 죄를 얻어 우루무치에 유배되었다가, 1771년 한림원 편수에 복직하였다. 1773년 건륭제의 칙명으로《사고전서》편집사업의 총찬수관總纂修官으로 10여 년간 종사하였다. 많은 학자들의 협력을 얻어《사고전서총목제요四庫全書總目提要》200권을 집필하였는데, 이 동안에 예부시랑·병부상서를 역임하였고, 1805년 예부상서 협판대학사協辦大學士로 있다가 세상을 떠났다. 저서에는《기문달공유집紀文達公遺集》16권과《열미초당필기閱微草堂筆記》가 있다.

2_ 대종백大宗伯 | 명·청대의 국가 제사나 예전禮典 등의 업무를 담당했던 부서의 수장인 예부상서를 일컫는다.

3_ 직례直隷 헌현獻縣 | 지금의 하북성 창현滄縣이다.

여 빈주賓主의 예를 조심스럽게 차리기에, 내가 말하기를 "저는 나이도 어리고 관직도 보잘것없으니, 존장尊長을 움직일 처지가 못 됩니다"라고 하니, 상서는 "옛 예법이 이와 같고 지금 나라의 법제가 또한 그러하니 겸양할 필요가 없습니다"라고 하였다. 내가 묻기를, "《요사遼史》·《금사金史》·《원사元史》·《명사明史》 및 《일통지》를 모두 중수한다 하였는데 완성하였습니까?" 하니, 상서는 "모두 칙령을 받들어 중수를 마쳤습니다만 요·금·원의 관직명과 인명·지명을 풀어볼 것이 많고, 철저하게 고증하느라 아직 간행하지 못했습니다. 간행이 완성되면 마땅히 드리도록 하겠습니다"라고 하였다. 또 말하길, "귀국 서경덕徐敬德의 《화담집花潭集》이 이미 《사고전서》 별집류 가운데 외국 시집에 기록되어 편입되었습니다. 《사고전서》에 편입된 것은 천 년에 한 사람뿐입니다"라고 하였다. 또 "박차수가 《영재집冷齋集》을 가지고 왔기에 이미 읽어보았습니다. 천부적 기질이 뛰어나서 차수와 더불어 한 시대의 주유周瑜와 제갈량諸葛亮이라 할 만합니다. 지난번 《차수집次修集》과 함께 '맛은 서권기書卷氣를 머금고 있고, 말은 성령에서 나왔다'라고 품평을 하였으니, 감패感佩와 심복心服을 이기지 못하였습니다. 연일 관정官政이 잡스럽고 바빠서 조금 지체한 뒤에 마땅히 관사에 가서 마음껏 환담을 하겠습니다"라고 하였다.

며칠 뒤에 상서가 수레를 타고 관사에 와서 유柳·박朴 두 검서檢書가 있는지를 물었다. 나와 차수는 마침 외출하여 돌아오지 않아 제독과 통관通官이 황망하게 영접하였는데, 상서는 붉은 종이의 작은 명자를 남겨두고 떠났다. 제독이란 자는 벼슬이 제독회동사역관·예부의 제사낭중·겸홍려시소경提督會同四譯館禮部儀制司郎中兼鴻臚寺少卿으로서, 관사에 와서 머무르니 통관배들이 붙어 아문이라 칭하며 망령되게 스스로를 크게 높였는데, 상서를 만나 황망히 무릎을 꿇는 모습을 사람들이 모두 보자 부끄럽게 여겨 반나절 동안 으르는 것을 그치지 않았다. 날이 저문 뒤에 나와 차수가 관사로 돌아오니 수역이 와서 보고는 자못 걱정스러워 하였다. 내가 웃으며 말하길, "내가 예부상서에게 내 방을 청한 것이 아니고, 그가 스스로 온 것이니 또한 어찌하겠습니까?"라고 하였다. 그 뒤에 상서가 오언율시 한 수를 부채에 적어서 나에게 주었는데 아래와 같다.

예전에 조선 재상⁴이 있어	古有鷄林相
백거이白居易 시⁵를 잘 알았지.	能知白傅詩
그곳 습속이 원래 시부詩賦를 읊는 데 익숙하지만	俗原開賦詠
그대는 더욱 문사에 훌륭하구나.	君更富文詞
〈삼도부〉처럼 뛰어난 글에 서문을 못 지어	序謝三都賦
재주는 일자사一字師⁶ 되기에 부끄럽다오.	才慚一字師
오직 응당 좋은 시구를 전하면서	惟應傳好句
때때로 소고사小姑祠⁷를 얘기한다오.	時說小姑祠

'서사삼도부序謝三都賦' 구에 스스로 주석을 달기를, "《영재집》에 대해 바빠 아직 서문을 짓지 못하였다"라고 하였다. 또한 김일추金日追의

4_ **조선 재상** ┃ 청음淸陰 김상헌金尙憲(1570~1652)을 가리킨다.
5_ **백거이白居易 시** ┃ 백거이가 태자太子의 스승 벼슬을 한 적이 있어 '백부白傅'라 불렸다고 한다. '백부시白傅詩'란 백거이의 시를 뜻한다.
6_ **일자사一字師** ┃ 시문 가운데 한두 글자를 고쳐주어도 크게 깨달음을 일으키는 사람이라는 뜻이다.

《의례정와儀禮正譌》 17권을 주었고, 차수에게도 시선詩扇과 《사기고이史記考異》를 주었다. 《영재집》에 대해 상서가 말하길, "잠시 가지고 있으면서 기록해 부본副本을 남기고자 합니다"라고 하였는데, 끝내 돌려주지 않았다. 나는 다시 《이십일도회고시주二十一都懷古詩註》를 주었다.

상서가 나와 차수에게 시를 줄 때 '검서檢書'를 '검리檢理'라고 칭해 잘못 쓴 것이 아닌가 하여, 나윤찬羅允纘에게 '회로 글자를 지우는 법(灰拭之法)'을 얻어 고치려고 하였다. 얼마 있다가 여러 명사들과 이야기를 나누는데, 대부분 '검리' 혹은 '비교秘教'라 칭하여서 비로소 문연각에서는 교리를 그렇게 부른다는 것을 알고, 한 번 웃고서 고치지 않았다.

훗날 나양봉이 말하는 것을 들으니, 기공紀公이 옛것을 가장 좋아한다고 한다. 일찍이 죄를 얻어 우루무치(烏魯木齊)로 가게 되었는데, 경사京師와의 거리가 만 리나 되고 파리곤巴里坤[8]에서 수천 리나 떨어진 곳이었다. 그곳에서 한비漢碑[9]를 가지고 돌아왔는데, 이 비는 바로 돈황태수敦煌太守가 병사 500명을 거느리고 역적의 우두머리를 추격해 죽인 뒤 이 지역에 이르러 그 공을 기록한 비로서, 예서체의 글자가

7_ 소고사小姑祠 | 청음 김상헌의 시 〈차오청천대빈운삼수次吳晴川大斌韻三首〉 가운데 "담박한 구름, 가랑비 내리는 소고사, 국화는 좋건만 난은 지는 8월(澹雲微雨小姑祠, 佳菊蘭衰八月時)"이라는 구절이 있는데, 그가 명말에 수로水路로 사신으로 들어갈 때 등래登萊 지방의 소고사를 지나다가 지은 시이다. 왕사정王士禎은 이 시에 대해 《어양시화漁洋詩話》에서 "조선의 사신이 지은 시구를 읽어보니, 동국은 과연 시를 안다고 하겠구나(記得朝鮮使臣語, 果然東國解聲詩)"라고 평한 바 있다. 대개 청음의 시는 왕사정의 《감구집感舊集》에 실려 있는데, 왕사정의 장조丈祖인 장연등張延登이 청음의 시를 높이 평가하였으므로 그 역시 청음의 시에 대해 표장表章한 바가 많다.

8_ 파리곤巴里坤 | 신강성 위구르 자치구이다.

9_ 한비漢碑 | 여기서는 돈황태수배잠기공비敦煌太守裴岑紀功碑를 말하는데, 한나라 영화永和 2년(137) 8월에 세워진 비이다. 신강성 파리곤 합살극哈薩克 자치현에 있다.

200자를 넘지 않는 것이었다. 내가 기 상서의 집을 방문하였을 때 이런 일이 있었던 것을 알지 못하여 미처 찾아보지 못한 것이 한스러웠다. 청나라 《일통지》에 따르면, 비령碑嶺은 합밀성哈密城 북쪽 120여 리의 천산天山 위에 있는데, 파리곤 군영으로 가려면 반드시 이곳을 거쳐야 한다. 토착민들은 그곳을 '활석도滑石圖'라고 부르는데, 한어로는 '비석이 있는 고개[碑嶺]'라는 뜻이다. 당唐의 비문은 글자가 떨어져나간 것이 많지만 아직도 '후군집[10]령십사만군候君集領十四萬軍' 등의 글자가 남아 있다고 한다. 기공이 가지고 온 것이 이 비가 아니었을까? 나양봉이 잘못 알고 한비라고 했던 것일까? 아니면 별도로 한비가 있는 것인가?

《사고전서》 사업의 개국開局 이래 희귀한 책과 없어진 책을 두루 구하고 있다. 우리나라 문헌 중 중국으로 유입된 것이 많다고 여겨지는데, 유독 《화담집》만이 편입되었으니 이상한 일이다. 원명원의 연회 자리에서 중당 왕걸이 《동국비사東國祕史》와 《동국성시東國聲詩》에 관한 서적을 부사에게 요구하므로, 본국에는 이 두 종류의 책이 없다고 하였다. 그러자 또 《포은집圃隱集》과 《목은집牧隱集》을 요구하므로, 내용에 서공徐公(서호수)이 혹 기휘忌諱할 곳이라도 있을까 염려하여 모두 없다고 사양하였는데, 왕 중당이 또 다른 서적을 간곡하게 묻기에 마지못해 구암久菴 한백겸韓百謙의 《기자정전도설箕子井田圖說》이 있다고 응대하였다. 귀국 후에 경연에 아뢰고 유근柳根, 허성許筬, 이익李瀷 등의 설說을 첨부한 다음 《기전고箕田考》라 명명하고 이를 간행해서 보냈

10_ 후군집候君集 | ?~643. 당나라의 명장으로 빈주邠州 삼수三水 사람이다. 당나라의 능연각凌煙閣 24공신 중 한 사람이다.

다. 《동국성시》란 것은, 왕사정王士禎의 《어양시화漁洋詩話》에 "조선의 사신이 지은 시구를 읽어보니, 동국은 과연 시를 안다고 하겠구나"라고 하였는데, 누군가 이 시의 구절을 따서 우리나라의 시를 이름 붙인 것이다. 왕 중당이 여러 차례 우리나라의 시문을 요구하니, 또한 《사고전서》 가운데 수록시키려 하는 것인가?

어사御史 반추루潘秋庵[1]

인해인성人海人城 가운데 한 번 찾아보고 싶었거늘   人海人城擬一尋
듣자니, 어사는 관음상에 정례頂禮[2]하며 지낸다고.   傳聞御史禮觀音
단문端門[3]에서 손잡으니, 만주인들 의심하며 쳐다보네

                                                              端門執手猜相見
누가 알리오, 평생 그의 일편단심을.   誰識平生一片心

반潘 어사는 이름이 정균庭筠, 자는 향조香祖이며 전당錢塘[4] 인화仁和
사람으로 섬서도감찰어사陝西道監察御史이다. 건륭 정유년(1777)에 우리
숙부(유금柳琴)께서 연경에 가셨을 때 《건연집巾衍集》에 서문을 써주었
다. 무술년(1778) 여름에 무관과 차수가 연경에 가서 그와 교분을 맺으
니, 또 《열상주선집洌上周旋集》에 서문을 써주었고 드디어 내게도 편지
를 보내왔다. 이에 이번에 차수가 먼저 향조를 방문하였는데, 그는 바
야흐로 첩거하면서 객을 사양하고, 관음상을 걸어두고는 아침저녁으

1_ **반추루潘秋庵** 반정균潘庭筠(1742~?). 자는 향조香祖·난공蘭公, 호는 추루·난타蘭垞이며, 절
     강성 전당 사람이다. 시詩·서書·화畫에 모두 능했으며, 과거 급제 후 어사까지 벼슬을 지냈다.
     저서로는 《가서당집稼書堂集》이 있다.
2_ **정례頂禮** 이마를 땅에 대고 가장 공경하는 뜻으로 하는 절.
3_ **단문端門** 궁전의 정전 앞에 있는 정문.
4_ **전당錢塘** 중국 절강성의 지명으로 전당강이 흐른다.

로 정례하였으며, 말이 시사時事에 미치면 꺼리고 조심함이 더욱 심하였다. 8월 13일 태화전 연례宴禮 때 오문午門[5] 앞에서 그를 만나 자리를 끌어다 나란히 앉아 담소하면서 예전 일을 이야기하였다. 그때 만주인이 와서 살펴보자, 그는 고려 사람을 처음 보는 모양을 하면서 성姓을 묻고 이름을 묻는 것이었다. 사실 그는 냉담한 사람이 아니었다.[6]

5_ 오문午門 | 성곽의 남쪽 문.
6_ 사실 … 아니었다 | 겉으로 보기에 반정균이 예불이나 드리며 세상일에는 냉담한 듯하지만 그의 내면은 그렇지 않다는 뜻이다.

이묵장李墨莊·이부당李鳧塘[1] 두 태사
二太史

열수洌水[2]와 주선周旋[3]한 것, 모두가 지난 일　　　周旋洌水摠前塵
《함해涵海》서등書燈[4]이 푸른 민산岷山[5]을 비추네.　涵海書燈照碧岷
연저燕邸의 서풍은 스산하게 부는데　　　　　　　　燕邸西風吹淅瀝
창해滄海[6]의 꿈속 사람 놀라며 보네.　　　　　　　驚看滄海夢中人

이묵장의 이름은 정원鼎元이고, 부당의 이름은 기원驥元인데, 사천四
川 나강羅江 사람으로 우촌雨村[7]의 사촌[從父弟]이다. 그들은 10여 년 동
안 소식을 나눈 천애天涯의 옛 친구이다. 묵장은 일찍이 열상洌上(조선)
의 여러 벗들에게 시를 붙여왔는데 다음과 같다.

1_ 이부당李鳧塘 │ 이기원李驥元. 자는 칭기稱其, 부당은 호이다. 이정원의 동생이며, 기윤의 문인
門人이었다. 생몰년은 분명치 않은데, 유득공이 1801년에 지은 《연대재유록燕臺再遊錄》에 이기
원이 단명하였다는 유득공과 기윤의 대화가 나온다.
2_ 열수洌水 │ 한강 상류의 옛 이름으로, 여기서는 조선을 가리킨다.
3_ 주선周旋 │ 벗들과의 교제交際, 수응酬應을 뜻하는 말이다.
4_ 서등書燈 │ 글을 읽을 때 켜놓는 등불.
5_ 민산岷山 │ 사천성 즉 촉蜀 지방에 있는 산 이름.
6_ 창해滄海 │ 한나라 때부터 우리나라 동해를 창해라고 일컬었다. 여기서는 우리나라 즉 조선을
가리킨다.
7_ 우촌雨村 │ 이조원李調元(1734~1803)의 호. 자는 갱당羹堂이고, 면주綿州(지금의 사천 면양綿陽) 사
람이다. 건륭 28년(1763)에 진사가 되었고, 한림원 서길사庶吉士를 거쳐 직례통영도直隸通永道
를 지냈다.

헤어진 뒤로부터 시작詩作을 그만두었는데	自從別後廢吟哦
열상의 주선은 근래 어떠한가?	洌上周旋近若何
몇 번이나 꿈속에서 창해에 노닐었건만	幾度夢遊滄海上
깨어나선 도리어 풍파를 겁내었다네.	醒來猶自㤼風波

한인 학사의 근심과 두려움이 이와 같았다. 묵장은 한림원翰林院 시독관侍讀官이고 부당은 편수관編修官인데, 형제가 사천회관四川會館에 임시로 살고 있었다. 나와 차수가 거듭 방문하여 밤새도록 즐겁게 술을 마셨다.

올해(1790) 봄 연경에서 돌아왔던 사람들이 "저쪽의 학사들이《사가집四家集》[8]을 많이 요구하였다"고 자자하게 말하였는데, 《사가집》에 실린 사람은 바로 아무개, 아무개와 나였다. 나는 이에 오랫동안 의문을 품고 있다가 이번 기회에 묵장에게 물어보니, 묵장이 답하였다. "우촌 형이《함해》라는 한 부部의 책을 간행하였는데, 모두 185종이었습니다. 그중에 양승암楊升菴[9]의 것이 40종이고, 우촌 형의 것도 40종이었습니다. 시화詩話는 3권인데, 이군李君(이덕무)의《청비록淸脾錄》과 유공柳公(유득공)의 아름다운 시구인 '작별한 지 며칠 만에 오하吳下가 아니고,[10] 화답할 사람 없으니 또 여기가 영중郢中일세'[11](別來幾日非吳下,

---

8_ 《사가집四家集》 | 앞서 언급한 《건연집》을 가리킨다. 《사가집》은 유득공의 숙부 유금柳琴이 이덕무, 유득공, 박제가, 이서구의 시를 초록하여 엮은 시집이다.

9_ 양승암楊升菴 | 승암은 양신楊愼의 호. 명나라 초기의 학자로, 자는 용수用修이다. 문집으로 《승암집升庵集》이 있다.

10_ 오하吳下가 아니고 | 급작스레 성장한 학식을 칭찬하는 말로, '오하'는 '오하여몽吳下呂蒙'의 준말이다. 오나라의 여몽은 본래 무식하였으나 손권孫權의 권면勸勉을 받아 몰라보게 학식이 높아졌다는 고사가 있다.

和者無人又郢中)'등이 모두 들어 있습니다. 그런데 판각하자마자 우촌 형이 갑자기 어떤 일 때문에 파직되어 그 목판은 이미 촉蜀 지방으로 들어가버렸고 안타깝게도 이곳에는 그 본本이 없습니다. 우리들이 사람들을 만나기만 하면 곧 그것(《사가집》)에 대해 이야기하였으므로 그 것에 대해 알게 된 사람들이 많아졌습니다. 하지만 그들은 전집을 보지 못했으므로 그것을 찾았던 것입니다." 지난번에 전해들은 말은 과연 까닭이 있었던 것이다. 태화전의 연회 자리에서 후보候補 거인舉人인 주입구周立矩라는 자를 보았는데, 또한 열상의 여러 벗들의 시를 보았다고 하였다. 묵장에게 물어보니, 주입구 또한 효렴孝廉[12] 중에 재주 있는 사람이었다.

내가 묵장과 부당의 두 문집을 살펴보니 우촌이 파직된 일을 말하면서 강개한 어투가 많았다. 그런데 추루는 지적하여 그가 방종한 소치所致라 말하였으니 알 수 없는 일이다. 구외의 조양현을 지나갈 때, 관묘關廟의 벽 위에서 우촌의 시를 보았다. 그곳 승려에게 물어보았더니 대답하기를, "5년 전에 이우촌이 통영도通永道[13]로서 순시巡視하여 이곳에 이르렀습니다. 지금 듣건대 그는 고향으로 돌아갔다고 합니다"라고 하였다. 드디어 붓 가는 대로 칠언절구 3수를 써서 묵장에게 부탁하여 부쳐달라고 하였다.

11_ 화답할 사람 … 영중郢中일세 ┃ '영중'은 초나라의 서울이다. 송옥宋玉이 〈대초왕문對楚王問〉에서 영중 사람 중에 심오한 작품을 이해할 자가 없음을 한탄했던 고사를 가져온 것이다. 위의 시구는 《한객건연집韓客巾衍集》에 실려 있는 〈부용산중화구술회芙蓉山中話舊述懷〉의 일부분이다. 《영재집》에는 '야좌여지포자화구夜坐與芝圃子話舊'라는 제목으로 실려 있다.

12_ 효렴孝廉 ┃ 중국 전한前漢 때 치르던 관리 임용 과목 또는 그 과科에 뽑힌 사람을 가리킨다. 한나라 무제 때 군국에서 매년 부모에 효도하고 형제간에 우애 있는 사람과 청렴한 사람을 각각 한 사람씩 천거하게 한 데서 비롯하였다.

13_ 통영도通永道 ┃ 청대 외직外職의 명칭인 듯한데 자세한 사항은 미상.

물고기, 기러기[14] 잠잠한 지 십이 년	魚雁沈沈十二年
한 하늘에 밝은 달 함께 아름다웠네.	一天明月共嬋娟
가을버들 늘어선 조양사朝陽寺에	數行秋柳朝陽寺
문득 나강인羅江人이 벽 위에 써놓은 시 보이네.	忽見羅江浣壁篇

담박한 구름, 가랑비[15]는 옛 시정인데	澹雲微雨舊詩情
쓸쓸한 유헌軿軒[16]은 만 리를 가네.	蕭瑟軿軒萬里行
연저에서 어느 누가 밤새도록 이야기했던가	燕邸何人談竟夕
소반 가득한 낙화생을 수심에 쌓인 채 보고 있네.	滿盤愁對落花生

동주桐酒[17]에 흠뻑 취해 나그네 수심 엷어지는데	桐酒沈冥緩客愁
한림원의 시사詩史 끝내 아득하여라.	翰林詩史竟悠悠
잇닿아 있는 한길 가을 산 좋을시고	連綿一路秋山好
뇌락한 사람 뇌락한 곳으로 돌아갔다네.[18]	磊落人歸磊落州

벽 위에 쓰여 있는 시는 《우촌집雨村集》에 '밤새도록 낙화생에 대해

14_ 물고기, 기러기 ┃ 편지를 나타내는 시적 표현이다.

15_ 담박한 구름, 가랑비 ┃ 청음 김상헌의 시 〈차오청천대빈운삼수次吳晴川大斌韻三首〉 가운데 "澹雲微雨小姑祠, 佳菊蘭衷八月時"라는 구절이 있다. 자세한 사항은 앞 항목인 〈기효람 대종백〉의 주 7)을 참조할 것.

16_ 유헌軿軒 ┃ 왕의 사신이 타는 수레이다.

17_ 동주桐酒 ┃ 동주가 어떤 술인지 자세히는 알 수 없지만, 서호수의 《연행기》에 "소·말·양의 젖을 모두 음식의 재료로 쓰지만, '동주'라는 술은 오직 말의 젖으로 빚은 것이 좋다고 한다"라는 구절이 있다.

18_ 위의 칠언절구 세 편은 《영재집》 권4에 '기이우촌면주한거寄李雨邨綿州閒居'라는 제목으로 수록되어 있다.

이야기를 나누다(竟夕談落花生)'라는 제목으로 되어 있다. 모두 옛날 일로서 《병세집並世集》[19]에 보인다.

묵장이 나에게 물었다. "근자에 《세시기歲時記》 같은 종류의 저작이 있습니까?" 나는 없다고 하였다. 그러자 묵장이 탄식하면서, "한번 관리가 되매 이 일이 드디어 폐해지고 말았으니 예로부터 그러하였습니다"라고 하였다.

내가 살펴보건대, 묵장 형제는 모두 한림원에 있으면서도 그 형상이 쓸쓸하고 근심스러워 보였다. 우촌은 고향으로 돌아갔고 또 들으니, 축지당祝芷塘[20]은 어사로서 망령되이 사람을 논하다가 파직되어 지금은 배를 사서 남쪽으로 내려가려고 한다. 묵장의 무리가 원망하고 한탄하는 말이 많고, 반난공潘蘭公(반정균)이 칩거하면서 예불하는 까닭은 뜻이 있는 것이로다!

19_《병세집並世集》 | 1796년(정조 20) 유득공이 49세 되던 1월에 편차된 책으로, 그가 연행했을 때 중국 문인들이 우리 사신들에게 지어준 시를 모은 것이다. 유득공의 필사본 문집의 이본 異本인 《후운록後雲錄》과 《영재서종泠齋書種》에 수록되어 있다.

20_ 축지당祝芷塘 | 축덕린祝德麟(1742~1798). '지당'은 그의 호이다. 절강성 해령海寧 원화袁花 사람으로 건륭 28년(1763)에 진사가 되었고, 한림원 서길사 · 한림원 편수관을 거쳐 제독섬서 학정提督陝西學政에 이르렀다. 건륭 55년(1790)에 관계에서 축출되자 고향으로 돌아가 운간서 원雲間書院에서 주강主講하였다. 시를 잘 지었고, 성령性靈을 중요시하였다. 실명室名은 '열친루悅親樓'이다. 저서에 《열친루시집悅親樓詩集》, 《갱운초집賡雲初集》, 《오임걸이소초목소변증吳任傑離騷草木疏辨證》 등이 있다.

연성공 衍聖公

〈정무난정定武蘭亭〉[1] 탑본, 진품으로 명성 있고 　　定武蘭亭響搨眞
《춘추금쇄春秋金鎖》는 소매 속의 보배라네. 　　　　春秋金鎖袖中珍
가을 산 곡부曲阜[2]의 성 남쪽 길로 　　　　　　　秋山曲阜城南路
금정교金頂轎 타고 옥 같은 사람 돌아가네. 　　　　金頂轎歸玉貌人

　연성공 공헌배孔憲培[3]는 선성先聖(공자)의 72대손으로, 나이는 30여
세에 외모가 잘생겼고 글씨를 잘 썼다. 내가 원명원과 연경에서 거듭
그를 방문하였는데, 나를 위해 '영재冷齋'라는 호를 써주었고, 조방趙
汸[4]의 《춘추금쇄시春秋金鎖匙》 1권과 대진戴震[5]의 《고공기도考工記圖》 2

1_ 〈정무난정定武蘭亭〉 ｜ 왕희지王羲之가 쓴 《난정첩蘭亭帖》 각본刻本의 일종이다. 당나라 이후 전
해지는 임모본 중에서, 구양순이 임모했다는 것이 가장 진본眞本에 가깝다. 뒤에 구양순의 임모
본을 정무군(지금의 하북성 정정正定)에서 탁본하였는데, 후세 사람들이 이것을 '정무난정'이라고
일컬었다. 송나라 이후 〈정무난정〉은 세상에서 진귀하게 취급되었고, 대대로 이어지면서 임모
되고 새겨졌다. 정무본 난정각석의 원석原石은 북송 말년의 전란 중에 소실되었다고 한다.

2_ 곡부曲阜 ｜ 중국 산동성山東省의 지명. 공자孔子의 고향이다.

3_ 공헌배孔憲培 ｜ 1756~1793. 원래 이름은 윤헌允憲, 자는 양원養元, 호는 독재篤齋, 산동성 곡부
사람이다. 건륭 50년(1785)에 연성공에 봉해졌다. 글씨와 그림에 재능이 있었고, 특히 난蘭을
잘 그렸다.(《청화가시사淸畫家詩史》 참조)

4_ 조방趙汸 ｜ 1319~1369. 명나라 초기의 학자이다. 휴령休寧 사람으로, 자는 자상子常이며, 호
는 공학재共學齋이다. 말년에는 동산東山에 숨어 살면서 저술활동을 하였다. 저서로는 《춘추집
전속사春秋集傳屬辭》, 《좌씨보주左氏補註》, 《사설師說》 등이 있다.

권, 《성운고聲韻考》4권, 채경蔡京[6]의 주학비州學碑, 당회영黨懷英[7]의 행단
비杏壇碑, 강개양姜開陽이 모각模刻한 〈정무난정〉과 선성묘先聖墓 위의 시
초蓍草 50본本을 선물로 주었다. 그래서 나는 의흥義興의 인각사비麟角
寺碑[8] 비문을 탁본한 것으로 사례하였다. 또 오언율시 한 수를 주었다.
내가 귀산龜山과 몽산蒙山에 대해 묻자 공이 말하길, "모두 작달막한
산〔小小山〕입니다"라고 하였다. 또 묻기를, "선성의 신발과 안로顔路가
요청한 수레[9]가 아직도 있습니까?"라고 하자, 있다고 대답하였다. 인
하여 나에게 말하길, "그대가 처음 중국에 들어왔는데, 능히 한어를
구사하는 것은 웬일입니까?"라고 하기에, 나는 "대강 알아들을 뿐입
니다"라고 하였다. 공이 웃으면서 말하길, "만약 다시 온다면 말이 통

5_ 대진戴震 | 1724~1777. 청나라 때의 고증학자이자 사상가이다. 자는 동원東原, 안휘성安徽省
휴령 사람이다. 건륭 연간에 《사고전서》를 찬수纂修하였다. 그의 학문은 고변考辨에 특장이 있
었고 소학小學에 더욱 정밀하였으며, 저서는 무릇 20여 종이 있다. 공계함孔繼涵·단옥재段玉裁
가 대씨戴氏의 유서遺書를 각회刻會하였는데, 그의 《고공기도고工記圖》·《의례석궁儀禮釋宮》·《성운
고聲韻考》·《성류표聲類表》·《구고할환기勾股割圜記》 등은 더욱 저명하였다.

6_ 채경蔡京 | 1047~1126. 북송 때의 정치가이자 서예가. 자는 원장元長, 선유仙遊(지금의 복건성
에 속함) 사람으로, 그 서실書室을 육학당六鶴堂이라 하였다. 그는 왕안석王安石의 신법을 부활
시키는 등 국정을 장악하고 태사의 자리에까지 올랐다. 네 차례 파출되었다가 네 차례 국정을
장악한 인물로, 뒤에 정강靖康 변란의 책임을 지고 물러났다.(《송사宋史》 〈간신전&臣傳〉 참조) 글
씨를 잘 썼는데, 글자의 기세가 호건豪健하였고 스스로 일격一格을 이루었다고 한다.

7_ 당회영黨懷英 | 1134~1211. 금나라 때의 저명한 문학가이자 서예가. 자는 세걸世杰, 호는 죽
계竹溪, 시호는 문헌文獻이다. 송나라 초기 명장 당진黨進의 11대손이다. 시문을 잘 지었고, 아
울러 전주篆籀에 재능이 있어서 당대 제일로 일컬어졌다.

8_ 의흥義興의 인각사비麟角寺碑 | 경북 군위군威郡 의흥면 화산華山 인각사에 있는 '보각국사
비普覺國師碑'를 말한다. 《임하필기林下筆記》 권34 〈화동옥삼華東玉糝〉편의 '동경고적고東京
古蹟考'에, "홍이계(홍양호)가 불전과 누각 밑을 다 뒤져서 잘라진 돌 10여 덩이를 찾아냈다. 그
글에 희미하게 '인각麟角'이란 두 글자가 있는데, 왕희지의 글씨를 집자한 것이다. 상고하건대,
이 비는 고려 때 묵헌默軒 민지閔漬가 지은 보각普覺 스님의 비명이다"라는 내용이 있다.

9_ 안로顔路가 요청한 수레 | 안로는 공자의 제자인 안연顔淵의 아버지이다. 안연이 죽자, 안로는
공자의 수레를 빌려줄 것을 요청하였다. 이에 공자는 지금 대부의 신분으로서 걸어다닐 수 없
다고 하면서 안로의 청을 거절하였다.

하지 않음이 없을 것입니다"라고 하였다. 연성공은 금정교를 타고 다녔고, 연경에서 성인이라고 일컬었다.

나양봉羅兩峰

시정과 화필, 모두 한가로운 근심인데　　　　詩情畵筆摠開愁
맑은 대낮 차 끓이는 연기, 절의 누대를 가렸네.　　清畫茶煙掩寺樓
후일 서로 그리며 부질없이 슬피 바라보니　　他日相思空悵望
둘로 나뉜 밝은 달 옛 양주楊州를 비추리.　　二分明月古楊州

나양봉은 이름이 빙聘이요, 강소성江蘇省 양주부 사람이다. 젊은 시절 풍류를 즐기며 놀았고, 만년에는 불교를 신봉하였다. 아들 윤찬允纘을 데리고 유리창의 관음각에 얹혀살았는데, 낙척落拓하여 가련하였다. 고항古杭 김농金農[1]에게 그림을 배웠는데, 김농의 자는 수문壽門이요, 호는 동심冬心으로 《화징록畵徵錄》[2] 속에 들어가 있다. 양봉에게는 청출어람靑出於藍의 묘함이 있어 세상에 전하는 동심의 그림은 태반이 양봉의 손에서 나온 것이라 한다. 양봉이 그린 〈귀취도鬼趣圖〉는 매우 진기하고 괴이하였는데, 원자재袁子才[3]·장심여蔣心餘[4]·정어문程魚門[5]·기효람·옹담계翁覃溪[6]·전신미錢辛楣[7]와 같은 해내의 명사들이 모두 거

1_ 김농金農 ｜ 1687~1764. 청나라 때의 화가로, 양주팔괴揚州八怪의 한 사람이다. 절강성 인화 사람인데 오랫동안 양주에 살았다. 평생 불우하여 벼슬을 하지 못하였다. 시·서·화에 능하였고, 옛것을 좋아하여 금석문자를 매우 많이 수장하였다.
2_ 《화징록畵徵錄》 ｜ 청나라 장경張庚이 지은 화가 열전이다.

기에 시를 쓰지 않은 이가 없었다.

또 홍매紅梅 장폭長幅을 그렸는데 풍성하고 고와서 기뻐할 만하다. 시 또한 밝고 아름다워 그림에 가려지지 않는다. 그의 아내는 동성桐城

3_ 원자재袁子才 | 원매袁枚(1716~1797). '자재'는 그의 자, 호는 간재簡齋, 전당 사람이다. 건륭 연간에 진사로 강녕江寧에 출재出宰하였다가 벼슬을 버리고 강녕성 서쪽에 수원隨園이라는 집을 짓고 시문을 짓는 것으로 즐거움을 삼았다. 저술로는 《소창산방시문집小倉山房詩文集》과 《수원시화隨園詩話》 등이 있다.

4_ 장심여蔣心餘 | 장사전蔣士銓(1725~1785). '심여'는 그의 자. 연산鉛山 사람으로, 건륭 연간에 진사가 되었고, 관직은 편수이며 시와 고문사古文辭에 재능이 있어 명성이 있었다. 그가 찬撰한 〈구종곡九種曲〉은 사람들의 입에 오르내렸다.

5_ 정어문程魚門 | 정진방程晉芳(1718~1784). '어문'은 그의 자. 초명初名은 정황정鄭廷璜이고, 안휘성 흡현歙縣 사람이다. 집안 대대로 회수상淮水商에서 염상鹽商을 하였기 때문에 집안이 본래 풍족하였고, 성격이 호협豪爽하여 천하의 문사들을 즐겨 만났다. 장서藏書가 5만 권에 이르렀다. 건륭 36년에 진사가 되고, 건륭 38년에 《사고전서》 찬수관에 충원되고, 한림원 편수관에 제수되었다. 건륭 43년에 관중關中을 유람하고, 건륭 49년에 병으로 서안西安에서 죽었다. 저서에 《주역지지편周易知旨編》,《상서금문석의尙書今文釋義》,《모시정전이동고毛詩鄭箋異同考》,《춘추좌전익소春秋左傳翼疏》,《제경문답諸經答問》,《군서제발群書題跋》,《면행당시문집勉行堂詩文集》 등이 있다.

6_ 옹담계翁潭溪 | 옹방강翁方綱(1733~1818). '담계'는 그의 호, 자는 정삼正三, 관직은 내각학사에까지 이르렀다. 탁월한 감식력을 지니고 있어서, 그의 고증을 거친 유명한 제발題跋과 비첩碑帖이 매우 많다. 글씨는 구양순歐陽詢·우세남虞世南을 사숙했는데, 법도를 엄격하게 지켰으며, 예서隸書에도 뛰어났다. 시와 문장도 잘 지었는데, 시론詩論 방면에서는 '의리義理'와 '문사文詞'의 결합을 주장한 '기리설肌理說'을 제창했다. 저서로는 《양한금석기兩漢金石記》,《한석경잔자고漢石經殘字考》,《초산정명고焦山鼎銘考》,《소미재난정고蘇米齋蘭亭考》,《복초재문집復初齋文集》,《석주시화石洲詩話》 등이 있다.

7_ 전신미錢辛楣 | 전대흔錢大昕(1728~1804). '신미'는 그의 호, 자는 효징曉徵·급지及之, 강소성 가정嘉定 사람이다. 소년시절에 시부詩賦로 강남지방에서 이름을 알렸다. 건륭 19년(1754)에 진사가 되고 한림원 시강학사侍講學士로 거듭 발탁되었다. 《열하지熱河志》를 편수하는 데 참여하였고, 기윤과 함께 '남전북기南錢北紀'라고 불렸다. 만년에 스스로 '잠연노인潛硏老人'이라 일컬었다. 그의 학문은 '실사구시實事求是'를 종지宗旨로 삼았기 때문에 비록 훈고를 따라 의리를 구할 것을 주장했지만 오로지 경전만을 연구하지는 않았다. 또한 한유漢儒의 가법家法을 묵수하지도 않았다. 사학과 경학이 둘 다 중요하기 때문에 경학을 연구하는 방법으로 사학을 연구할 것을 주장하였다. 《사기史記》,《한서漢書》에서 《금사金史》,《원사元史》까지 일일이 교감하여 자세히 고증하였다. 《당석경고이唐石經考異》,《금석문발미金石文跋尾》 등 수많은 저서를 남겼다.

방씨方氏인데 이름이 완의婉儀요, 호는 백련여사白蓮女史로서 역시 시를 잘 지었다. 양봉은 젊었을 때 육방옹陸放翁[8]체를 모방하여 30여 수를 지은 것이 있는데, 방씨는 그것에 서문을 쓰고 간행하여 《학육집學陸集》이라 이름 하였다. 나와 차수가 자주 양봉을 방문하였는데, 마침 며칠 동안 가지 않았더니 첩帖 안에 나의 초상화를 그리고 그 곁에 절지매折枝梅를 그렸다. 그리고 다음과 같은 시를 적어놓았다.

역로의 매화 그림자 거꾸로 드리우고	驛路梅花影倒垂
이별의 정서 서로의 그리움을 맺어놓았네.	離情別緒繫相思
옛 친구가 요즘 완전히 나를 소원시하니	故人近日全疎我
이 매화 한 가지를 누구에게 보내줄까?	持一枝兒贈與誰

또 먼 산을 그리고 다음과 같은 시구를 적어놓기도 하였다.

예전엔 눈앞에 있었는데	昔年眼底
오늘은 꿈속에 있다네.	今日夢中

뜻이 대체로 회한悔恨스러웠다. 내가 '소정방평백제탑비문蘇定方平百濟塔碑文'[9]과 '유인원기공비문劉仁願紀功碑文'[10] 탁본으로 사례하자, 양봉은 몹시 기뻐하면서 바로 장황裝潢[11]을 맡겼다. 양봉이 스스로 말하길,

---

8_ 육방옹陸放翁 │ 방옹은 남송시대 시인인 육유陸游(1125~1209)의 호다. 자는 무관務觀. 남송 제일의 시인으로, 나라의 상황을 개탄한 시나 전원의 한적한 생활을 주제로 한 시가 많다. 글씨에도 뛰어났다. 시집 《검남시고劍南詩稿》와 기행문 〈입촉기入蜀記〉, 사서史書인 《남당서南唐書》 등이 있다.

내년 봄에 배를 사서 남쪽으로 돌아갈 것이라 하였다.

그는 나의 〈회고시懷古詩〉를 보고 좋아하였는데 말하기를, "포이문鮑
以文[12]과 친밀한 친구입니다. 그가 바야흐로《지부족재총서속집知不足齋
叢書續集》을 간행하는 중인데, 한 본本을 남겨두어 그에게 주면 그는 반
드시 간행할 것입니다"라고 하였다. 내가 전에 이미 기효람 상서에게
주어서 더 이상 다른 본이 없었는데도 계속하여 간곡하게 청함이 이
와 같았다.

또 나를 위해 난蘭을 그리면서 가시나무〔棘〕를 보태었는데, 붓을 내
던지며 가시나무를 가리키면서 말하길, "그대와 헤어진 뒤에 눈 안 가
득히 모두 이 물건뿐일 터인데, 어찌할꼬?" 내가 말하기를, "양자강
남북으로 어찌 도리桃李가 없겠습니까?"라고 하자, 양봉은 머리를 흔
들며 "없습니다, 없습니다"라고 하였다.

윤찬은 소봉小峰이라 불렸고, 또한 그림을 잘 그렸기 때문에 사람들

9_ **소정방평백제탑비문**蘇定方平百濟塔碑文 ｜ '대당평백제국비명大唐平百濟國碑銘'을 말한다. '당
평제비', '평제비'라고도 한다. 부여 정림사지 5층석탑의 초층 탑신 사방에 새겨져 있던 당
나라 소정방의 〈전승기공문戰勝紀功文〉을 가리킨다. 문장은 사륙변려체로 과대한 필치를 사
용하였고, 서체는 정해正楷로 당조唐調에 육조六朝의 여풍餘風이 가미되었다. 당나라 학사 하
수량賀遂亮의 글을 당나라 학사 권회소權懷素가 썼다.

10_ **유인원기공비문**劉仁願紀功碑文 ｜ 유인원은 당 태종 때에 백제를 침공하고 대방주帶方州 자사
刺史가 되었던 인물이다. 이 비는 부여의 부소산성 안에 있었는데, 현재는 부여박물관으로 옮
겨졌다.

11_ **장황**裝潢 ｜ 장황粧潢. 책이나 서화첩 따위를 종이나 비단으로 발라서 꾸며 만드는 것. 즉 표구
를 말한다.

12_ **포이문**鮑以文 ｜ 포정박鮑廷博(1728~1814). '이문'은 그의 자, 호는 녹음渌飲, 안휘성 흡현 사람
이다. 집안에 장서藏書가 아주 많았고,《예기禮記》에 나오는 "배운 연후에 부족함을 안다(學然
後知不足)"라는 구절을 이름 삼아 자신의 서루書樓를 '지부족재知不足齋'라고 일컬었다. 건륭
시기에 유서遺書를 찾아다녔고, 소장하고 있던 600여 종을 내어《지부족재총서知不足齋叢書》
30집으로 교간校刊하였는데, 청대의 총서 가운데 잘 정선되었다고 일컬어졌다. 저서에《화영
헌영물시존花詠軒泳物詩存》이 있다.

은 이들 부자를 나소간羅昭諫 부자父子[13]에 견주었다.

양봉은 이별하게 되자 이런 내용의 시를 주었다.

책을 열매 아황주鵝黃酒[14]에 빠져든 것 같고 　　卷開如中鵝黃酒

마음 흡족해져 압록강처럼 깊어졌다네. 　　情洽同深鴨綠江

이별의 심정 화化하여 척후斥堠가 되어 　　願化離心爲斥堠

그대를 보내는 천릿길에 짝을 이루지 않길 바라네. 　送君千里不成雙

겨우 만났다가 이별하려니 마음은 더디고 더뎌져 　纔逢欲別意遲遲

훗날 저승에서 만남을 기약할 수 있을까. 　　後會他生或有期

희미한 달, 새벽바람 쉽게 흩어지거니 　　殘月曉風容易散

유기경柳耆卿[15] 마주한 날 많지 않았네. 　　柳耆卿對不多時

나는 그의 시에 다음과 같은 시로 화답하였다.

유관楡關[16]의 낙엽 지니 그 마음 어떠하리 　　楡關黃葉若爲情

가을비, 가을바람, 말 가는 대로 가네. 　　秋雨秋風信馬行

13_ 나소간羅昭諫 부자父子 ｜ 나은羅隱(833~909)과 나새옹羅塞翁 부자. '소간'은 나은의 자. 부친 나은은 시문으로 유명했고, 아들 나새옹은 그림으로 유명했다.

14_ 아황주鵝黃酒 ｜ 아황은 거위 새끼를 말하는데, 거위 새끼는 빛이 노랗고 아름다우므로, 빛이 노란 좋은 술을 아황주라 한다.

15_ 유기경柳耆卿 ｜ 북송 때의 사인詞人 유영柳永(987?~1055?)을 가리킨다. 기경은 그의 자字이다. 벼슬에는 큰 관심을 두지 않고, 오직 사詞를 짓는 일에만 몰두했다. "우물물을 긷는 곳이면 반드시 그의 사詞가 있다"고 할 만큼 서민들과 가까웠고, 주로 민간가사를 많이 다루었다. 여기서는 유득공을 유영에 견주고 있다.

16_ 유관楡關 ｜ 산해관의 별칭으로서 유관渝關이라고도 한다.

당년의 애 끊어지던 곳 기억하며   記取當年腸繼處
나소간이 유기경을 이별하네.   羅昭諫別柳耆卿

예전과 지금 헤아려 비교하지 말라   昔年今日莫商量
눈앞엔 총총하고 꿈속에선 바쁘기만 하네.   眼底恖恖夢裏忙
중중첩첩 먼 산이 모두 한스러운데   重疊遠山都是恨
이별한 혼 어디서 유양維揚[17]을 바라보리?   離魂何處望維揚

　양봉은 당나라 한황韓滉[18]의 〈회골무녀도回鶻舞女圖〉를 소장하고 있었
다. 그 그림 속 여인은 뾰족한 모자를 쓰고 변발을 하였으며, 구슬과
비취로 만든 머리 장식을 두르고 있었는데, 자못 우리나라 여인 같았
다. 아름다운 모직옷을 입고 화려하게 춤추는 자태가 요염하고 고왔
지만, 목덜미가 지나치게 굵었다. 내가 회회 남자를 보매, 대부분 목
덜미가 굵었는데 여자들도 의당 그럴 것이다.
　그림의 축軸 끝부분에 '조선 안씨安氏'의 낙관落款이 있어서 내가 깜
짝 놀라 묻기를, "이 사람은 누구입니까?"라고 하자, 양봉은 "옹정 연
간의 사람으로, 아우와 형 두 사람인데, 형의 이름은 기岐이고 호는 녹

17_ 유양維揚 │ 양주의 별칭이다. 양주는 나양봉의 고향이다.
18_ 한황韓滉 │ 723~787. 당나라 때의 화가이자 정치가. 자는 태충太沖이고, 서안西安 사람. 정
　　치가인 한휴韓休의 작은아들이다. 동남지방에서 고급관리를 지냈으며, 뒤에 조정에 들어가
　　검교좌복야동중서문하평장사檢校左僕射同中書門下平章事를 지내고 진국공晉國公에 봉해졌다.
　　그는 국가의 통일을 유지하고 농업 생산성을 향상시키는 데 많은 공헌을 했기 때문에, 관리
　　로서도 후대에 평가를 받았다. 서예와 그림에 뛰어났는데, 서예는 장욱張旭을 배웠고, 그림은
　　육탐미陸探微를 배웠다. 인물화와 농촌 풍속화를 잘 그렸는데, 특히 소나 양 등의 동물을 그
　　리는 데 뛰어났다.

촌麓村으로 대왕부代王府 안에 있다가 양주로 와서 염무鹽務를 담당하고 있었습니다. 그 사람은 아주 아취雅趣가 있어 수장품이 매우 풍부하였는데, 언젠가 지금의 황상에게 서화를 바치자 받아들여져서 백금白金 1천 냥을 하사받았습니다. 본래 조선 사람의 계통인데 어디를 통해 중국에 들어와 왕부王府에 나아간 것인지 알지 못합니다. 실로 자세히 알 수 없습니다. 오래전에 이미 세상을 떠났고, 또한 자손들이 유락流落하여 다시 아취를 지니지 못하였습니다"라고 말해주었다.

장수옥張水屋¹

붓 끝의 정취는 청광淸狂스러워 버릴 것이 없고	筆意淸狂不可刪
금벽색 석양산을 즐겁게 그리네.	喜爲金碧夕陽山
대강大江의 남북에 걸쳐 두루 교유하더니	大江南北交遊遍
곧장 삼한의 한강까지 사귐이 이어졌네.	直到三韓洌水間

장수옥의 이름은 도악道渥이고, 강소성 양주부 사람이다. 일찍이 염
운鹽運²으로 관직을 마쳤으니 또한 곤궁하고 실의한 사람이다. 그가
관직을 떠나 지은 시 열 수를 보니 자못 울적하고 강개慷慨하였다.

양봉 나빙의 처소에서 서로 보게 되었는데, 부채에 시를 써서 내게
주었다. 글과 그림이 분방하였다. 나와 차수를 청하여 가서 술을 마시
려 하는데 양봉이 화를 내며 손님을 빼앗아간다고 하자, 수옥 또한 성
을 내어 그 자리에서 큰 싸움이 벌어졌다. 그래서 나는 그곳에 남고
차수가 떠나서 겨우 미봉이 되었다.

그 뒤에 내가 유리창의 서점에 앉아서 책을 보고 있는데, 수옥이 몇

1_ 장수옥張水屋 | 장도악張道渥(1757~1829). 호는 죽휴竹畦, 관직은 울주蔚州 지주知州를 지냈으
며, 글씨와 시에 능하였고 산수화 또한 잘 그렸다. 얽매이지 않는 성격 때문에 사람들은 그를
'장풍자張風子'라 일컬었다.

2_ 염운鹽運 | 지역에서 소금 운반을 담당하던 관청 또는 그 관리.

몇 사람들과 더불어 안경을 낀 채 뒷짐을 지고 느릿느릿 걸으며 지나다가 나를 보고 크게 웃으면서, "하오? 하오?"라고 하였다. 몇몇 사람이 괴이하게 여기면서 묻자, 수옥은 손뼉을 치며 크게 웃고 스스로 우쭐거리며 말하였다. "내가 교유하는 사람들은 천하에 두루 퍼져 있다. 비단 국내에만 있는 것이 아니다. 해외에 또한 있으니 그대들이 어찌 알 수 있겠는가?"라고 하였다.

양봉은 매양 수옥을 가볍게 보았고, 수옥 또한 양봉을 가볍게 보았다. 내가 보기에 수옥은 참으로 '광사狂士'라고 하겠다.

오백암 吳白菴[1]

성 남쪽 절에서 처음 사귐을 맺을 때	城南寺裏證交初
먼저 그대의 한 부部의 책[2]을 읽었네.	先讀君家一亥書
누가 유생으로 하여금 사세事勢를 알게 했나	誰遺儒生知事體
이제부터 석호에서 고기잡이 못하겠네.	從今不作石湖漁

오백암의 이름은 조照이고 자는 조남照南이며, 강서江西 남성南城 사람이다. 시에 능한 것으로 이름을 날렸다. 가정嘉定[3]의 서장西莊 왕명성王鳴盛[4]과 전당의 간재簡齋 원매袁枚에게 인정을 받았다. 학사인 담계 옹방강이 그를 발탁하니 나라 사람들은 인재를 얻었다고 칭송하였다

1_ 오백암吳白菴 | 오조吳照(1755~1811). 관직은 교유敎諭를 지냈고, 방달한 성격으로 시와 육서六書에 조예가 있었다고 한다. 저서로 《청우루시집聽雨樓詩集》, 《설문자원고략說文字源考略》, 《노자설략老子說略》 등이 있다.

2_ 한 부部의 책 | 원문은 '일해서一亥書'인데, 《설문해자說文解字》를 지칭한다. 《설문해자》의 기술記述이 '일一'에서 시작하여 '해亥'자에 끝나므로 《설문해자》를 '수일종해서首一終亥書' 혹은 '기일종해서起一終亥書'라고 지칭한 데서 유래하였다.

3_ 가정嘉定 | 중국의 지명이다. 송나라 연호를 따라 1218년에 명명되었으며, 지금의 중국 상해시에 속해 있다.

4_ 왕명성王鳴盛 | 1722~1797. 자는 봉개鳳喈, 서장西莊·예당禮堂·서지西沚는 그의 호이다. 건륭 연간에 진사가 되었고, 여러 차례 예부시랑을 역임하였다. 말년에는 소주에서 30여 년을 살다가 78세로 죽었다. 성당盛唐의 시를 배우고, 고문으로 이름이 났다. 《상서후안尙書後案》, 《십칠사상각十七史商榷》, 《아술편蛾術編》을 편찬하고, 저서로는 《경양재집耕養齋集》, 《서지거사집西沚居士集》이 있다.

한다.

저서로 《설문편방고說文偏旁考》 두 권이 있는데, 그것은 540개의 부수部首에 먼저 설문說文을 쓰고, 그 다음에 고주古籒를, 그 다음에 예서를 써서 그 원류를 고증하였으며, 직접 글씨를 베껴 써서 간행하였다. 양봉 나빙이 나의 성명을 말해주자 곧바로 《설문편방고》를 보내주었다. 그 뒤에 드디어 서로 알게 되어 그가 머물고 있는 곳을 찾아가니, 온 벽에 대나무 그림이 가득하였는데, 또한 그가 그린 것들이었다. 또한 나를 위해 작은 첩자帖子에 대나무를 그려주었는데, 글씨와 그림이 모두 뛰어났다. 참으로 기이한 재주였다.

조남은 양봉 나빙 부자에게 부탁하여 〈석호어은도石湖漁隱圖〉를 그리도록 하고는 차수에게 청하여 큰 글자로 제축題軸을 쓰게 하였는데, 담계 옹방강이 그것을 보고 크게 놀라 곧바로 편지를 보내, "유생이 사세를 알지 못하는구나. 성인의 치세에 어찌 은거하는 사람이 있겠는가?"라고 하였다. 조남이 황망히 표제를 고치기를, '석호과경도石湖課耕圖'라고 하였다. 중국의 사대부들은 문자를 기휘하는 것이 대개 이와 같다.

장복조莊復朝¹ 중서中書

그대 집은 알기 쉽고 잊기는 어려워	易知難忘是君家
자금성 서쪽으로 작은 수레 돌렸네.	紫禁城西轉小車
종선樞扇²에 쓴 시, 이별의 정 슬프니	樞扇題詩悵別意
다시 우전차를 품평할 수 없겠네.	無因再品雨前茶

장莊 중서의 이름은 복조이고 자는 식삼植三, 호는 택산澤珊이니, 강소성 상주부常州府 사람이다. 내가 원명원에 있을 때, 중서의 조방에 들어가니 모두 기인旗人이었다. 그중 공손히 읍하고 앉기를 청하는 사람이 있었는데, 시독侍讀인 형공邢珙으로 만주 정황기인이었다. 그리고 호령도액瑚靈圖額이란 사람은 몽고중서로서 바야흐로 몽고의 문자를 쓰는데, 붓을 놀리는 것이 나는 듯했다. 대개 만주중서는 만주의 문자를 쓰고 몽고중서는 몽고의 문자를 쓰는데, 한자는 알지 못해도 된다. 그들과 함께 필담을 나누었는데, 또한 거의 문리文理를 이루지 못하였다.

1_ **장복조**莊復朝 ｜ 장복조의 원래 이름은 '장복단莊復旦'이다 '단旦'이 조선 태조의 '휘諱'와 같은 관계로 유득공은 '조朝'로 고쳐 표기하였다.

2_ **종선**樞扇 ｜ 파초선芭蕉扇을 말한다. 파초선은 부채면의 중앙에 기둥 구실을 하는 기둥살이 위에서 아래까지 수직으로 내려와 자루까지 하나로 이루어진다. 부채의 전체 모양이 파초의 잎처럼 생긴 데서 파초선으로 불린다.

한중서漢中書로는 단지 장경전張經田[3]이란 사람뿐으로, 호남湖南 장사
長沙 사람이다. 그는 경박한 젊은이로, 이야기하는 것은 기생·배우·
남색男色·부인들의 작은 발[4] 등에 지나지 않아 추하여 답할 것이 못되
었다. 그가 또 묻기를, "귀국에도 당자檔子가 있습니까?"라고 하였다.
내가 "당자가 무엇인가?"라고 되묻자 장경전은, "작은 곡조의 노래를
부르는 사람입니다"라고 대답하였다.

여러 중서들이 또 바둑을 두자고 요청하는데, 딱하게 여기던 중에
한 명의 중서가 밖에서 들어왔다. 나이는 대략 20살쯤이고 눈매는 그
림 같았으며 주변을 둘러보며 미소를 지었다. 그의 성명을 물으니 곧
장복조였다.

내가 그에게 묻기를, "시독 진영秦瀛[5]은 어디에 있습니까?"라고 하
자 택산이 말하기를, "선생이 어찌 그를 아십니까?"라고 하였다. 내가
답하기를, "'나의 강남 10년 꿈을 반복하였는데, 푸른 버들 봄 동네에
비파나무 가린 문이라(勞我江南十年夢. 綠楊春巷枇杷門)'는 시는 아름다운
구절입니다"라고 하였다. 택산이 말하기를, "진秦 시독은 선무문宣武
門 밖 장군교방將軍教坊 거리에 머물고 있습니다. 선생께서 시험 삼아
방문해보시지요. 그는 군기처에 출입하기 때문에 집에 있는 시간이

3_ 장경전張經田 ┃ 청나라 관리. 자는 호산壺山이고 상담湘潭 출신으로, 건륭 연간에 진사가 되었
다. 관직은 귀양병비도貴陽兵備道를 역임하였다.

4_ 부인들의 작은 발 ┃ 원문은 '부인소각婦人小脚'인데, 어린 여자아이의 발을 베나 비단으로 단
단히 묶어서 발이 크지 못하도록 했던 전족 풍속을 말한다.

5_ 진영秦瀛 ┃ 1743~1821. 청나라 문인·학자. 자는 능창凌蒼·소현小峴, 호는 수암遂庵이고 강
소성 무석无錫 사람이다. 관직은 형부시랑刑部侍郎을 지냈고, 시문에 뛰어나 명성을 얻었으며
행서行書와 해서楷書를 잘 썼다. 저서로는 《소현산인문집小峴山人文集》, 《수암일지록遂庵日知
錄》이 있다.

적을 것입니다"라고 하였다. 또 말하기를, "이곳은 좋지 못하니 연경에 가면 객관에 나가서 많은 이야기를 드리겠습니다"라고 하였다. 내가 말하기를, "객관도 또한 마땅치 않으니 내가 직접 찾아뵙겠습니다"라고 하자 택산이 말하기를, "매우 좋습니다. 그러나 앉아서 오시게 하는 것이 미안합니다"라고 하였다. 인하여 글로 써서 보여주기를, "나는 서화문 안 배두전拜斗殿[6] 거리의 양梁 중당 집에 머물고 있습니다"라고 하였다. 연경에 들어온 뒤에 한두 번 들렀지만 모두 만나지 못하였는데 아문에 있다고 하는 것이었다.

그의 아우 회기會琦와 함께 담소를 나누었는데, 회기의 자는 치경稚卿으로 또한 빼어난 인재였다. 그가 사는 곳은 고故 태학사 양국치梁國治의 집이었는데, 양국치의 아들은 곧 택산의 매제妹弟이다. 택산이 조금 뒤에 편지를 보내왔는데, 만나지 못한 것을 깊이 한스럽게 여긴다고 하며 부채 하나를 보내왔다. 그 부채에 오언율시 두 수가 적혀 있었는데, 그 시구에 "세속의 일에 흔들리는 것 유독 연민할 만하고, 앉아서 좋은 이야기 나눌 기회를 많이도 잃어버렸네(獨憐塵事擾, 坐失劇談多)"라고 하였다. 또 말하기를, "경황硬黃[7]의 종이 오래된 탑본이 아니고, 옅은 푸른색의 햇차를 맛보게 하였네(硬黃非舊搨, 乳碧試新茶)"라고 하였다. 내가 택산을 찾아갔을 때 그 책상 위에 있던, 사구司寇 장득천張得天[8]이 낙엽을 읊은 시첩에 대해 감탄하고 칭찬하였으며, 치경이 자

6_ 배두전拜斗殿 | 명나라 세종이 북두성北斗星에 기도하기 위해 지은 궁전이다.

7_ 경황硬黃 | 노란 황벽나무와 납향으로 물들인 종이를 말한다. 굳고 질기며 밝고 투명하여 법첩法帖이나 묵적으로 쓰기에 좋다. 색이 노란색이어서 오래 간직할 수 있어 불경을 적는 데 많이 이용된다.

8_ 장득천張得天 | 1691~1745. 이름은 조照, 자는 득천得天, 호는 경남涇南이다. 화정華亭 출신으로, 관직은 형부상서에 이르렀고, 서법이 매우 공교로웠다고 한다. 시호는 문민文敏이다.

주자주 용정차龍井茶[9]를 권하였는데, 이 때문에 그의 시에서 그렇게 말한 것이다.

9_ **용정차**龍井茶 ┃ 중국의 이름난 녹차로, 절강·항주·서호 등지에서 생산된다. 윤기가 있고 비취빛이며 향이 좋다고 한다. 청명淸明 이전에 수확한 것을 명전차明前茶, 곡우谷雨 이전에 수확한 것을 우전차雨前茶라고 한다. 각각 생산지에 따라 서호용정西湖龍井, 전당용정錢塘龍井, 월주용정越州龍井 등으로 불리기도 한다.

유환지劉鐶之[1] · 완원阮元[2] 두 태사二太史

수레의 제도를 새로 엮으니 고증한 것 해박하여　　車制新編考據該

이미 선배들로 하여금 기이한 재주라고 감탄하게 했네.

　　　　　　　　　　　　　　　　　　　　　已令先輩歎奇才

옥하관玉河館[3]에는 한 개의 복숭아 조각도 없는데　　玉河無一桃花片

어떻게 천태산天台山의 두 손님[4]을 이끌어왔는가?　　那引天台二客來

　완원의 자는 백원伯元, 강소 의징儀徵 사람으로 한림편수翰林編修이
다. 유환지의 자는 패순佩循, 호는 신방信芳, 산동 제성현諸城縣 사람으

1_ 유환지劉鐶之 ｜ ?~1821. 가경嘉慶 24년(1819)에 이부상서를 지냈으며, 관직에 있을 때 엄정하
　　고 바른말을 잘했다고 한다. 산수화에 능했으며, 시호는 문공文恭이다.

2_ 완원阮元 ｜ 1764~1849. 자는 백원伯元, 호는 운대芸臺이며 시호는 문달文達이다. 건륭 54년
　　(1789)에 진사가 되었고, 도광道光 연간(1821~1850)에는 벼슬이 태부太傅에 이르렀다. 저서로
　　는 《회해영령집淮海英靈集》,《광릉시집廣陵詩集》,《거제고기車制考紀》가 있다.

3_ 옥하관玉河館 ｜ 조선의 사신 일행이 머물던 북경의 객관이다. 옥하관에 대해서는 조선 순조純
　　祖 3년(1803)의 연행을 기록한 《계산기정薊山紀程》의 다음 설명이 참조가 된다. "옥하관은 대개
　　100여 칸인데 가로 세로가 모두 일자一字 모양으로 되었으며, 관문館門 안에 중문中門이 있고
　　중문 안에 동서로 낭옥廊屋이 있는데, 원역員譯과 수행원 무리들이 거처하는 곳이다. 또 소문小
　　門 안에 정당正堂이 있는데 정사가 거처하는 곳이며, 그 좌우 월랑月廊의 상방上房은 편막들이
　　거처하는 곳이다. 또 북쪽으로 제2, 제3의 집에는 부사와 서장관이 나누어 거처하고, 편막들
　　역시 본 방의 곁채에 나누어 들었다. 뒤쪽에 북캉 10여 칸이 있어, 원역·하인·말들이 그 속에
　　함께 들었는데, 수숫대로 엮고 연지燕紙로 발라 각각 칸막이를 하였다. 그리고 담장을 의지하
　　여 장막을 친 자도 있었다."

로 한림검토翰林檢討이다. 내가 객관에 머물 때 두 사람이 함께 수레를
타고 와서 객관 앞을 배회하였지만 누구도 맞아서 접대하는 사람이
없자 섭섭한 태도로 돌아가려 하였다. 내가 그들을 청하여 캉에 이르
게 하여 함께 말을 해보니 모두 명망 있는 선비였다. 그들이 말하기
를, "지난해 우리 모두 서길사庶吉士⁵로 있으면서 벽 하나를 사이에 두
고 사신들과 서로 알고 지냈습니다. 지난해 왔던 사람이 어찌 한 사람
도 오지 않았습니까?"라고 하여 내가 대답하기를, "꼭 다시 오는 것은
아닙니다"라고 하였다.

완백원의 저서 중에《거제고기車制考紀》가 있는데, 대종백이 그 고증
이 정밀하고 자세하다고 자주 칭찬하였다는 것을 내가 열거하며 말하
였더니 백원이 환한 얼굴로 좋아하였다. 나의 시집을 보여달라고 청
하기에, 나는 한림 웅방수熊方受⁶의 처소에 한 본이 있으나 지금 보여
드릴 수 없어 안타깝다고 말하였다. 그러자 백원은 "그곳에 가면 마땅
히 찾아 읽어보겠습니다"라고 하였다.

4_ **천태산天台山의 두 손님** | 동한東漢의 유신劉晨·완조阮肇가 천태산에 들어가 길을 잃고 굶주
리다가 복숭아 열매를 먹고 물을 찾는 중에 큰 시내를 발견하였는데, 시냇가에서 선녀를 만나
함께 그곳에 머물다가 돌아오니 이미 칠대七代가 지나버렸다. 그 뒤 다시 선녀와 만났던 곳을
찾아갔으나 어디인지 알지 못했다는 고사가 있다. 이 고사는 남송 유의경劉義慶이 지은《유명
록幽明錄》에 보이는데, 여기서는 유환지·완원 두 사람이 천태산에 들어갔던 유신·완조와 성
씨가 같기 때문에 비유적으로 일컬은 것이다.

5_ **서길사庶吉士** | 명·청시대의 관직명. 한림원에 속하여 문학과 글씨에 뛰어난 사람을 선발하고
다시 시험을 거쳐 그중 우수한 인물들을 가려내 편수, 검토의 직책을 주었다. 서길사를 줄여
'서상庶常'이라 부르기도 한다.

6_ **웅방수熊方受** | 자는 개자介玆이며, 호는 몽암夢菴이다. 건륭 연간에 진사를 거쳐 검토, 산동태
기조제도山東兗沂曹濟道를 역임하였다. 시문를 잘 지었으며, 저서로《우환초偶闌草》가 있다.

웅방수熊方受·장상지蔣祥墀[1] 두 서상
二庶常

봉래의 바다 멀고 멀어 나그네 꿈 아득한데	蓬海迢迢旅夢長
어하御河[2] 곁 그림 같은 난간엔 단풍이 붉네.	畫欄紅樹御河旁
창 너머 차 끓이는 그릇엔 솔바람 부는 듯	隔窓茶甌松風似
한가한 날 두 서상과 시를 논하네.	暇日論詩二庶常

웅방수는 광서 영강주永康州 사람이고, 장상지의 자는 단림丹林이며 호북湖北 천문天門 사람이니, 모두 한림 서길사이다. 옥하관 서벽西壁이 서상관庶常館인데, 나와 차수는 자주 가서 시를 논하였다. 웅방수는 뛰어나고 걸출한 사람이고, 장상지는 자못 순순하고 고아한 사람이었다. 조선으로 돌아올 때 웅방수가 내게 시를 지어주었는데, 그 시는 다음과 같다.

이문원摛文院(규장각) 안에서 고요히 붓을 휘두르며	摛文院裏靜揮毫
답답한 가슴을 다 씻어내니 운치가 비로소 고아하다.	滌盡煩襟韻始高

1_ **장상지**蔣祥墀 | 자는 단림丹林이고, 호북성 천문 사람이다. 건륭 55년(1790)에 진사가 되었고, 뒤에 좌도어사左都禦史가 되었다.

2_ **어하**御河 | 황궁을 보호하기 위하여 황궁 둘레를 따라 흐르도록 한 물길.

한 권의 새로운 시는 얼음과 눈 같으니　　　一卷新詩氷雪似

전생은 분명 유柳 의조儀曹[3]였을 것이네.　　前身合是柳儀曹

원院에 이웃하여 오가는 거마 소리 자주 들었는데　隔院頻聞車馬音

가을바람은 길손을 재촉하며 이별의 노래 짓게 하네.

　　　　　　　　　　　　　　　　　西風催客動離吟

동쪽으로 돌아가면 좋은 시의 자료 더 얻으리니　東歸添得好詩料

뚝섬[纛島]과 여강驪江에는 가을이 분명 깊어지겠지.

　　　　　　　　　　　　　　　　　纛島驪江秋正深

　　서상 옹방수의 부친은 북경[大名府] 지부知府를 맡고 있었는데, 부민
府民이 부류들을 모아 난리를 일으킬 때 해를 당하였다. 이에 황제가
반란을 일으킨 백성을 잡아 국문하니, "지부가 실로 백성을 사랑하였
지만, 대사大事를 일으키기 위해 지부를 해쳤다"라고 말하였다 한다.
황제가 그를 불쌍하게 여겨 남은 자식을 임용하여 특별히 한림서상翰
林庶常으로 삼았다. 옹방수가 말한 것이 이와 같았다.

3_ 유柳 의조儀曹 │ 유종원柳宗元을 가리킨다. '의조儀曹'는 예부낭관禮部郎官을 지칭하는데, 유종
원이 예부원외랑禮部員外郎을 지낸 바 있다. 여기서는 유득공이 전생에 유종원이었을 것이라
는 말이다.

철야정鐵冶亭[1] 시랑侍郎

만주어·한어 문서로 종일 바쁜 곳	滿漢文書盡日忙
대궐문 서쪽의 군기방이라네.	閣門西轉是機房
정황기 아래서 명망 있는 선비 만나니	正黃旗下逢名士
옥玉 시랑과 그 형 철鐵 시랑이라네.	玉侍郎兄鐵侍郎

야정의 이름은 철보鐵保이니 만주 정황기인이고 예부우시랑禮部右侍郎이다. 우촌 이조원은 일찍이 그를 칭찬하여, "《순화각첩淳化閣帖》[2]을 잘 쓰니, 기旗에 속한 사람들 중 이런 자는 많지 않다"라고 하였다. 나는 일찍이 그가 지은 《허한당집虛閒堂集》을 보았고, 야정 또한 내 이름을 알고 있었다.

열하의 행궁 궐문 오른편에 군기방이 있는데 내가 차수와 함께 그곳에 들어갔다. 그곳에는 내각학사內閣學士 옥보玉保[3]·한림 장후리章煦

1_ **철야정鐵冶亭** | 철보鐵保(1752~1824). 자는 야정, 호는 매암梅庵이다. 시에 능했고 특히 글씨를 잘 써서 유용劉墉, 옹방강과 나란히 이름을 떨쳤다. 《유청재전집惟淸齋全集》, 《백산시개白山詩介》와 《유청재첩惟淸齋帖》이 전한다.

2_ **《순화각첩淳化閣帖》** | 송나라 태종 3년(992)에 편찬한 10권의 법첩이다. 내부內府에 소장되어 있던 역대 명필가의 문장을 골라 이름난 필적을 한림대서 왕저王著에게 명하여 새긴 것이다. 그중 왕희지와 왕헌지王獻之의 글씨가 대부분을 차지한다.

3_ **옥보玉保** | 자는 덕부德符·낭봉閬峯, 철보의 아우이다. 관직은 이부좌시랑吏部左侍郎을 여러 차례 역임하였으며, 문집으로 《나월헌존고蘿月軒存稿》가 있다.

理[4]·번원시랑藩院侍郎 파충리巴忠理·번원원외랑藩院員外郎 담윤당湛潤堂·중서사인中書舍人 문모文某와 어모魚某 등 여러 사람들이 있었는데, 걸상에 의지해 앉아 함께 말하면서 손님 접대할 여가가 없었다. 여러 중서들 중 어떤 이들은 문서를 정리하고 어떤 이들은 북경에 온 서신들을 접하고 펼쳐 읽느라 바빠서 조금도 틈을 낼 수 없었다.

　그때 한 사람이 들어왔는데, 바로 시랑 철보였다. 함께 담화를 나누니 평소에 알았던 것처럼 즐거웠다. 객관에 돌아온 뒤에 야정이 시를 보내왔는데 그 내용에, "공관公館에서 잔치를 하고서 인하여 사사로이 만나보니, 새로운 교유가 오랜 사귐과 같았네(公讌仍私覿, 新交似舊遊)"라고 하였다. 내가 또한 화답하여 시를 보냈다. 그 뒤에 들으니 철보는 형이고 옥보는 그 아우이다. 옥보 또한 시로 명성이 있어서 형제가 모두 문장을 잘하는 신하로 임금의 측근에 출입하였다. 야정은 또 몽고부도통蒙古副都統을 겸직하고 있었으니, 총애와 영예가 바야흐로 융숭하였다.

4_ 장후리章煦理 │ 자는 요청曜靑, 호는 동문桐門이고 전당 사람이다. 청나라 가경 연간(1796~1820)에 문연각 대학사·태자태보를 역임하였고, 지방관으로 선정을 펼쳤다. 시호는 문간文簡이다.

복건장군福建將軍

복건장군은 흰 살결에 멋진 수염 가졌고   福建將軍皙且鬚

다섯 석石[1]의 활을 당기고 글 짓는 것도 배웠다네.   能彎五石學操觚

중주中州의 학사들 웃지 마시오   中州學士休相笑

나는 동단왕東丹王의 〈엽기도獵騎圖〉[2]를 사랑한다네.   我愛東丹獵騎圖

복건장군의 이름은 괴륜魁倫[3]이고 만주 정황기인이다. 내가 열하에 있을 때 차수와 함께 조방에 앉아 있었는데, 날이 더워 부채를 부쳤더니 만주의 한 재상이 물었다. "무슨 까닭으로 백선白扇을 가지고 있습니까?" 나는 대답하기를, "글씨를 쓰고 그림을 그릴 줄 아는 사람이

1_ **석**石 | 활의 강도를 계산하는 단위.

2_ **동단왕**東丹王**의** 〈**엽기도**東丹王**獵騎圖**〉 | 동단왕의 본명은 야율배耶律倍이고, 요나라 태조 야율아보기耶律阿保機의 맏아들이다. 916년에 황제를 칭한 야율아보기는 926년 발해의 부여성을 공격하여 함락시키고, 그곳을 동단국東丹國이라 하여 맏아들 야율배에게 다스리게 하였다. 야율아보기는 그해 7월 개선하는 도중에 병들어 죽고, 둘째아들 광덕光德이 황제의 자리에 올랐으므로 동단왕은 끝내 황제가 되지 못하였다. 그러나 동단왕의 아들인 야율완耶律阮이 광덕의 뒤를 이어 제3대 황제인 세종이 되었다. 동단왕은 그림을 매우 좋아하였다. 어부御府에 그가 그린 〈쌍기도雙騎圖〉 1점, 〈엽기도〉 1점, 〈설기도雪騎圖〉 1점, 〈번기도番騎圖〉 6점, 〈인기도人騎圖〉 2점, 〈천각록도千角鹿圖〉 1점, 〈길수병구기도吉首竝駒騎圖〉 1점, 〈사기도射騎圖〉 1점, 〈여진엽기도女眞獵騎圖〉 1점 등 모두 15점이 소장되어 있었다고 한다.

3_ **괴륜**魁倫 | ?~1800. 완안씨完顔氏로 만주 정황기인이다. 건륭 53년(1788)에 복건장군으로 발탁되었다.

없어서 그렇습니다"라고 하였다. 여러 재상들이 그림을 그려주려는
뜻이 있었으나 서로 미루고 사양할 뿐이었다.

복건장군이 들어왔는데 얼굴 모양이 풍만하고 컸다. 모두 놀라고
기뻐하며 말하기를, "괴 장군이 오셨다"라고 하였다. 한 재상이 캉에
서 내려와 그와 더불어 정강이를 끌어안고 마치 구르는 듯한 모양을
하여 즐거움이 그치지 않았으며, 떨어져 나란히 걸터앉아서는 끊임없
이 재잘거리며 이야기를 하였다. 들어보니 대체로 복건장군이 올 때
큰비에 물이 불어 수레가 잠기고 말이 빠져 힘들고 고생스러웠던 상
황에 관한 것이었다.

차를 마신 후 우리 두 사람의 부채를 가리키며 말하는 자가 있었는
데, "장군이 그릴 수 있다"라고 하였다. 괴 장군이 사양하지 않고 붓
과 벼루를 가져오게 하더니, 차수의 부채에는 국화를 그렸고 나의 부
채에는 〈농화향만의弄花香滿衣〉라는 시 한 수를 썼는데, 그가 지은 것이
었다. 의기가 태연자약泰然自若하였으며, "완안괴륜이 조선 검서 유 선
생께 써서 드리니 시원하게 부치시라(完顔魁倫題贈朝鮮檢書柳先生淸拂)"라
고 낙관을 하였다. 대개 금나라의 후예였다. 이후에 북경에 가지고 들
어갔더니 여러 명사들이 보고서 내던지며 말하기를 "좋지 않다. 좋지
않다"라고 하였지만, 사실은 글씨를 쓴 것이 참으로 좋고 그 사람 또
한 걸출하여 좋아할 만하였다.

신점新店

더디고 더딘 수레와 말로 요동으로 돌아오니 　　　　遲遲車馬返遼東
소흑산 꼭대기에 만 리의 바람 부네. 　　　　　　小黑山頭萬里風
고북구로 들어와서 산해관으로 나오니 　　　　　古北口來山海出
의무려산이 한 바퀴 도는 가운데 있구나. 　　　　醫巫閭在一周中

　일행이 신점 뒷산에 돌아와 말을 내려 앉아 백대자로 가는 옛 길을 멀리 바라보니, 수레를 빌려서 급히 달렸던 지난 일을 생각하매 마치 몇 세대 떨어진 다른 사람의 일 같았다. 예로부터 연경에 다녀올 때는 고북구에서 시작하는 경우가 없었는데 우리는 그렇게 하였다. 이에 이르러 의무려산을 처음으로 두루 한 바퀴 돌았는데, 노정을 헤아려 보니 2,700여 리가 되었다. 화부주산華不注山을 세 번 돌았다는 이야기[1]와 비교하여도 또한 장대한 것이었다.

1_ 화부주산華不注山을 … 이야기 | 《춘추春秋》에 진秦나라 군대가 제齊나라 군대를 추격하여 화부주산을 세 바퀴 돌았다는 고사가 있다.

심양 瀋陽

아아! 숭덕崇德[1] 2년(1637)의 봄　　　　　　　鳴呼崇德二年春

마음에 굳게 새긴 간지干支 그해 3월 갑진甲辰일[2]일세.

　　　　　　　　　　　　　　　　　　牢記干支是甲辰

돌아와 심양성 바깥 길에 이르러　　　　　歸到瀋陽城外路

쓸쓸한 연기, 가을 풀 속에 삼학사三學士[3]를 조문하네.

　　　　　　　　　　　　　　　　　　斷煙秋草弔三臣

　일찍이 《사고전서간명목록四庫全書簡明目錄》을 보았는데, 그중에 《만
주원류고滿洲源流考》와 《황청개국방략皇淸開國方略》이라는 두 책이 있어
속으로 볼 만한 책이라고 생각하였다. 연경에 들어와 이 책들을 구하
였으나 책가게에는 있지 않았다. 차수가 각자방刻字房에서 《개국방략》
을 보았는데 이것은 내판內版(內閣本)이었으며, 삼학사의 사적에 대해

1_ 숭덕崇德 | 청나라 태종의 두 번째 연호(1636~1643). 1636년 국호를 후금後金에서 청淸으로 바
꾼 뒤 연호도 천총天聰(1627~1635)에서 숭덕으로 바꿨다.

2_ 3월 갑진甲辰일 | 홍익한洪翼漢 등 삼학사가 처형당한 날이다. 갑진일은 환산하면 음력 3월 6
일이다.

3_ 삼학사三學士 | 병자호란 때 청나라와의 화의를 반대했던 강경파의 세 인물인 홍익한, 윤집尹
集, 오달제吳達濟를 지칭한다. 병자호란 때 화의가 성립되자 이들 세 사람은 봉림대군鳳林大君
과 함께 청나라로 붙잡혀갔다. 청조는 이들을 회유하려 하였으나 이들은 완강히 거절하였고,
심양에서 처형을 당하고 말았다.

"의를 부르짖어 명나라를 편들었고, 맹세를 어기고 전쟁을 일으킨 일
(倡義祖明, 敗盟構兵)로, 숭덕 2년 3월 갑진일에 모두 처형당하였다"라고
적혀 있었다고 한다. 차수가 이를 작은 종이에 베껴와서 등잔의 심지
를 자르고 함께 자세히 보니 머리털이 곤두섰다. 아아! 그 적혀 있는
여덟 글자는 곧 천하만세天下萬世에 부끄러움이 없을 것이다.

돌아와 심양에 이르러서 죽여의竹如意(대지팡이)로 돌을 치려는 생
각[4]을 더욱 금할 수 없었다. 왕이상王貽上(왕사정)의 《지북우담池北偶
談》에 청음淸陰 김상헌金尙憲 선생의 조천시朝天詩가 많이 채입採入되어
있고 또 《감구집感舊集》에도 실려 있는데, 대개 뜻이 깊고 완곡하다.

이확李廓[5]과 나덕헌羅德憲[6]은 심양에 사신으로 와서 굽히지 않았는
데, 무술戊戌 연간에 《전운시全韻詩》[7]가 나온 이후에 밝게 드러났다.[8]
삼학사의 탁월한 대절大節도 이제 또 믿을 만한 사적을 얻게 되었다.

우리나라 사람들이 흔히들 하는 이야기가 있다. 청 태조가 어렸을
때 영원백寧遠伯(李成梁)의 가동家僮으로 들어갔다. 하루는 영원백이

4_ 죽여의竹如意로 돌을 치려는 생각 | 송宋 말기에 사고謝翶라는 사람이 절강성 동려현桐廬縣 남
   쪽 부춘산富春山에 있는 서대西臺에 올라 통곡하며, 원元에 항거하다가 목숨을 잃은 문천상文天
   祥을 조문했다는 고사를 말한다.
5_ 이확李廓 | 1590~1665. 자는 여량汝量, 본관은 전주이며 무신武臣이다. 인조 14년(1636) 심양
   에 사신으로 갔을 때, 청에서는 황제의 즉위를 하늘에 고하는 천제天祭에 조선 사신 일행을 참
   석시키려 하였으나, 이확은 구타를 당하면서도 결사적으로 거부하여 참여하지 않았다.
6_ 나덕헌羅德憲 | 1573~1640. 자는 헌지憲之, 호는 장암壯巖, 본관은 나주이며 무신이다. 1636
   년 이확과 함께 심양에 가서 청나라 황제의 즉위식에 참석하기를 거부하였다.
7_ 《전운시全韻詩》 | 건륭제가 지은 《어제전운시御製全韻詩》를 말한다. 이 책은 106운韻에 맞추어
   청나라 역대 황제의 사적과 중국 역대 제왕의 사적을 시로 읊었다. 이 책에는 이확과 나덕헌이
   청 태종에게 절을 하지 않았으나 태종이 사신을 죽여서는 안 된다고 하며 살려보냈던 일이 소
   개되어 있다.
8_ 《전운시全韻詩》가 … 드러났다 | 이확과 나덕헌이 청조에 항거했던 일이 조선에 제대로 전달
   되지 않아 이 두 사람이 조선에 돌아와서 한때 유배를 가기도 하였다.

베개를 베고 누워 있었으나 실은 잠들지 않았는데, 청 태조가 시렁 위에 있는 매를 모두 날려 보내고 머뭇거리면서 긴 한숨을 짓다가, 머리맡에 놓인 보검寶劍을 뽑아들고 영원백의 복부를 겨냥하여 세 차례 찌르는 시늉을 한 뒤에 보검을 도로 제자리에 놓는 것이었다. 영원백이 그제야 눈을 뜨고 "네가 어째서 이러느냐?"라고 하니, 청 태조가 꿇어앉으면서 말하였다. "어찌 감히 형제의 원수를 잊을 수 있겠으며, 또 어찌 감히 길러주신 은혜를 잊을 수 있겠습니까. 보검을 겨눈 것은 원수를 갚음이요, 보검을 거둔 것은 은혜에 보답함입니다." 영원백이 "매는 왜 놓아주었느냐?"라고 하니, "뜻이 저 구름 하늘에 있는데 사람에게 잡힌 바 되었으므로 놓아주었습니다"라고 하였다. 영원백이 머무르게 할 수 없음을 알고 일러주기를 "나에게 준마駿馬가 있음을 너도 알겠지?"라고 하자, "알고 있습니다"라고 하였다. 영원백이 "너는 준마를 타고 속히 떠나도록 하라. 자식들이 알면 좋지 않을 것이다"라고 하자, 청 태조가 머리를 조아리고 눈물을 흘리면서 하직을 고하고 준마를 몰아 달려갔다. 이李 제독[9]이 그것을 듣고서 몹시 분하게 여겨 활을 차고 말을 몰아 급히 쫓아갔으나 이미 미칠 수 없었다.

나는 일찍이 이것을 제동야설齊東野說[10]로 간주하였는데, 《개국방략》에 "태조가 네 살 때 영원백의 집에 수양收養되었다가 열다섯 살에 비로소 돌아왔다"라고 하였다. 차수가 또한 보고 그렇게 말하였으니 우리나라 사람들의 이야기를 비로소 믿게 되었다. 가동이 된 것과 보검

9_ 이李 제독 | 임진왜란 때 조선에 출병하였던 명나라 장수 이여송李如松을 지칭한다. 이여송이 이성량의 아들이다.

10_ 제동야설齊東野說 | 제나라는 지금의 산동성 일대인데, 옛날 이 나라 사람들이 큰소리치고 거짓말 잘하기로 유명하였다. 제동야설은 '믿을 수 없는 허튼소리'라는 뜻이다.

으로 찌르는 시늉을 한 것 등의 일은 기휘하여 말하지 않은 것인가.
만력萬曆(1573~1619) 이후부터는 우리나라 사람과 중국 사람이 빈번히
서로 왕래하였으니 전해들은 것이 마땅히 그릇되지 않을 것이다. 여
기에 부기附記하여 《개국방략》의 빠진 부분을 보완한다.

봉성 鳳城

길지 않은 시간, 멀리 여행하고 돌아오니	無多歲月遠遊還
성곽과 누대는 꿈결 속에 있는 듯하네.	城郭樓臺夢幻間
긴 여정은 삼십 리 남았는데	長路餘殘三十里
발〔簾〕을 걷으니 다시 봉황산이 있구나.	捲簾還有鳳凰山

봉황산까지는 30리 길인데 석봉石峰이 평지에 줄지어 있었다. 봉성은 그 아래에 있는데 동쪽으로 압록강을 둘렀고, 서쪽으로 요심遼瀋[1]을 엿보고 있고, 북쪽으로 건주建州의 목을 지키고 있으며, 남쪽으로 큰 바다를 끌어당기고 있어 지리적으로 중요한 땅이었다. 요나라가 개주진국군開州鎭國軍을 두었고, 《일통지》에는 《요지遼志》에 따라 발해渤海 대씨大氏 때의 동경용원부東京龍原府라고 하였는데 이것은 그렇지 않으니, 이는 내가 일찍이 변론한 바가 있다. 그러나 고구려가 세력이 강했을 때에는 반드시 명도名都를 두어 나가서 싸우고 들어와 지켜 천하와 더불어 대항하였을 것이니, 오늘날 그 석성고지石城古址를 가리켜 안시성安市城이라고 하는 것은 옳다.

대저 성에 올라 지키려면 성 밖에 반드시 유병遊兵[2]을 배치해야 하

1_ 요심遼瀋 │ 요양과 심양.

고, 강을 경계로 삼아 지키려면 강 밖에 반드시 명성名城을 두어야 한다. 그런 이후에야 성을 가히 온전히 할 수 있고, 강을 가히 보전할 수 있다. 봉성은 강외江外의 명성이요, 우리나라의 문호門戶이다.

옛날에 거란이 압록강에 궁어문弓於門³을 설치하고 보주保州를 넘어 들어와 지켜서 고려를 곤란하게 하였는데, 고려는 개주開州를 넘어 들어가 지켜서 거란을 곤란하게 하지 못하였으니, 이것이 끝내 거란에게 견디지 못한 까닭이다. 금나라 말년과 원나라 말엽에 이르러 금시金始·금산金山⁴과 사유沙劉·관선생關先生⁵의 무리들이 압록강 쪽으로 밀려들어와 가득 찼는데도 막을 수가 없었으니, 이것이 이른바 "장강長江의 험함을 적군과 함께 가진다"는 것으로, 지킬 수 없는 것이다.

고려는 일찍이 요나라를 섬겼고, 금나라를 섬겼고, 원나라를 섬겼는데 금나라보다 좋았던 적은 없었다. 요나라는 보주·정주定州·선주宣州의 세 고을을 빼앗았고, 원나라는 절령岊嶺 서쪽을 분할하였다. 금나라는 그들의 배를 약탈하고 사람을 죽였는데도 다투지 않았고, 보주를 취하였는데도 아무 말이 없으니 이는 무슨 까닭인가? 친하였기 때문이었다. 지금 천하의 형세가 요나라 때와 같은가, 금나라 때와 같은가, 원나라 때와 같은가. 반드시 비슷한 바가 있을 것이다.

100여 년 동안 세상이 안락하여 압록강 따라 책문을 세우고 조약이

2_ 유병遊兵 | 일정하게 지키는 곳이 없이 때에 따라 출격하는 군대. 여러 곳에 이동하면서 적을 치는 작전에 쓰이는 소규모의 군대를 말한다. 유군遊軍.

3_ 궁어문弓於門 | 궁구문弓口門을 말하는 듯함. 궁구란자弓口欄子라고도 하는데, 돌이나 목책으로 만든 울타리 형태의 구조물을 이른다.

4_ 금시金始·금산金山 | 거란의 왕자 금시와 금산은 1217년 몽고에 쫓겨 9만 대군을 이끌고 고려의 서북계를 침입하였다가 이듬해에 물러났다.

5_ 사유沙劉·관선생關先生 | 홍건적의 수령으로 고려를 침입하여 송도를 함락시키기까지 하였다.

삼엄하니 압록강 너머에 대해서는 말할 수 없다. 비록 그렇지만 역대의 사변事變과 싸우고 지키는 일의 강하고 약함과 산천 경계, 성읍, 연혁을 묵묵히 알고 있는 것이 또한 마땅하다. 고구려를 말하면 북쪽에 있어서 부여夫餘·옥저沃沮·읍루挹婁와 가까웠고, 신라·백제를 말하면 남쪽에 있어서 왜倭와 가까웠다. 북쪽은 북쪽대로, 남쪽은 남쪽대로 지금의 한강 일대를 경계로 삼았다.

신라는 자그마한 나라였다. 성골聖骨과 진골眞骨이 오빠에게 시집가고 누이에게 장가드니 그 추함은 말할 수 없었다. 왜와 친하고 가까이 하더니 그 풍속에 물들었던 것이다. 전성기에도 강역이 북쪽으로는 덕원德源을 넘지 못하였고 서쪽으로는 대동강大同江을 넘지 못하였으니, 요동의 넓은 벌판이 있음을 알지 못하였다.

우리나라의 근본은 오직 고구려인저. 옥저를 멸망시키고 부여를 병탄倂吞하고, 말갈 여러 부락을 신하로 복속하여 압록강을 걸터앉아 금金·요遼에 항거하였고, 중국이 와서 침노하매 말갈의 병사를 이끌고 공격하여 '막강지국莫强之國'으로 불렸다. 고씨高氏가 망하고 대씨가 구장舊將으로 이어서 흥기하여 강역을 다 회복하니, 국호를 '발해'라 하고 5경京과 15부府를 두었다. 그 땅은 대체로 지금의 길림吉林, 오랄烏喇, 영고탑寧古塔, 팔부八夫 등지였다.

숙신肅愼이 읍루이며, 읍루가 말갈이며, 말갈이 여진女眞이며, 여진이 만주이다. 여진족이 고려를 섬기기를 말갈족이 고구려를 섬기는 것처럼 하였다. 고려 예종睿宗 때 여진의 사신 요불褭弗과 사현史顯 등이 9성城을 돌려달라고 구걸하면서, "태사太師 오아속烏雅束도 귀국을 부모의 나라라 하였고 대대로 자손들이 감히 기와 조각이나 자갈을 고려 땅에 던지지 못하였다"라고 하였다. 금나라의 시조 함보函普는 고려 사람이었기에 '부모의 나라'라고 하였던 것이다. 여진족이 고려에 대해 공순하기가 이와 같았다.

거란은 우리나라의 원수이다. 발해를 침략해서 그 땅을 다 차지하여 해동청海東靑을 찾아 잡아가고 여진족을 침략하여 어지럽혔으나 결국 여진족에게 멸망당하였다. 이로써 살펴보면 고씨高氏(고구려)가 망하매 대씨(발해)가 흥하였고, 대씨가 망하매 완안씨完顏氏(금나라)가 흥하였고, 완안씨가 망하매 애신각라씨愛新覺羅氏(청나라)가 흥하였다. 천하의 운運이 동방보다 왕성한 곳이 없다.

고려 태조 또한 일찍이 뜻한 바가 있어 발해의 유민들을 받아들였고, 거란의 사신을 곤장 치게 하고 그들이 가져온 낙타를 굶겨 죽였고,[6] 평양平壤을 수복하여 서경西京을 두었다. 순시하여 안북부安北府에까지 이르렀다. 압록강 서쪽을 잊을 수 없었으나 거란이 장차 강성해지매 어떻게 할 수가 없었다. 그 뒤에 강내江內에 여진족을 배치하여 보호막으로 삼았는데, 거란이 간절히 통로를 구하여 부득이 흩었다가 크게 곤란하게 되었다. 거란이 패배하매 그 자사刺史 상효손常孝孫 등이 고려에 이문移文을 보내 보주를 돌려주고 물러갔다. 고려가 그것을 얻어 매우 기뻐하였으나 압록강의 서쪽은 한 척尺의 땅도 얻을 수 없었다.

몽고의 군대가 금金의 배후를 에워싸고 나오니, 금은 채주蔡州에서 멸망하였다. 이 당시에 압록강 서쪽 지역은 때를 틈타 싸워볼 만하였

6_ 그들이 … 죽였고 | 고려 태조 25년(942) 10월에 거란이 사신을 파견하고 낙타 50필을 보냈다. 임금이 거란은 이전에 발해와 화친하였다가 갑자기 의심을 품어 맹약을 배반하고 발해를 멸망시켰으니 심히 무도한 나라라 서로 친선을 맺어 이웃으로 삼을 나라가 못 된다 하여 교류를 단절하고, 그 사신 30명은 섬으로 유배시키고, 낙타는 만부교 아래 묶어두어 모두 굶겨 죽였다.

다. 그런데 포선만노가 요동 땅에 의거하여 반란을 일으키고, 금시와 금산의 무리가 몽고군에 쫓겨 휩쓸려 내려오니, 비록 조충趙沖[7]과 김취려金就礪[8] 같은 재주로도 압록강 동쪽의 성을 지키며 몽고 군대와 망루를 나란히 하고 뜻밖의 사변에 대비할 따름이었다.

몽고 군대가 얼마 있다가 흉품恤品에 이르자 압록강 너머의 땅은 모두 그들 소유가 되고 말았다. 조휘趙暉와 탁청卓靑이 쌍성雙城으로 반란을 일으키고,[9] 현원렬玄元烈이 평양에서 반란을 일으켜 원나라에 붙으니,[10] 고려의 영토는 얼마 되지 않았다. 충렬왕이 원나라 공주에게 장가든 이후에 비로소 평양을 수복하였으며, 공민왕은 원나라가 쇠약한 틈을 타서 쌍성을 쳐부술 뿐이었다. 그런즉 압록강 이내의 영토도 거의 잃었다고 하겠는데, 하물며 압록강 서쪽에 있어서랴! 이 이후로는 압록강 일대가 서쪽 경계의 철석같은 한계가 되어 압록강 너머의 일은 묻지 않게 되었다. 천하가 크게 혼란해져서 홍건적 같은 무리가 가로질러 건너와 이곳저곳 옮겨다니며 노략질하여 어지러이 뒤엉켜 싸움이 그칠 때가 없어 온 나라가 소란스러웠다. 참으로 한심

7_ 조충趙沖 | 1171~1220. 자는 담약湛若, 시호는 문정文正. 문관으로서 상장군上將軍이 되어 거란군을 물리치는 데 큰 역할을 하였다.

8_ 김취려金就礪 | ?~1234. 본관은 언양彦陽, 시호는 위열威烈. 조충의 휘하에서 거란군을 물리치는 데 큰 공을 세웠다.

9_ 조휘趙暉와 … 반란을 일으키고 | 고려 고종 45년(1258)에 몽고병이 침입하자 이 두 사람이 함께 화주和州(永興) 이북 전역에서 반란을 일으켜 몽고에 투항하였던 일을 말함. 이후 몽고가 쌍성총관부를 화주에 설치하고 조휘를 총관摠管으로 삼고 탁청을 천호千戶로 삼아 이곳을 통치하였다.

10_ 현원렬玄元烈이 … 원나라에 붙으니 | "원나라 지원 6년(1269)에 이연령·최탄·현원렬 등이 부府·주州·현縣·진鎭 60성을 들어서 원나라에 귀의하였다"는 내용이 한치윤의《해동역사海東繹史》속집續集 권10에 실려 있으며, 관련 기사가《고려사》권130〈최탄열전崔坦列傳〉에 보인다.

한 일이었다.

바야흐로 지금은 천하가 태평하여 모든 지역이 고요하다. 그렇지만 요양의 봉성과 거류하巨流河(주류하) 등지에 10년 이래로 차례로 성을 쌓으니, 중국이 요동에 관심을 쏟음이 이와 같다. 우리가 또한 그들이 관심을 쏟는 것을 보고도 주의를 기울이지 않음이 옳은 일이겠는가? 내가 이른바 주의를 기울인다는 것은 성을 쌓고, 해자를 파고, 주둔하는 군사를 늘림을 이르는 것이 아니다. 역대의 사변, 싸움의 강약, 산천의 요새, 성읍의 연혁을 가만히 살피고 알아두는 것을 말함이다. 내가 이미 육대로부터 변방 바깥으로 나와 몽고 지역을 섭렵하고 고북구로 들어와 산해관을 통과해서 돌아가니, 가고 오는 6천여 리에 험한 지역을 두루 지나며 변방 이족夷族들 사이에 드나들었다.

천하만사는 지난 일을 살펴서 앞으로 다가올 일을 아는 것이다. 원나라가 멸망해도 여전히 그 후예는 있었는데, 북두성을 남쪽에서 바라보듯이 아득히 그들이 머물러 사는 곳을 알 수 없음은 무슨 연유인가? 그 지역이 아득히 넓기 때문이다. 금나라가 멸망하자 (원나라는) 합란부合蘭府와 수달달水達達 등의 노路를 두어 군민이 만 호戶에 이르는 부府가 다섯이나 되었지만 다 없어지고 말았다. (명나라는) 그 지역이 동쪽으로 슬해瑟海 끝에 이르고, 북쪽으로 흑룡강에 미치며, 남쪽으로는 우리나라와 경계를 이루었다. 개원開原 · 무순撫順에서 들어가면 한 줄기 긴 골짝에 지나지 않는데, 양호楊鎬[11]가 사방 네 길로 20만의 군대를 진격시키다가 성을 쌓던 병졸에게 패하여 장수와 병사들을

11_ 양호楊鎬 | 정유재란 때 조선에 출병하기도 했던 명나라 장수이다. 명나라를 침략하는 청군에 맞서 싸웠으나 크게 패하였다.

죽게 만들었다. 이는 천명인 것이지 반드시 중국이 계책을 잘못 쓰고 만주족이 용병을 잘했다고 할 수는 없다.

뜻을 얻은 지 오래된 자에게는 사람들의 생각이 보복을 하고 싶어 하는 것이니, 어찌 후대 사람으로 다시 양호의 계책을 쓰는 자가 없을 줄 알리오? 하늘의 뜻은 알 수 없는바, 이 어찌 우리나라가 잠시라도 잊을 수 있겠는가.

요동은 천하의 넓은 벌판으로 왼쪽에 만주족이 있고, 오른쪽에 몽고족이 있으며, 남쪽으로는 등주登州·내주萊州와 통하고, 또 해구海寇를 방어하는 곳이다. 수만 개의 연대烟臺가 없다면 어찌 멀리까지 훤히 바라볼 수 있으리오? 태평한 시절에는 뽕나무와 삼이 무성히 우거지고, 세상이 요란하면 전마가 마구 내달린다. 변방의 이족도 소유할 수 없고 중국도 지킬 수 없으니, 다만 하나의 좋은 전쟁터이다. 심양과 요양이 금성탕지金城湯池이지만 또한 족히 믿을 수 없다. 봉성 서쪽으로 석문령石門嶺에 이르기까지가 동팔참東八站이 되는데, 300리에 걸친 석혈石穴은 밖으로 적을 살피고 안으로는 군대를 이동시킴에, 마치 맹수가 아가리를 벌리고 이빨을 드러낸 듯하여 두려워할 만하다. 이것이 고구려가 동방에 웅장하게 버틸 수 있었던 이유인데, 거란에 이를 뺏기고 압록강을 경계로 삼으니, 이빨은 없이 목구멍만 드러낸 것으로, 대저 누가 이를 두려워하겠는가! 고려가 군사를 운용함이 끝내 고구려에 미칠 수 없었던 것은 이 때문이다. 내가 귀로에 봉성에 도착한 날, 고금의 사적을 드러내 알려 여러 차례 관심을 일으키려 한다.

《예기禮記》에 이르길, "잘하는구나! 타국의 형편을 엿봄이여"[12]라고 하였으니, 이것이 사신의 직분이다. 타국의 형편을 엿보는 방도는 또한 이목耳目에 있는데, 군관과 역관, 관서지방의 마두배와 의주의 수행원으로부터 저편의 통관에 이르기까지 모두가 사신의 이목이 된다. 이들 무리는 곤궁한 처지에 의지할 곳이 없어 번갈아가며 속이기를 일삼고 있으니, 어느 겨를에 눈이 되고 귀가 될 수 있으랴! 저편의 통관이란 자들은 모두 우리나라에서 포로로 잡혀간 이들의 후예이다. 겉으로는 공순함을 보이지만 속으로는 다른 마음을 품고 있다. 수역에게 공용으로 쓰는 은이 있음을 잘 알고서 봉성장군鳳城將軍과 서로 짜고 행동하여 책문을 늦게 열거나, 혹은 유상遊賞하는 길을 막으면서 가지가지로 성낼 만한 일을 꾸며댄다. 사신이 노하면 수역이 곤장을 맞게 되는데, 곤장은 두렵지만 은은 아까울 것이 없는지라 은이 통관에게 돌아가게 된다. 그들은 관館에 세작細作을 많이 퍼트려놓아 우리나라 사람들이 금물禁物을 사는 것을 엿보고 있다가 한 조각 한 터럭이라도 움켜쥐게 되면 큰소리로 떠드는데 은이 아니면 그치게 할 수가 없다. 의주 상인들 또한 염치가 없어 속임을 당할수록 더욱 더 많이 사들인다. 그들은 마치 아무것도 모르는 듯 행동하면서 오히려 많이 사들이지 못할까 염려하다가, 봉성에 이르러서는 발각되지 않은 자가 없다.

이전에 심양을 지날 때 부도통 성책이 세낸 수레 석 대와 백금 50냥을 여정에 보태라고 보내주었다. 사신이 답하기를 "수레는 매우 고맙지만 백금은 재물인지라 감히 명을 받들 수 없습니다"라고 하면서, 통

12_ 잘하는구나! … 엿봄이여 | 이 말은 《예기》〈단궁檀弓〉편에 보인다. 양문陽門(송의 國門)의 개부介夫(갑옷 입은 衛士)가 죽자, 사성자한司城子罕이 들어가서 슬피 곡하였는데, 송나라를 엿보던 진晉나라 사람이 제후에게 보고하기를, "양문의 개부가 죽자, 자한이 슬피 곡하므로 백성들이 기뻐하니, 칠 수가 없습니다"라고 하였다. 공자가 이 말을 듣고 "잘하는구나! 타국의 형편을 엿봄이여(善哉覘國乎)"라고 하였다.

관 보덕保德으로 하여금 돌려주도록 하였다. 돌아오는 길에 심양에 이르러 따로 사람을 보내 색전지色箋紙와 청심환을 성책에게 보내어 그 후의에 사례하면서 전에 한 말을 다시 아뢰도록 하였다. 성책이 처음에는 놀라다가 나중에 웃으면서 말하길, "사신의 청렴결백은 공경할 만한데, 통관의 소행은 비루한지라 족히 말할 것이 없구나"라고 하였다. 성문을 나오자 달리는 기병이 보덕을 몰고 가는 것이 보였다. 며칠 뒤에 보덕이 봉성으로 뒤쫓아왔는데 서글픈 기색이 가득하였다. 비로소 그가 중간에 성책의 은을 감추어두었다가 일이 발각되어 군색해지자 빌려서 바치고 돌아온 것임을 알고는 사람들이 모두 비웃었다.

조금 있다가 봉성의 갑군甲軍 10여 명이 길을 막고 수색하여 일행 중에 있는 오랑캐 말은 오래된 것이든 새것이든 둔마이든 병들어 절뚝거리는 것이든 가리지 않고 모두 20여 필을 끌어내었는데, 말에 실린 짐까지 성안으로 끌고 들어가서 말 한 마리당 은 15냥을 요구하였고, 또 이틀간 말을 먹인 삯으로 마리당 10관을 징수하였다. 그런 뒤에야 내어주었는데, 이는 대개 보덕이 봉성장군을 부추겨 그 이득을 나누고, 겸하여 심양에서의 원한을 갚은 것이다. 저들의 통관이란 무리는 그 정상情狀이 이러하다.

봉성장군 액이항액은 황실 사람이라고 하는데 또한 탐욕스럽고 비루한 자이다. 아문의 사무를 모두 갑군 강대姜大에게 맡기는데, 강대란 자는 매우 간악하고 재물을 약탈함이 교묘해서 의주 상인들이 모두 이를 간다. 선천宣川에 있는 섬 안에 요동 백성을 붙잡아다 고기잡이를 시키는데, 배를 정박하는 데 그치지 않고 오두막집을 짓게 하기도 하며, 집을 짓는 데 그치지 않고 밭에 씨를 뿌리게 하기까지 한다.

요즘 들기에는 봉성장군이 몰래 세稅로 은을 거두어들인다고 하니, 더욱 해괴한 일이다.

우리나라 역관이 몇 년 사이에 포대包袋[13]를 채울 수가 없자 떠들썩하게 후시後市를 금지할 것을 바랐다.[14] 후시가 폐지되자 의주 상인이 군색해졌고 의주 상인이 군색해지자 물화가 모여들지 않아 포대를 더욱 채울 수 없게 되니, 이에 다시 떠들썩하게 후시의 복설을 바라게 되었다. 맨손으로 수천 리를 왕복하면서 믿는 것이라곤 상은賞銀[15]인데 말 빌리는 삯과 방세로 대략 다 없어지고, 공화公貨를 빌려 쓰게 됨에 시름과 탄식으로 잠을 못 이룬다. 처자식이 애타게 바라고 있고 친지들이 힘써 부탁한 것을 얼마 안 남은 은전으로는 부응할 길이 없게 된다. 철릭〔帖裏〕을 한 문관이나 영자翎子를 한 무관이나 모두 종전의 체면 따위는 돌아볼 겨를이 없게 된다. 몰래 마두를 데리고 사방으로 나가 속여 사들이는데, 속여 사들임이 많아지자 관소에 있는 상인이 원망하게 되니, 이 같은 폐단의 근원을 궁구하지 않으면 안 될 것이다. 정식 관원이라고 칭하지만 말이 죽고 은이 다 떨어짐에 나귀 또

13_ 포대包袋 | 사신 일행의 비용 충당을 위해 일정한 양의 물품 교역을 허락하였는데 시대에 따라 인삼 또는 은銀이 소용되었다. 포대란 이러한 물품을 넣는 주머니로서 그 양이 일정하게 정해져 있었는데, 인삼이나 은의 가격이 폭등하면 포대를 다 채우지 못하는 일도 일어났다.

14_ 후시後市를 … 바랐다 | '후시'는 국가에서 청나라와 행하던 관무역官貿易 이외의 사무역私貿易과 밀무역密貿易 또는 그 시장을 이르는 말로, 회동관會同館 후시, 중강中江 후시, 책문柵門 후시 등이 있었다. 여기서 역관들이 후시의 철폐를 원했다는 것은, 장사치들이 후시를 통해 교역을 장악하면 역관들이 교역할 여지가 줄어들기 때문이었다고 생각된다.

15_ 상은賞銀 | 중국 황제가 사행의 정관에게 내려주는 은을 말함. 홍대용의 《연기燕記》 〈경성기략京城記略〉에 "상은이란 황제가 정관에게 내려주는 것으로, 사신 이하는 은단銀緞(돈과 비단)을 각각 차등이 있게 준다. 당하역관堂下譯官과 비장들이 공동으로 받은 상은은 모두 한데 모아, 비장이나 잡관 중 정관에 참여하지 못한 사람들에게 골고루 나눠주는데, 다만 상단賞緞만은 나눠 갖지 않는다"라고 한 기사가 보인다.

한 구하기가 어려운데 수레를 세내는 것을 어찌 감히 바라리오. 종종 짚신을 신고 걸어서 돌아오는 자가 있어 이를 보노라면 마음이 답답해진다.

관서지방의 마두배는 서역의 이사吏士처럼 모두 효자孝子나 순손順孫이 아닌데도,[16] 여름철에 떠나면 진흙창 길을 수천 리나 고생하며 가고, 겨울철에 떠나면 2~3개월을 벽돌 바닥에서 잠을 잔다. 이 어찌 사람이 감당할 바이겠는가! 관에서 나눠주는 상은은 많아야 10냥에 불과하여 의지하여 쓰는 밑천으로 부족한 듯한데도, 돌아오자마자 금방 떠나며 여러 번 떠나게 되어도 싫어하지 않으니 그 까닭을 알 수 없었다. 그 실정을 자세히 살펴보니, 이들은 모두 청천강 북쪽의 천졸賤卒들로 유식遊食하며 이리저리 떠도는 무리이다. 서울과의 거리는 멀고 저곳은 비교적 가까운데, 일단 중국 땅에 들어가면 태평거를 타고 도시의 번화한 곳을 두루 다니며 금물을 옆구리에 끼고서 가짜 상품을 발매하여 여러 간악한 일을 하지 않음이 없다. 이 같은 까닭에 지극한 즐거움이 여기에 있어 연경에 가는 횟수가 3, 40차례를 넘는 자도 있다. 이들은 일반 백성이라고 할 수가 없다.

의주의 수행원으로 이른바 쇄마구인刷馬驅人[17]이라 이르는 자들이 있는데, 전립도 없고 두건으로 머리를 싸매지도 않아 머리털은 제멋

16_ 서역의 … 순손順孫이 아닌데도 │ 이는 후한의 반초班超가 후임자인 임상任尙에게 한 말 중에 보인다. 반초는 서역에 출정하였다가 그곳의 도호都護가 되어 50여 부족들을 안무시켰고, 그곳에 있은 지 31년 만에 돌아왔다. 그가 교대하여 돌아올 때 임상에게 이르기를, "변방의 이사吏士는 본래 효자나 순손이 아니라 모두 죄를 지어서 변방으로 오게 된 자들이며, 만이蠻夷들은 짐승 같은 마음을 가지고 있어서 기르기는 어렵고 실패하기는 쉽다"라고 하였다 한다.《국조보감國朝寶鑑》권7 참조)

17_ 쇄마구인刷馬驅人 │ 연행사가 중국에 갈 때 방물方物, 자문 등을 말에 싣고 가는 사람으로 민간에서 징용하였다.

대로 헝클어졌고, 솜옷은 터져나와 너덜거린 채로 멍청한 모습으로 말을 몰고 간다. 내가 서남 변방의 여러 오랑캐들을 많이 본 적이 있는데, 모두 비단옷을 입어 쇄마구인처럼 추하고 볼썽사나운 자들은 없었다. 이들은 한번 압록강을 넘어가면 중국 사람도 두려워하지 않고 우리나라 사람도 두려워함이 없어, 물건을 훔치고 술에 취해 주정하며 싸움질을 해대는 일이 곧 그들의 장기이다. 붙잡아들여 곤장을 치려고 하면 말하길, "사는 것이 죽는 것만 못하니 죽는 것이 진실로 소원입니다"라고 한다. 어찌할 도리가 없다고 할 것이다.

그들을 위해 꾀를 낸다면 말이 쓰러져 죽는 것보다 나은 것이 없다. 가죽과 고기를 팔 수 있고 짐을 싣고 가야 하는 괴로움도 없으며 또한 그들에게는 친족이 있어 대신 세울 수도 있는 것이다. 말이 쓰러져 죽으면 관례에 그 귀를 바쳐 증거로 삼는데, 매번 그들이 캉 아래 꿇어앉아 귀를 바치는 모습을 보면 거짓으로 눈물을 떨어뜨리지만 실상은 매우 기뻐하고 있다. 귀 한쪽을 얻으면 물에 담가두었다가 번갈아 빌려주기도 하며, 간혹 살아있는 말을 팔아치우고 이것을 가지고 와 바치기도 하는데, 누가 이를 분변할 수 있겠는가? 이번 걸음에 쓰러져 죽은 말이 17필이다. 내가 신민둔新民屯을 지날 때 한 쇄마구인이 낡은 양가죽을 머리에 뒤집어쓰고 수레 곁을 지나가자, 수레를 끄는 말이 이처럼 추하고 볼썽사나운 사람은 처음 보는지라 콧김을 내뿜으며 수백 보를 내달려 제지할 수가 없었다. 끝내 수레가 뒤집히고 말이 거꾸러지며 왼쪽 끌채가 부서졌는데, 내가 이마를 다치며 거의 위태로운 지경에 처했다.

또 사하보沙河堡를 지날 때 길이 험하여 수레가 더디 갔다. 여관에 묵었는데 한밤중에 매우 시끄러워 그 연유를 물으니, 한 쇄마구인이

술에 잔뜩 취해 말이 빨리 달리지 못한다고 화를 내며 칼을 빼어 그 입을 찢어서 피가 철철 나오매 실었던 짐바리 두 개는 강물 속으로 떨어져버리고, 칼을 들고 여관 주인과 싸워 호행장경護行章京이 결박해서 수레에 실었는데, 여관 주인에게 몇 꿰미의 돈을 잃었다고 하면서 꾸짖어 욕하며 발광을 해대고 있다는 것이었다. 호행장경 또한 두려워하며 어찌할 바를 몰랐다. 내가 수역에게 얘기해서 그로 하여금 조정하도록 하자, 수역이 호행장경에게 말했다. "내가 알아서 처치할 방도가 있으니, 그대는 결박을 풀어주시오." 호행장경은 "나야 좋을 것도 나쁠 것도 없으니, 그대가 잘 처치하시오"라고 하고는, 드디어 결박을 풀고 갔다. 수역이 마두배를 시켜 밤새도록 에워싸 지키도록 하고 술이 깨기를 기다렸다가 돌려보냈다. 사신이 데리고 가는 자들은 정관正官 이하로 쇄마구인에 이르기까지 대략 이러한데, 사단을 일으키지 않으면 다행이라, 어찌 눈과 귀가 될 수 있겠는가.

　10월 초10일에 돌아와 압록강을 건넜다.[18]

18_ 10월 초10일에 … 건넜다 | 이 구절은 수일본에는 없는 내용으로 전서본에 따라 수록하였다.

熱河紀行詩註　原文

熱河紀行詩註

序[1]

我東人, 無從至熱河. 庚子, 使臣則至矣, 而自燕京出古北口, 復從古北口入而至燕. 考之前史, 高句麗將葛盧・孟光, 迎燕王馮弘至龍城, 命軍士脫弊袴, 取燕武庫精仗給之, 大掠城中而歸. 龍城者, 今朝陽縣也, 朝陽以西建昌・平泉等地, 孟光之所未至也. 余是行, 自遼野之白臺, 徑涉奚地, 遊避暑山莊, 入古北口, 出山海關而歸. 閭山在一周之中, 長城歷萬里之半, 可謂未曾有也.

乙卯 長至, 柳得恭書於古芸齋中.

○ 鴨綠江

泊汋城南漲綠波, 快舡輕騎待離歌. 怱怱書付流星撥, 不向燕京向熱河.

《乾隆御製集》有云: "邇來燈節頻呈律, 覲謁應來能句人." 蓋指本國使臣也. 註中歷言, 壬寅・癸卯兩歲使臣上元應制詩, 辭旨竝可觀, 亟稱禮義之邦. 大臣擧以筵白, 萬壽進賀副使以奎章閣原任副提學鶴山徐公充遣.[2] 公辟李懋官・朴次修爲幕官, 懋官以親老辭, 改辟余.[3] 本[4]年五月

1_序 | 《열하기행시주》에는 본래 서문이 없어 전서본의 '序'를 가져왔다.

2_《乾隆御製集》有云 … 以奎章閣原任副提學鶴山徐公充遣 | 전서본에는 "庚戌, 進賀副使奎章閣原任直提學徐公"으로 되어 있다.

二十四日, 余以廣興倉主簿, 換授司導寺主簿, 頒祿衙門, 不可久曠故也. 二十七日辭陛.[5]

六月十一日, 到義州. 二十一日, 盛京將軍咨文到云: "本國使臣, 務於七月初十日前, 趕赴熱河入宴." 使旨初向燕京, 趁八月十三日入宴, 稍留義州, 不卽渡江. 及見移咨, 非晝夜兼程, 不能及期, 熱河又是口外生路, 正副使具由馳啓.

二十二日, 自九龍淵渡江, 盛京將軍催行公文續到, 有曰: "本國使臣, 務須星夜趲程,[6] 刻期於七月初十日前, 徑赴熱河, 與各國貢使, 一體入宴, 切勿[7]遲誤. 如就近, 由九[8]關臺赴熱河, 一路並無驛店,[9] 恐其遲誤, 已飛勅義州旗民地方, 預備壯車健馬應付. 仍飛勅邊外朝陽·赤峯·建昌等縣, 一體照料辦備."[10]

二十三日, 入柵. 派定一行人馬, 不緊輜重, 由山海關大路按站, 徐行向燕京. 余與次修及上使幕客李布衣[11]綸庵·書狀軍官前府使李敬進[12]·譯官三人·寫字官一人, 隨使臣, 束裝趲程, 徑赴熱河.

3_ 公辟李懋官·朴次修爲幕官 … 改辟余ㅣ 전서본에는 "筵稟檢書二員爲從官, 余與次修也"로 되어 있다.

4_ 本ㅣ 전서본에는 '是'로 되어 있다.

5_ 二十七日辭陛ㅣ 전서본에는 "二十六日, 入侍于重熙堂, 賜豹皮二領·水獺皮五領·臘劑十種·扇十柄. 二十七日, 又入侍, 賜蒳苔銀鯽畫扇一柄, 具香墜. 敎曰: '遼野禦署, 特恩也.' 是日, 差備門下直"이라 되어 있다.

6_ 程ㅣ 전서본에는 '行'으로 되어 있다.

7_ 勿ㅣ 전서본에는 '毋'로 되어 있다.

8_ 九ㅣ 수일본과 전서본에 모두 '仇'로 되어 있으나, 오자가 분명하므로 '九'로 교정하였다.

9_ 店ㅣ 전서본에는 '站'으로 되어 있다.

10_ 辦備ㅣ 전서본에는 이 다음에 '云云'이 있다.

11_ 布衣ㅣ 전서본에는 이 글자가 없다.

12_ 李敬進ㅣ 수일본에는 '李景鎭'으로 되어 있으나, 전서본에 따라 고쳤다.

○ 瀋陽書院

不見江南張秀才, 講堂深處獨徘徊. 當年別語工凄楚, 瀋水東流可再來.

戊戌秋, 余在瀋陽書院, 與奉天府治中孫西京鎬・西京女婿張夑[13]・教授裴振・擧人[14]沈映宸映楓[15]兄弟・金科豫・王瑗・王志騏輩遊, 臨別贈詩者,[16] 凡十七人, 屬余和之, 且問何時復來, 余指瀋水, 曰: "西流乎, 東流乎?" 諸人曰: "西流."[17] 余拈筆題一絶句[18]云: "悠悠小別儘堪哀, 瀋水東流可再來. 記取今秋書院裏, 淡黃紙上筆談回." 座皆錯愕. 蓋余意不復渡鴨而西也.[19]

六月二十八日, 到瀋陽. 與次修同車, 徑造書院, 舊遊無一人在, 有黃文橋者, 與之對話, 聞孫西京・裴教授, 已作古人, 金・沈諸人, 或作知縣去矣. 屈指十年前事, 不覺悵然. 後於路上, 有錦州人名沃什里, 帽懸靑頂子, 同輩數人, 與上使軍官相遇, 擧余名以問曰: "十年前, 書院中相識, 今可做官否?" 答以官在內閣, 如今坐車在後. 其人相顧驚喜. 余在車中, 睡過而不遇.[20]《挹婁旅筆》,[21] 無沃什里名, 曾遊書院時, 多識遼瀋間秀才, 或有遺忘[22]者.

13_ 夑 | 전서본에는 '爕'으로 되어 있다.
14_ 擧人 | 전서본에는 '監生'으로 되어 있다.
15_ 沈映宸映楓 | '映'이 전서본에는 '暎'으로 되어 있다.
16_ 者 | 수일본에 없는 글자이나, 전서본에 따라 보충하였다.
17_ 余指瀋水 … 西流 | 전서본에는 이 대목이 없다.
18_ 句 | 전서본에는 이 글자가 없다.
19_ 也 | 전서본에는 이 글자가 없고, 이 다음에 '今又作此行矣'라는 구가 더 있다.
20_ 睡過而不遇 | 전서본에는 '睡未遇'로 되어 있다.
21_《挹婁旅筆》 | 전서본에는 '《瀋陽錄》中'으로 되어 있다.
22_ 忘 | 수일본에 '亡'으로 되어 있으나, 전서본에 따라 고쳤다.

○ 周流河 [23]

周流河水動湯湯, 月黑星沈夜未央. 瞥見船頭人簇立, 滿天飛電紫
金光.

在瀋陽時, 備聞熱河路程, 潦雨後, 絶險難行. 正副使棄雙轎, 書狀棄
坐車, 余與次修, 亦棄驛馬, 雇太平車分乘之. 瀋陽將軍嵩春, 已向燕京,
副都統成策, 備[24]送任車三兩, 分載行李. 從人只帶四十名, 餘又直送燕
京. 兼程疾馳, 七月初二[25]日夜半, 到周流河. 陰雲四布, 野與天合, 雲縫
中, 電光如金蛇, 西北風大作, 車燈盡滅. 時則暑天, 人皆入車中, 索綿
裘而著. 河只有二船, 往來載涉, 極其艱辛. 出周流河, 城西門外, 東方
已白矣.[26]

○ 新店 [27]

新秋小艇泛遼西, 分外微凉生柳堤. 水路朝天東曲在, 但無紅袖唱
悽悽.

遼野之最泥淖者, 曰'一板門'·'二道井'.[28] 纔經秋潦, 都成積水. 七月
初三日, 到二道亭, 使臣出令夜行, 首譯洪命福, 入白不可. 使臣以爲沮
衆, 拿入欲決棍, 命福涕泣言曰: "小人知其必危, 雖死於棍下, 不敢奉
行." 不得已留宿. 平明, 出站[29]門望之, 天水相映, 不知其幾里. 完船,

23_ 周流河 | 수일본에는 없으나, 전서본에 따라 시 제목을 보충하였다.
24_ 備 | 수일본에 '修'로 되어 있으나, 전서본에 따라 고쳤다.
25_ 二 | 전서본에는 '一'로 되어 있다.
26_ 東方已白矣 | 전서본에는 이 다음에 "周流河者, 大遼水也"라는 내용이 더 있다.
27_ 店 | 수일본에는 '站'으로 되어 있으나, 전서본에 따라 고쳤다.
28_ 二道井 | 수일본에는 '二道亭'으로 되어 있으나, 중국 사료인 《열하지熱河志》 등에 따라
고쳤다.

皆載瀋陽將軍進貢物種而去, 只留弊船二隻. 正副使, 奉表咨文, 擇乘其
一, 書狀及余與次修, 乘其副, 水自船縫汩汩而入, 船中人, 讙然欲跳下.
然無他船可乘. 余笑而慰之曰: "吾近年, 屢[30]爲水上船差員, 習知船
事.[31] 此無傷[32]也." 叱從者, 且舀且柳, 衆心始定. 與正副使船, 相倂順流
而行. 兩岸楡柳, 秋風瑟然, 相顧而笑曰: "此所謂水路朝天者耶!" 到新
店下船, 計程爲四[33]十里.

○ 細河

九兩輕車出白臺, 花兒樓好醉深杯. 恢恢斛裏浮將去, 慚愧虛名數
斗才.

新店南走小黑山爲山海關路, 西南走白臺子爲熱河路. 自白臺子以後
遼野始盡, 漸見崗阜, 處處有廢煙臺. 遙望醫巫閭山,[34] 橫亘天際. 行九
十里, 曰魏家嶺, 頗險陝,[35] 廣寧義州之咽喉也. 有木柵, 自東迤[36]西, 綿
絡不絶, 柵以外爲蒙古地. 方自此, 亂山環抱, 土人呼爲廣寧山, 其實醫
巫閭之北支也. 又行十里, 曰花兒樓, 似是舊有樓而今無也.[37] 只見數三
邨屋, 停車沽酒而飮.

又行二十里, 到細河, 河漲無船. 正副使積大樻於車中, 登其上, 駕六
馬, 亂流而渡. 書狀及余與次修, 借得方斛於村氓, 浮之水上, 端坐其中,

29_ 站 | 전서본에는 '店'으로 되어 있다.
30_ 屢 | 전서본에는 이 글자가 없다.
31_ 事 | 문맥상 '事'가 있어야 하므로, 전서본에 따라 보충하였다.
32_ 無傷 | 전서본에는 '不足憂'로 되어 있다.
33_ 四 | 전서본에는 '三'으로 되어 있다.
34_ 山 | 전서본에는 없는 글자이다.
35_ 陝 | 전서본에는 '狹'으로 되어 있다.
36_ 迤 | 전서본에는 '而'로 되어 있다.
37_ 也 | 전서본에는 '之'로 되어 있다.

使善泅者四人各執斛耳, 泛泛而渡, 人皆大笑.

○ 義州

大凌河口[38]漲車塵, 秋柳蕭蕭滯遠人.[39] 韓使何曾來過此, 滿城爭看折風巾.

義州城在大凌河南岸, 山水明媚.[40] 粉堞迤迤, 如縈素帶,[41] 城中列肆, 尤[42]極芬[43]華, 塞外雄府也. 按義州漢無慮縣地, 遼置宜州, 金改義州, 元屬大寧路, 明置義州衛. 淸初以其地賜察哈爾, 康熙中察哈爾叛, 討平之, 設城守尉,[44] 雍正十二年升州. 本國使客未嘗到[45]此. 余適後渡河, 爲觀者所擁, 不勝其酬答. 疾馳入城, 觀者踵至, 御者爲褰帷而示之.

過白臺之日, 廣寧知縣張凱元, 送章京護行, 義州知州文良, 送騎, 探問行期, 致豚蹄. 沿道出引道人及騎步數十名, 荷鍤治道, 奔走扶護. 及到州城, 備待大車十三兩, 粧以蘆簟, 各駕騾馬五六匹, 一行分乘之, 罷送瀋陽雇車. 自此以後, 所經州縣, 次次備車, 或仍舊車.

○ 蠻子嶺

蠻子嶺南蠻子村, 妻雛纏脚奈夫髡. 自言家世非蒙古, 賜號爲蠻自大元.

38_ 口 | 전서본에는 '外'로 되어 있다.
39_ 滯遠人 | 전서본에는 '愁殺人'으로 되어 있다.
40_ 媚 | 전서본에는 '麗'로 되어 있다.
41_ 粉堞迤迤, 如縈素帶 | 전서본에는 이 부분이 빠져 있다.
42_ 尤 | 전서본에는 '又'로 되어 있다.
43_ 芬 | 전서본에는 '繁'으로 되어 있다.
44_ 尉 | 수일본에는 '衛'로 되어 있으나, 전서본에 따라 고쳤다.
45_ 到 | 전서본에는 '過'로 되어 있다.

入朝陽縣界, 山路爲雨衝破, 車從山脊行數十里有大嶺, 俗呼蠻子嶺. 嶺底居民百餘戶, 謂之蠻子村. 人或誤問曰: "爾是蒙古?" 則搖頭曰: "不是, 我是蠻子." 妻女盈門, 而觀衣裳藍縷,[46] 亦皆纏[47]脚. 盖蠻子者漢人也.[48] 自元時已有蠻軍之稱.[49] 蠻非美號, 而渠反自夸,[50] 可笑又可憐也.[51]

蠻子與蒙古雜處, 蠻子耕蒙古地, 輸其稅於蒙古, 蒙古則畜牧而已. 其俗土墻 · 茅屋 · 方窗 · 板扉, 宛然我國鄕村. 余之御者逢人輒辨蒙古. 余怪而問之曰: "滿洲[52] · 蒙古 · 蠻子, 面目相似, 衣帽一樣, 汝何以辨之?" 御者笑曰: "袴口闊大, 緩束腰帶,[53] 反袴口而倒垂之, 臍腹全露者, 蒙古也." 因此覺之我國俗亦然. 高麗時, 學得於元者歟.[54]

蠻子嶺以西,[55] 絶無店房, 或終日飢困, 蠻子往往賣焦黍餠, 煎以菎麻油. 買之三四噉,[56] 畧點飢肚, 則始覺菎麻香, 不能復噉矣.

○ 朝陽縣

吾行遲速奈天何, 恰[57]到朝陽看決河. 共向城南關廟宿, 合將盃酒灌

46_ 藍縷 ｜ 전서본에는 '襤褸'로 되어 있다.

47_ 纏 ｜ 전서본에는 '裹'로 되어 있다.

48_ 盖蠻子者漢人也 ｜ 전서본에는 "似是漢人之裔也"로 되어 있다.

49_ 自元時已有蠻軍之稱 ｜ 전서본에는 이 부분이 "元號漢人爲蠻子, 口外爲蒙古地, 故尙有此稱歟. 抑所謂土蠻之遺種歟"로 되어 있다.

50_ 夸 ｜ 전서본에는 '矜'으로 되어 있다.

51_ 可笑又可憐也 ｜ 전서본에는 이 부분이 '可笑也'로 되어 있다.

52_ 洲 ｜ 수일본에는 '州'로 되어 있으나, 전서본에 따라 고쳤다. 이하 수일본의 '滿洲'는 '滿洲'로 표기함.

53_ 緩束腰帶 ｜ 전서본에는 이 부분이 빠져 있다.

54_ 高麗時, 學得於元者歟 ｜ 전서본에는 이 부분이 "高麗效元歟, 元效高麗歟"로 되어 있다.

55_ 蠻子嶺以西 ｜ 전서본에는 이 문장 앞에 '於'가 있다.

56_ 噉 ｜ 전서본에는 '啖'으로 되어 있다.

57_ 恰 ｜ 전서본에는 '浴'으로 되어 있다.

佟哥.

在瀋陽時, 雇九車, 車主觇其急, 車賃比平日十倍. 鳳城將額爾恒額, 適在藩中, 聞之欲生色於我人, 拘囚九車夫於店屋中, 平其價. 車主銜憾, 募一光棍號佟哥, 爲領車人, 一行莫知也. 佟哥每在[58]余車前, 打話, 略識字, 自稱正黃旗下, 作抨弓狀, 或微吟唱曲, 或垂頭而睡, 甚可憎. 衆車夫聽其頤使, 行則行住則住, 五里一喂馬, 十里再喂馬. 叱令快走, 則曰: "泥深拉不動, 沒奈何,[59] 牲口可憐." 誘以扇藥, 亦依舊,[60] 兼晝夜而行, 或不過六七十里, 一行大窘, 至有扼腕[61]而歎者曰: "古之烈士當之, 必劍斬之." 可想其絶憤也.[62] 正副使欲棄車而乘轎, 而[63]轎已向山海關路矣. 各買一馬, 時或單騎馳走. 余亦借首譯[64]馬, 馳及之.

七月初六日, 到義州, 大凌河黃濁大漲, 河岸沮洳數十里, 沒至馬腹. 往往布蜀黍莖, 僅能過車. 城北店屋盡壞, 城西北門有河水出入之痕. 問諸土人, 則自去月二十七日大雨, 至今月初三日始霽. 漂沒人[65]家百餘戶, 渰死數千人, 民皆乘城, 九關臺邊門水衝路, 斷不可行云. 故從城南門, 歷崔家口, 由六臺出.

初九日, 到朝陽縣, 縣治之半, 爲河水所盪洗. 縣舊有遼金時古塔三, 號三座塔廳. 蒙古話, 三爲古爾板, 塔爲蘇巴爾漢, 亦號古爾板蘇巴爾漢城, 至是一塔壞, 只有二塔. 其[66]民渰死, 不知其數, 慘於義州.

58_ 在 | 전서본에는 '坐'로 되어 있다.
59_ 沒奈何 | 전서본에는 이 부분이 빠져 있다.
60_ 亦依舊 | 전서본에는 '依舊頑惡'으로 되어 있다.
61_ 至有扼腕 | 전서본에는 '扼腕, 無奈何'로 되어 있다.
62_ 而歎者曰 … 可想其絶憤也 | 전서본에는 이 부분이 빠져 있다.
63_ 而 | 전서본에는 '則'으로 되어 있다.
64_ 譯 | 수일본에는 '驛'으로 되어 있으나, 전서본에 따라 바로잡는다.
65_ 人 | 전서본에는 '民'으로 되어 있다.
66_ 其 | 전서본에는 '居'로 되어 있다.

是日宿縣之關帝廟, 卽[67]遼靈感寺舊址. 庭[68]有釋迦[69]佛舍利塔碑, 太平九年, 柳城人梁氏兄弟守奇道隣二人, 興塔像. 尙書都官員外郎遼西路錢帛判官, 張嗣初撰碑銘.[70] 花藥分列,[71] 有垂柳兩株, 凉颸[72]裊裊. 夜與次修綸庵坐柳下, 對月酌酒,[73] 賦詩歎曰: "此爲漢柳城, 慕容氏龍城, 唐營州都督府, 遼興中府, 孰料今年今月今日今夜, 吾三人者, 去國二千里, 在此飲酒哉?"

話及佟哥事, 怳然而覺, 非此戲魔, 則六七日前, 洽到義州朝陽之間, 必及於大凌河之厄矣. 爲之咋舌. 其人者, 或是神仙菩薩, 以救吾一行之命耶? 由此觀之, 人之所以欲害之者, 適足[74]以利之. 悠悠恩怨, 都可忘矣. 擧以言於同行諸君, 莫不以爲然.

是歲, 大凌河上下流傍州縣, 擧被潰決之患. 民多蕩析流離, 關外之大變也. 知府知縣, 開奏被灾旗民, 率皆減削, 怨聲[75]嗷嗷. 店人車夫輩言之如此.

宿朝陽縣之日, 瀋陽將軍滿字公文到云: "使臣未經瀋陽, 則進關向京裏, 已出邊外, 向熱河, 任他自去, 不必催領."

67_ 卽 | 전서본에는 '關卽'으로 되어 있다.
68_ 庭 | 전서본에는 이 글자가 빠져 있다.
69_ 迦 | 수일본에는 '伽'로 되어 있으나, 전서본에 따라 바꾸었다.
70_ 撰碑銘 | 전서본에는 '撰銘'으로 되어 있다.
71_ 花藥分列 | 전서본에는 '庭中花藥分列'로 되어 있다.
72_ 颸 | 전서본에는 '飀'로 되어 있다.
73_ 酌酒 | 전서본에는 '擧觴'으로 되어 있다.
74_ 足 | 전서본에는 '所'로 되어 있다.
75_ 怨聲 | 전서본에는 '嗟怨'으로 되어 있다.

○ 喇嘛溝

喇嘛溝樹暗如雲, 艸際蟲聲正夜分. 出塞今年迷失道, 數奇人又李
將軍.

朝陽以西, 川陸紆迴, 徑路不明. 車有遲疾, 往往分散, 晝看轍跡, 夜望
燈光, 正副使先入站, 則吹角而聚之. 七月初十日, 到喇嘛溝, 夜已三四
更, 草樹荒雜, 虫聲四起. 軍牢睡不吹角, 余過喇嘛溝十餘里, 至杏胡子,
東方已曙, 不知正副使所在處. 飢甚入店房, 買麵而食, 有一蒙古夜自喇
嘛溝至者曰: "高麗大人在彼." 遲待少頃, 正副使馳馬而至, 吹角聚車,
不見李綸庵. 急令軍牢及馬頭一名, 四向探覓,[76] 第二日始來. 迂回七八
十里, 不食兩晝夜矣. 問失道狀, 則云: "車遲漸失前燈, 誤入一村, 村人
以爲蒙古賊, 放砲大集, 圍困終夜, 始得脫歸." 一行爲之大笑.

余嘗問於口外居民曰: "爾不怕蒙古乎?" 曰: "不怕." 余曰: "何故不
怕?" 其人作打之縛之之狀曰: "不怕不怕." 蓋蒙古之俗, 獷悍[77]無恥, 二
十五部, 今雖歸順, 尙有剽竊之患, 大淩河氷合, 則豨突益甚云, 綸庵之
被圍以此. 綸庵以老布衣入幕, 余以李飛將戲之, 飛與裨, 音相類故也.[78]

○ 夜不收

主寢[79]僧房古塞秋, 皇莊酒局抱河流. 駝羊百萬靑靑草, 樂土無如夜
不收.

義州沙河之西, 有公主陵, 周以崇垣, 作虹霓[80]門, 垣內多大樹. 余問

76_ 探覓┃ 전서본에는 '搜覓'으로 되어 있다.
77_ 獷悍┃ 전서본에는 '獷狉'으로 되어 있다.
78_ 綸庵 … 相類故也┃ 전서본에는 이 구절이 빠져 있다.
79_ 主寢┃ 수일본에는 '主侵'으로 되어 있으나, 문맥상 전서본에 따라 교정하였다.

於土人曰：“何代公主？”答曰[81]：“老王公主, 嫁蒙古王, 死於此,[82] 如今萬歲爺姑母也.”口外梵宮, 朝陽縣石人溝之地藏寺最精灑. 有喇嘛僧住持, 出酥餅酪茶, 款接一行, 器玩濟楚, 壁挂皇六子永瑢對聯. 齋沓官之回, 纔聞其長逝, 今見筆蹟, 眞名士也, 非帝王家氣像.

行到蟒牛營, 又有福寧寺, 見一老僧, 狀貌醜奇,[83] 披黃衣, 在甓廳中, 負壁而坐. 左右各六僧列坐, 一齊念呪,[84] 其聲極可笑, 如衆蝦蟆[85]唱諾, 鳴吻咆哮. 流汗淋漉, 方其唇焦之時, 一僧雛持碗水,[86] 潑之而過, 諸僧以次伸指, 蘸水塗唇. 念訖[87]擊皷, 吹螺鳴鉦, 繞殿三匝而止, 云是西藏僧爲皇上祈福, 每日如此.

余問其老僧曰：“西藏距此幾里？”答曰：“六萬里.”又問曰：“班禪額爾德尼喇嘛, 今又投胎奪舍否？”答曰[88]：“如今九歲.”按藏僧, 自古稱有異術, 元世祖賜[89]八思巴號, ‘皇天之下一人之上宣文輔治大聖至德普覺眞智佐國如意大寶法王西天佛子大元帝師.’ 大明成帝[90]賜哈立麻号, ‘萬行具足十方最勝圓覺妙智慧善普應佑國演敎如來大寶法王西天大善自在佛’, 領天下釋敎. 乾隆庚子, 班禪額爾德尼入見, 肖其所居扎什倫布, 建須彌福壽之廟【扎什倫布, 譯[91]華語[92]】於山莊之北山以處之. 我國使臣亦

80_ 虹霓｜ 전서본에는 ‘虹蜺’로 되어 있다.

81_ 答曰｜ 전서본에는 ‘答云’으로 되어 있다.

82_ 死於此｜ 전서본에는 ‘葬於此’로 되어 있다.

83_ 醜奇｜ 전서본에는 ‘醜怪’로 되어 있다.

84_ 一齊念呪｜ 전서본에는 ‘一齊’가 생략되어 ‘念呪’라고만 되어 있다.

85_ 蝦蟆｜ 전서본에는 ‘蝦蟇’로 되어 있다.

86_ 碗水｜ 전서본에는 ‘椀水’로 되어 있다.

87_ 念訖｜ 전서본에는 ‘念迄’로 되어 있다.

88_ 答曰｜ 전서본에는 이 뒤에 ‘是也’라는 구절이 더 있다.

89_ 賜｜ 수일본에는 ‘錫’으로 되어 있으나, 전서본에 따라 고쳤다.

90_ 成帝｜ 전서본에는 ‘成祖’로 되어 있다.

91_ 譯｜ 전서본에는 ‘釋’으로 되어 있다.

92_ 語｜ 수일본에는 ‘言’으로 되어 있으나, 전서본에 따라 고쳤다.

見, 其體相絶大, 面黃金色. 後聞, 發痘死. 番人最畏痘, 已出痘曰: '熟身', 未出痘曰: '生身', 生身不敢入內地, 然則班禪者, 一凡常之番人也,[93] 有何投胎奪舍之異術哉!

西北諸番, 崇奉黃教, 故中國因其俗而撫綏[94]之, 其徒敢爲妄言, 不足信, 西藏距此, 又非六萬里之遠也. 藏僧衣, 或黃或紅, 以黃爲貴. 其制, 有領無袖, 挂肩掩背, 以雙肘擁之而行, 與我國所謂薦衣酷類, 薦衣者,[95] 無乃元俗之效藏僧, 高麗又從而效之[96]歟. 其冠又怪, 如小蒲團, 雜飾黃染, 羊毛戴之觟髻然.[97]

平泉州界內, 處處有皇莊, 宏宮大囿, 包絡川原. 朝陽縣之張家營, 又有燒酒局, 周垣之內, 穹然如大瓦窯者, 五六處, 云是官酤. 未至建昌縣六十五里, 站名夜不收, 平川曠野, 極目蒼然, 馬牛駝羊, 成羣散合, 地甚膏沃, 而無一畦, 都是豐草. 畜牧之利, 大於稼穡, 可知也.

○ 建昌縣

風動長河正落暉, 鱗鱗萬瓦鎖烟霏. 紅裙黑衛誰家女, 團扇遮人的歷歸.

建昌縣城北門外, 見一女子, 容貌豐艶. 碧衫紅裙, 結束爲急裝, 扇遮西日,[98] 策驢而歸,[99] 驢疾如飛. 塞下風光, 亦自不惡. 然初十之限, 已過

93_ 番人也 │ 전서본에는 '也'가 빠져 있다.
94_ 撫綏 │ 전서본에는 '綏'가 없다.
95_ 薦衣者 │ 전서본에는 이 뒤에 '華音禪衣也'라는 구절이 더 있다.
96_ 效之 │ 전서본에는 이 뒤에 '者'가 더 있다.
97_ 然 │ 전서본에는 이 글자가 없다.
98_ 西日 │ 전서본에는 '斜日'로 되어 있다.
99_ 策驢而歸 │ 전서본에는 '策驢而過'로 되어 있다.

二日, 熱河尙餘三百六十里, 一行愁沮. 中堂和珅, 送其從弟軍機章京某, 言於使臣曰: "口外路艱, 初十之限, 縱未可及, 十六日筵宴, 不可不參, 數夜兼程, 必於十五日, 進熱河."【是日復議夜行】[100]

○ 平泉州

九邊風雨百年空, 河朔商車處處通. 口外繁華君聽取, 垂楊十里市樓紅.

七月十四日, 到平泉州. 熱河漸近, 人物殷庶, 市肆繁華, 甲於口外. 蒙古部落, 男女僧尼, 往熱河, 叩頭而歸者, 絡續不絶于道. 按朝陽·建昌·平泉等地,[101] 遼金俱屬中京道, 元屬大寧路, 明[102]封寧王權, 尋棄之,[103] 久[104]爲土默特喀喇沁[105]所據. 淸之興也, 蒙古諸部, 率先歸付, 揷盟婚好, 顧漸奪其地而郡縣之. 環抱長城, 聯絡盛京, 爲口外藩籬, 於中國則得矣, 蒙古之心, 無乃不直之歟.

○ 紅石嶺

靑峯亂揷古幽州, 蕩盡關河萬里愁. 此處堪呼天下腦, 徘徊紅石嶺頭秋.

未到紅石嶺數十里, 山上有石如疊甓, 或曰城也, 或曰烟臺也, 或曰石

100_ 是日復議夜行ㅣ 전서본에는 이 구절이 본문으로 되어 있다.
101_ 平泉等地ㅣ 전서본에는 이 뒤에 "漢屬遼西郡, 唐屬營州及饒樂都督府"라는 구절이 더 있다.
102_ 明ㅣ 전서본에는 '明初'라고 되어 있다.
103_ 尋棄之ㅣ 전서본에는 이 부분이 '成祖賜三衛酋長'이라고 되어 있다.
104_ 久ㅣ 전서본에는 '後'로 되어 있다.
105_ 喀喇沁ㅣ 전서본에는 '沁'이 '心'으로 되어 있다.

也, 紛紜未定, 漸見峰峰如此, 始知其爲石也. 及到紅石嶺, 穹窿際天, 陟其頂, 南望喜峰口・潘家口・古北口諸關阨, 皆可領畧. 西北望蒙古地方, 雲山萬疊, 朔氣森嚴.[106] 近年, 皇帝自熱河往瀋陽, 修治嶺路, 峻坂可五里許, 捨車徐步而下. 路傍大石, 如城如塔如樓閣如虹霓之門, 不可形狀, 皆帶雄黃色, 可謂《大觀石錄》也. 嶺底有新建關帝廟, 少憩啜茶. 此嶺者, 處於長城之北而爲天下之頭腦, 故其石之奇且壯如此歟.

○ 熱河

紅石嶺西灤水陽, 山川鬱鬱萬家藏. 大家微意知何在, 明白題來避暑莊.

七月十五日, 到熱河, 館[107]于行宮南, 皇旨給熟供.[108] 留六日.

按熱河, 漢實要陽・白檀二縣, 屬漁陽郡, 後魏爲安平・密雲二郡邊界, 唐爲奚地, 遼置北安州興化軍及興化縣, 屬中京大定府, 金改興州寧朔軍, 屬北京路, 元屬上都路, 明爲朵顔衛地. 康熙中, 建宮室, 號避暑山莊, 雍正十一年, 置承德州, 乾隆, 陞府.

文廟大成門左壁碑曰: "乾隆四十三年上諭, '京畿東北四百里熱河地方, 在古北口以北. 於禹貢爲冀州邊末, 而虞及殷周幽州之境也. 秦漢以來, 未入版圖, 元魏建安營二州, 唐有營州都督府, 然不過僑治於內地, 遼金及元, 始藷其名, 而歷祚未久, 故址旋荒. 明棄大寧, 視爲別域. 向曾設承德州, 今宜陞爲府, 卽以同知政[109]設. 其餘六廳, 如喀喇河屯廳, 改

106_ 嚴 ┃ 전서본에는 '陰'으로 되어 있다.
107_ 館 ┃ 전서본에는 '授館'으로 되어 있다.
108_ 皇旨給熟供 ┃ 전서본에는 뒤에 '一行賑猪鴨'이라는 구절이 추가되어 있다.
109_ 政 ┃ 전서본에는 '改'로 되어 있다.

爲灤平縣, 四旗廳, 改爲豊寧縣, 八溝廳, 其地較廣, 改爲平泉州, 烏蘭哈達廳, 改爲赤峯縣,[110] 塔子溝廳, 改爲建昌縣, 三座塔廳, 改爲朝陽縣.'"

清《一統志》云: "熱河有三源, 一出府東北曰湯泉, 一出府北界曰墨里河, 一出府西北曰十八爾台河. 三水會流而南, 繞行宮又南流, 入灤河." 酈道元水經註曰: "濡水東南流, 武列水入焉."《乾隆御製集》[111]云: "灤河卽濡水, 熱河爲武列."

竊觀熱河形勝, 山河周匝, 野衍而泉駛, 風氣高凉. 北壓蒙古, 右引回回, 左通遼瀋, 南制此[112]天下. 此康熙皇帝之苦心, 而其曰避暑山莊者, 諱之也.[113] 今皇帝卽位以來, 繼志述事, 肯堂肯構, 卽在於此五十餘年, 民物漸殷, 商賈輻湊, 酒旗茶旌, 輝映相望, 里閭櫛比, 吹彈之聲, 徹宵不休. 雖無外城, 而宮城之高, 可以待暴客. 康熙時萬家, 今不啻數倍【文廟御製碑云】, 不待遠方之兵, 而六七萬甲卒, 可以立辦, 富矣庶矣.

在位五十五年八旬萬壽, 番王蠻客, 四方畢集, 千古帝王之所不能及, 可謂得意矣. 雖然, 有所謂運者存焉, 運之不去也, 棄熱河六廳地, 閉古北口關, 亦可以高枕於燕京, 運苟去也, 熱河之子女玉帛, 蒙古諸部所朶頤者也. 亦安知無覺羅宗室滿洲將軍若金末蒲鮮萬奴之爲者耶.[114]

熱河路程, 東人之所不知者, 故自新店爲始, 付錄於左. 新店, 過白臺子, 至正安堡, 五十里, 至望山舖, 十里, 至四方舖, 十里, 至四堡子, 十里, 至魏家嶺, 十里【東爲廣寧界, 西爲義州界, 爲[115]木柵】, 至花兒樓,

---

110_ 赤峯縣┃수일본에는 '峯赤縣'으로 표기되어 있는데, 전서본과 다른 연행 기록을 참조하여 고쳤다.

111_《乾隆御製集》┃수일본에는 '《乾隆御題集》'으로 되어 있으나, 전서본을 참조하여 바로잡았다.

112_ 此┃전서본에는 이 글자가 없다.

113_ 諱之也┃전서본에는 '特諱之也'로 되어 있다.

114_ 千古帝王之所不能及 … 蒲鮮萬奴之爲者耶┃전서본에는 '何其盛也'로 되어 있다.

115_ 爲┃전서본에는 '有'로 되어 있다.

十里, 至黃土坎, 十里, 至細河, 十里, 至關帝廟站, 五里, 至高臺子, 二十里, 渡沙河, 過公主陵, 至廟口站, 二十里, 渡大淩河, 至義州城, 三十五里, 至崔家口, 二十里, 至頭到河子, 十里, 至六臺邊門, 二十五里【朝陽縣界】, 渡[116]柳河, 至石人溝地藏寺, 五里, 至蠻子嶺, 二十里, 至水村子, 三十里, 過張家營燒酒局, 至蟒牛營福寧寺, 二十五里,[117] 再渡大淩河, 二十五里, 至朝陽縣, 十五里, 至大營子, 二十里, 過蝴蝶溝, 至三家兒, 三十里, 至喇嘛溝, 二十五里, 至杏胡子臺, 十里, 至担杖溝梁, 三十里【建昌縣界】, 至公營子, 二十里, 至夜不收, 二十五里, 至張鬍子,[118] 三十里, 至建昌縣, 三十五里, 至宋家莊, 三十里, 至雙廟,[119] 二十五里, 至北宮, 四十里, 至楊樹溝, 三十五里【平泉州界】, 至大廟站, 二十里, 至平泉州, 三十里, 至鳳凰嶺, 三十里, 至七溝, 二十里, 至祥雲嶺, 十五里【有承德府交界碑】, 至西六溝, 二十五里, 至黃土梁子, 三十里, 過紅石嶺, 至平臺子, 三十里, 至熱河承德府, 三十里, 凡九百六十里.

自熱河至燕京路程, 庚子使臣之所經行, 亦罕有知者, 故此又付[120]錄. 熱河, 過廣仁嶺, 至灤平縣, 四十里, 至王家營, 三十里, 至常山峪, 四十里, 至兩間房, 四十里, 至古北口, 四十里, 出[121]南天門, 過洛迦仙境, 至石匣城, 四十里, 至密雲縣, 六十里, 至懷柔縣, 四十里, 至南石槽, 三十里, 至清河, 六十里, 至燕京, 入德勝門, 二十里, 凡四百四十里.

116_ 渡 ┃ 전서본에는 '到'로 되어 있다.
117_ 二十五里 ┃ 전서본에는 '二十里'로 되어 있다.
118_ 張鬍子 ┃ 전서본에는 '張鬍子'로 되어 있다.
119_ 雙廟 ┃ 수일본에는 '霅廟'로 되어 있으나, 전서본과 다른 연행 기록을 참조하여 '雙廟'로 바로잡는다.
120_ 付 ┃ 전서본에는 '附'로 되어 있다.
121_ 出 ┃ 전서본에는 '入'으로 되어 있다.

○ 扮戲[122]

淸音閣起五雲間,[123] 鐃鼓三層粉墨環.[124] 最是天家回首處, 居然黃髮
換朱顏.

淸音閣者, 扮戲所也. 在正殿之前, 上下層, 俱貯伶人戲子. 戲子塗粉
墨, 幞頭袍帶, 懸[125]假鬚, 儼然漢官威儀, 逐隊繞欄而行, 或擧畫軸,[126]
或奉繡旛.[127] 簫鼓嘲轟, 歌唱酸嘶, 悠泛空外,[128] 莫知其所謂也. 回回王
子有持戲目小帖者, 取見之, 都是獻壽祝喜[129]之辭. 其中有返老還童, 戲
曲名, 黃髮換朱顏, 其戲黃髮老人, 漸換假面, 變爲壯年以至童子.

○ 入宴[130]

東廊西廡布花氍, 蠻使番王坐位殊. 日午機房傳內賜, 沈香如意鼻
烟壺.

皇帝御殿[131]觀戲,[132] 東廡, 親王·貝勒·多羅郡王·鎭國公·輔國公
諸宗室, 以次侍坐. 西廡, 蒙古王爲首, 次回回王, 次安南國王, 具前行侍
坐, 回回頭目一人, 率甲士侍立, 次本國使臣, 次安南陪臣, 次南掌使臣,

122_ 扮戲 | 수일본에는 따로 제목이 없는데, 전서본에 따라 제목을 붙였다.
123_ 間 | 전서본에는 '端'으로 되어 있다.
124_ 鐃鼓三層粉墨環 | 전서본에는 '粉墨叢中見漢官'으로 되어 있다.
125_ 懸 | 전서본에는 '縣'으로 되어 있다.
126_ 軸 | 전서본에는 '幡'으로 되어 있다.
127_ 奉繡旛 | 전서본에는 '捧綵幢'으로 되어 있다.
128_ 悠泛空外 | 수일본에는 '怒悠泛空外'로 되어 있지만, 문리가 통하지 않아 전서본에 따라
     고쳤다.
129_ 喜 | 전서본에는 '禧'로 되어 있다.
130_ 入宴 | 수일본에는 따로 제목이 없는데, 전서본에 따라 제목을 붙였다.
131_ 皇帝御殿 | 전서본에는 '皇帝御正殿'으로 되어 있다.
132_ 觀戲 | 전서본에는 '開宴'으로 되어 있다.

次緬甸使臣, 次臺灣生番, 具[133]後行侍坐. 連日賞賜緞匹·繡囊·磁椀·牙盤·沈檀·飾玉如意·玻璃[134]鼻烟壺諸物, 皆自軍機處施行.

○ 滿洲諸王 [135]

和碩多羅貝勒公, 芝蘭玉雪四筵同. 金源本記留神讀, 深恨年來變舊風.

余所見諸王貝勒甚多, 眉眼妍秀, 皆玉雪人也. 佛寺市樓中,[136] 或見皇子皇孫筆, 多學文董,[137] 中州才子, 無以過之. 百餘年前, 在白山黑水時, 必不能如此, 異哉! 熱河朝房中, 識朋[138]安, 亦宗室公也, 年二十餘, 端雅如美秀才, 爲道其所居術衕, 約相訪, 及到燕京, 悤悤未能也.《乾隆御製集》中,[139] 多引金世宗語, 歎昇平日久, 八旗子弟, 如鷹居籠, 日飽肉, 不能奮擊, 可謂深長慮也.

○ 蒙古諸王 [140]

大元家世尙雄强, 口外輕[141]沙舊地方. 二十五王來獻壽, 玻璨[142]瓶噴奶酥香.

133_ 具 전서본에는 '俱'로 되어 있다.
134_ 璃 전서본에는 '璨'로 되어 있다.
135_ 滿洲諸王 수일본에는 따로 제목이 없는데, 전서본에 따라 제목을 붙였다.
136_ 中 전서본에는 '中'이 빠져 있다.
137_ 董 전서본에는 '董'으로 되어 있다.
138_ 朋 전서본에는 '明'으로 되어 있다.
139_ 中 전서본에는 '中'이 빠져 있다.
140_ 蒙古諸王 수일본에는 따로 제목이 없는데, 전서본에 따라 제목을 붙였다.
141_ 輕 전서본에는 '驚'으로 되어 있다.
142_ 玻璨 전서본에는 '玻璃'로 되어 있다.

熱河正殿門外, 有朝房, 每日, 使臣到此, 候時赴宴. 余與次修, 具黑團領, 隨在朝房中, 或入觀戲而出, 蒙古回回諸王, 時時出憩, 故與之慣熟, 日久謔浪,[143] 無所不至.

按蒙古二十五部, 曰科爾沁, 曰郭爾羅斯, 曰杜爾伯特, 曰扎賴特, 曰土默特, 曰扎魯特, 曰阿祿科爾沁, 曰敖漢, 曰奈曼, 曰喀爾喀左翼, 曰喀爾喀右翼, 曰喀喇沁, 曰翁牛特, 曰阿霸哈納爾, 曰阿霸垓, 曰高齊特, 曰烏朱穆秦, 曰巴林, 曰克西克騰, 曰四子部落, 曰蘇尼特, 曰毛明安, 曰歸化城土默特, 曰鄂爾多斯, 曰吳喇忒. 五十一旗, 五等封爵, 有親王 · 郡王 · 貝勒 · 貝子 · 鎭國輔國等公. 其來熱河者六七王, 有曰科爾沁王 · 喀喇沁王 · 達爾漢王【有軍功之稱】, 其餘不記. 老者沈雄如虎, 少者俊爽如鷹, 當今之世, 爲滿洲深憂遠慮者, 非蒙古而誰也? 皇帝每年, 一至熱河, 拊[144]摩之, 彈壓之, 烏可已乎?

有一老王, 指一少年王曰:"此王能畫." 余謂曰:"明日, 持東扇來, 王其爲我畫之乎?" 少年王曰:"是."[145] 其翌日, 余與次修, 各持一扇, 請之, 則掉頭曰:"不能." 頗可訝.[146] 後日達爾漢王來言曰:"君知[147]不畫之意乎? 其日, 滿洲王在座, 故然耳." 滿洲蒙古之猶有畦畛如此.

余觀蒙古 · 回回諸王所穿衣服, 玉[148]字雲紋, 異樣紗羅, 極其華鮮, 皆蘇杭織造, 輦輸於塞外者. 哀哉! 蘇杭之民也.《淸會典》, 康熙十三年題準, 每年節, 科爾沁等十旗, 共進十有二九, 計羊百八隻乳酒百八瓶, 鄂爾多斯六旗, 吳喇忒三旗, 共進九九, 計羊八十一隻乳酒八十一瓶, 餘

143_ 謔浪 | 전서본에는 '謔笑'로 되어 있다.
144_ 拊 | 전서본에는 '撫'로 되어 있다.
145_ 是 | 전서본에는 '也'가 붙어 있다.
146_ 訝 | 수일본에는 '我'로 되어 있으나, 전서본에 따라 고쳤다
147_ 君知 | 수일본에는 '知君'으로 되어 있는데, 전서본에 따라 고쳤다
148_ 玉 | 전서본에는 '卍'으로 되어 있다.

二十五旗, 共進三九, 計羊二十七隻乳酒二十七瓶. 乾隆元年, 覆準蒙古
各旗, 扎薩克, 每年十二月, 各進羊一隻, 乳酒一瓶, 著爲定例. 以此觀
之, 蒙古貢獻, 不過如干羊酒, 中國賞賜銀緞, 以千萬計.

○ 回回諸王 [149]

回回帽子兩頭尖, 箇箇觜髥倒竪髻. 却愛回王多俊秀, 漢蒙淸話也
能兼.

回回狀貌, 深目綠瞳, 鬚髮猙獰. 其王皆俊仙[150]少年也, 或[151]有肥如
瓠壺者, 或有眉豐眼愁者. 衣帽與滿洲[152]一樣, 而或辮髮, 或都[153]剃爲
僧頭, 是可異也. 其頭目所戴氈笠之簷, 前卷後卷, 左尖右尖, 如未展荷
葉.[154] 其在舘裏者, 多着[155]無簷白帽, 畫花紋. 有一種十餘人, 著兜鍪,
穿紅綠斑布衣, 緊束帶, 其頭目一人, 率而立班者.

按回回十二部, 曰哈密【漢伊吾, 唐伊州地[156]】, 曰闢展土魯蕃[157]【漢敦
煌郡冥安縣地】, 曰哈拉沙拉【古焉支國】, 曰庫車【古龜茲國】, 曰沙雅爾,
曰賽里木, 曰拜【富厚之意】, 曰阿克蘇, 曰烏什, 曰喀什噶爾, 曰蔕[158]爾
羌, 曰和闐, 一如蒙古之制. 設扎薩克, 理旗務, 哈密闢展, 置郡王, 哈拉

149_ 回回諸王 | 수일본에는 따로 제목이 없는데, 전서본에 따라 제목을 붙였다.
150_ 仙 | 전서본에는 이 글자가 없다.
151_ 或 | 전서본에는 '然或'으로 되어 있다.
152_ 洲 | 수일본에는 '州'로 되어 있으나, 전서본에 따라 고쳤다. 이하 수일본의 '滿洲'는 '滿
洲'로 표기함.
153_ 都 | 전서본에는 '淨'으로 되어 있다.
154_ 如未展荷葉 | 전서본에는 '輕佻可笑'가 뒤에 덧붙어 있다.
155_ 着 | 전서본에는 '著'로 되어 있다.
156_ 地 | 수일본에는 '也'로 되어 있으나, 전서본을 참고하여 고친다.
157_ 蕃 | 전서본에는 '番'으로 되어 있다.
158_ 蔕 | 전서본에는 '葉'으로 되어 있다.

沙拉以西, 諸[159]回城, 皆設伯克.

其來熱河者, 有曰哈密王·烏什王【似是伯克而亦稱王[160]】, 與余最熟. 余謂之曰: "貴國距弊邦, 雖遠, 貴國人, 曾有來仕者." 二王驚問曰: "誰?" 余曰: "貴國[161]有偰[162]遜者, 入仕[163]元朝, 隨公主東來, 仕高麗, 至顯職,[164] 今其裔孫, 尙有在者." 二王相顧異之.

其王能爲漢蒙淸話, 每日相遇, 余爲本國話, 則回回王以回回字飜之, 回回王爲回回話, 則余以本國字翻之, 質以漢話.[165] 其王甚聰悟, 一翻輒誦. 大抵滿洲·蒙古·回回諸王, 率皆爲各國話, 談次以某國話問之, 則以某國語[166]答之, 頃刻變幻, 循環無窮, 以爲戱笑. 此天下之大務也. 東人於此, 甚鹵[167]莽, 無論回回蒙古滿洲話, 雖漢話, 亦不肯學. 無識者, 以漢話, 謂之胡話, 學胡話, 亦豈無可用之時乎?

回回語,[168] 天曰阿思【華音】曼, 地曰脂【華音】民, 日曰苦【華音】, 雲月曰靉,[169] 國曰社兒【華音】, 國王曰穫【華音】社, 父曰阿陁, 母曰阿那, 兄曰握何, 弟曰郁何. 一曰飛【華音】乙, 二曰伊欺【華音】, 三曰由置, 四曰得【華音】歟,[170] 五曰別【華音】氏, 六曰謁置, 七曰如置, 八曰朔可【華音】思【華音】, 九曰吐沃顆【華音】思【華音】, 十曰溫. 坐曰兀吐, 請坐曰兀

159_ 諸 | 수일본에는 '設'로 되어 있으나, 전후 문맥을 고려하여 전서본에 따라 고쳤다.
160_ 似是伯克而亦稱王 | 전서본에는 이 구절이 없다.
161_ 貴國 | 전서본에는 이 말이 없다.
162_ 偰 | 전서본에는 '契'로 되어 있다.
163_ 入仕 | 전서본에는 '貴國之偰䔍河人世仕'로 되어 있다.
164_ 隨公主東來 … 至顯職 | 전서본에는 "遜爲端本堂正字, 後歸高麗, 封富原侯"로 되어 있다.
165_ 話 | 전서본에는 '語'로 되어 있다.
166_ 語 | 전서본에는 '話'로 되어 있다.
167_ 鹵 | 전서본에는 '魯'로 되어 있다.
168_ 語 | 전서본에는 '話'로 되어 있다.
169_ 靉 | 수일본에는 '愛雲'으로 되어 있으나, 전서본에 따라 고친다.
170_ 歟 | 전서본에는 '淤'로 되어 있다.

吐籠, 前來曰朅【華音】乙, 起來曰姑邑, 喫飯曰阿施阿, 睡覺曰于候羅,
年紀多少曰干且耶施多, 爾名甚麼曰阿稱欺【華音】任, 又曰阿稱尼麻, 好
曰若施, 好麼曰若施無, 平安曰眞置, 平安麼曰眞置無.

○ 安南王[171]

戈船萬舳振皇威, 南國君臣叩謝歸. 三姓如今都冷了, 阮家新着[172]滿
洲衣.

阮光平初名惠, 安南世族也. 乾隆五十四年, 舉兵叛, 攻陷國都, 安南
王敗死, 世子黎維祈, 與其母逃至廣西, 請救. 皇帝遣兩廣總督福康安將
軍孫士毅, 將兵討光平, 光平敗走.【李墨莊太史,〈和孫中丞[173]南征詩註〉
曰: "匪[174]惠旣敗, 奉牛酒犒師, 公卻之."】

維祈新[175]嗣立, 請還師, 皇帝從之, 光平復攻維祈. 緣何事, 皇帝封光
平爲安南王, 召維祈拜爲參領[176]三品武職也. 見在京師[177]裏, 親屬從臣
千餘[178]人, 皆屬漢軍旗下, 其實錮其君臣也.

大略如此事情, 莫得而詳, 燕中藉藉言, '光平輦輸金銀寶貨於康安,
遂得封王.' 余與中州士大夫言及安南事, 皆曰: "傾者覆之, 植者培之, 此
天道也." 强[179]問之則曰: "今夕只可談風月." 終不肯言, 可知其爲一世所

171_ 安南王︱수일본에는 따로 제목이 없는데, 전서본에 따라 제목을 붙였다.
172_ 着︱전서본에는 '著'로 되어 있다.
173_ 丞︱수일본에는 '承'으로 되어 있으나, 전서본을 참고하여 '丞'으로 고쳤다.
174_ 匪︱수일본에는 '非'로 되어 있으나, 전서본을 참고하여 '匪'로 고쳤다.
175_ 新︱전서본에는 이 글자가 없다.
176_ 參領︱수일본에는 '參政領'으로 되어 있으나, 전서본을 참고하여 고쳤다.
177_ 京師︱전서본에는 '京城'으로 되어 있다.
178_ 千餘︱전서본에는 '數百'으로 되어 있다.
179_ 强︱전서본에는 '更'으로 되어 있다.

諱也.[180]

刑部郎中, 忘其姓名, 似是慷慨之士, 在朝房中, 與余言, 見安南陪臣過去, 罵曰: "阮光平逆賊!" 逆賊光平賂康安之說, 不過塗[181]聽, 而光平之來熱河也, 遇和珅·福長安於班行, 則惶忙半膝跪, 無人不見, 此滿洲俗賤事貴之禮也. 不敢與中朝大臣抗禮, 作此鄙諂之態, 可知其無所不爲.

光平君臣, 俱著滿洲衣帽, 或云光平自請薙髮, 皇帝不許, 只賜衣帽, 解髻而辮之. 得國之正與不正, 姑舍是, 旣曰創業之主, 疑其有異表, 屢察之, 略似淸秀, 別無異於人者. 乘金頂步轎, 揚揚而入, 作滿洲跪叩, 甚熟而已.

臣僚傔從, 凡一百八十四人云, 而出入之際, 只十餘人從之. 其一人, 手執摺疊反開[182]畫扇[183]一柄, 造次不離, 入宮門則待於門外. 人欲借看, 堅握不許, 似是其國儀仗中不可廢之物也. 又帶樂工十餘人而來, 慶賀萬壽, 媚悅之道, 靡不用極.

其從臣吏部尙書潘輝益·工部尙書灝澤侯武輝瑨二人, 軀材短小, 顏色焦枯, 齒疏而黑, 其餘從人, 亦皆瑣瑣. 以此觀之, 光平其國之傑然者耳. 彼二人者, 草叛危疑之際, 水陸萬里, 扈從入朝, 所謂善辭令足智謀緩急可仗之士歟. 外貌則固不足以動人, 每向我國使言其王廣南布衣, 於黎氏初無臣事之義. 又言卽今宮室, 皆仍黎氏之舊, 歸國後, 不可不改其扁額. 又言此來進貢之物, 黃金麒麟一雙·黃金鳳凰一雙[184]外, 又有通犀肉桂許多對斤, 以誇耀之. 言多可惡,[185] 於渠何誅?[186]

180_ 可知其爲一世所諱也︱ 전서본에는 이 부분이 없다.
181_ 塗︱ 수일본에는 '途'로 되어 있으나, 전서본에 따라 고쳤다.
182_ 反開︱ 전서본에는 '倒開'로 되어 있다.
183_ 畫扇︱ 전서본에는 '畫鶴扇'으로 되어 있다.
184_ 黃金麒麟一雙·黃金鳳凰一雙︱ 전서본에는 '金鶴一雙·金猠猻一雙'으로 되어 있다.

渠雖離國遠來, 周旋於上國, 宜有君臣之分.[187] 每於宴班, 其君在前, 其臣在後, 畧無敬畏之色.[188] 或有授受之物, 投之於其君之側. 其君偶問本國使臣曰: "倭國遠近?" 使臣答之, 欲復言,[189] 則輝益等瞅眼而禁之, 殊可駭也.

輝益輝瑎, 各以七律一 首, 寄我正副使, 副使和送以縞紵之義, 贈扇子幾柄·淸心丸[190]幾丸, 輝益等, 還送扇藥, 書復云: "明日向京裏, 今已束裝. 願於京裏見賜."[191] 以蜜香·胕子·牙扇一柄, 報禮, 蜜香無香, 胕子臭惡, 牙扇水沈紙壞.[192]

後聞我使求官桂, 自言有帶來佳品, 索價過當, 取見, 非佳品也. 復聞求藿香, 又言有帶來佳品, 願以一斤換人葠一斤, 取見, 似是燕肆中物. 鄙瑣類如此, 阮氏之開國功臣, 可知也.[193]

滿洲衣帽, 渠頗有羞愧之心, 自言歸其國[194]則不然. 十三日, 太和殿宴禮, 當以本國舊儀入參, 及至十三日, 又有所謂大司馬者, 病臥館裏, 始入參班, 立在輝益之上, 三人所著, 頓改前觀, 幞頭金帶, 其袍或紅或碧, 有蟒龍文, 但袍耳過高, 叩頭時, 突出兩肩之上, 儼然雙角. 網巾, 以絲結之, 其網太疏, 又不能緊裹, 第圍之而已. 細察之, 皆戲子物, 貰來者也.[195]

185_ 惡ㅣ 전서본에는 '厭'으로 되어 있다.
186_ 於渠何誅ㅣ 전서본에는 이 부분이 없다.
187_ 渠雖離國遠來 … 宜有君臣之分ㅣ 전서본에는 이 부분이 없다.
188_ 畧無敬畏之色ㅣ 전서본에는 이 부분이 없다.
189_ 欲復言ㅣ 전서본에는 '其君欲復言'으로 되어 있다.
190_ 淸心丸ㅣ 전서본에는 '淸心元'으로 되어 있다.
191_ 還送扇藥 … 願於京裏見賜ㅣ 전서본에는 이 대목이 없다.
192_ 蜜香無香 … 牙扇水沈紙壞ㅣ 전서본에는 이 대목이 없다.
193_ 後聞我使求官桂 … 可知也ㅣ 전서본에는 이 대목이 없다.
194_ 歸其國ㅣ 전서본에는 '歸國'으로 되어 있다.
195_ 細察之 … 貰來者也ㅣ 전서본에는 이 대목이 없다.

余與次修, 在朝房中, 亦與輝益等相熟, 及至圓明園, 次修書五律二首
於兩扇, 分贈之, 則使其翰林段阮俊者, 奉詩于使臣, 政省內書陶金鍾・
張加儼[196]等, 和送次修詩, 隱然有待對較藝[197]之意. 余雖次次修韻而竟
不送也.[198]

潘輝益詩, "居邦分界海東南, 共向明堂遠駕驂. 文獻夙徵吾道在, 柔
懷全仰帝恩覃. 同風[199]千古衣冠制, 奇遇連朝指掌談. 騷雅擬追馮李舊,
交情勝似飲醇甘."

武輝瑨詩, "海之南與海之東, 封域雖殊道脈通. 王會初來文獻並, 皇
莊此到觀瞻同. 衣冠適有從今制, 縞紵寧無續古風. 伊昔使華誰似我, 連
朝談笑燕筵中."

二詩聲律未暢, 堪與日本相上下. 但李芝峰與馮克寬唱酬, 爲其國流
傳勝事, 故輝益詩云爾.

竊料安南事, 彼黎氏者, 數世稔惡, 民怨神怒, 自絶于天. 光平果豪傑,
一國影附, 則阮之代黎, 猶黎之代莫, 莫之代[200]陳, 無足異也. 不然而一
朝易置其君臣, 安南雖海外小國, 豈無忠義之士乎. 皇帝以八旗之衆, 因
南征餘威, 執其舊主, 招其新君, 賜衣賜帽, 撫之摩之, 寵而遣之, 安南之
士, 其將悚息帖伏而已乎? 黎氏三百年遺澤苟存, 必有扼腕雪涕傳檄聲
罪群起而攻阮氏者矣. 當此之時, 帝欲寬而不問則威損, 興師誅之則滅
而復起, 瘴癘之鄉, 屢動師旅, 勝敗未可知而兩廣則騷然矣.[201]

196_ 張加儼 | 전서본에는 '張嘉儼'으로 되어 있다.
197_ 較藝 | 전서본에는 이 말이 없다.
198_ 余雖次次修韻而竟不送也 | 전서본에는 이 부분이 없다.
199_ 風 | 수일본에는 '氣'로 되어 있으나, 전서본에 따라 고침. 한시의 평측을 고려하면 '風'
이 적합하다.
200_ 代 | 전서본에는 '伐'로 되어 있다.
201_ 當此之時 … 勝敗未可知而兩廣則騷然矣 | 전서본에는 이 대목이 없다.

○ 南掌使者[202]

繡蟒衣裾拂地行, 赤冠如纍望崢嶸. 問名不道低頭久, 但道官啣是
一評.

南掌凡十五人, 使者繡蟒衣・紅氊冠, 形[203]如岾之[204]垂其半於後, 飾
以珠貝. 其副冠服同, 只無貝珠之飾. 從人所戴, 如浩然巾狀, 畫雲紋,
被雜綵衣.

南掌與緬甸, 狀貌畧同, 短小黧黑, 眼甚狼毒,[205] 其足[206]頑如木根,[207]
老者箇箇如嫗渾身及手腕, 刺蛟龍虎豹花卉.[208] 但南掌之髻, 近於腦, 緬
甸之髻, 近於額, 此異耳.

南掌一人, 有頻來中國者, 畧曉漢話. 問其使者名, 不肯道, 似是屢見笑
於人也. 問其官名, 則曰一評・二評, 其餘一世撫・二世撫・三世撫・四
世拊, 其所謂一評二評者,[209] 似是一品二品之訛, 效中國而杜撰之語, 世
拊者, 不知何謂[210]也.

余見蒙古王一人, 踞炕上, 俯視南掌人而微笑, 南掌人以狼眼仰視.
一則有鐵馬蹴踏之像, 一則有深箐[211]中放毒箭之意. 南蠻北狄相遇, 可
笑也.

南掌人甚毒. 古北口南天門上, 我國馬頭一人, 偶唾城下, 南掌人適過

202_ 南掌使者 | 수일본에는 따로 제목이 없는데, 전서본에 따라 제목을 붙였다.
203_ 形 | 전서본에는 '冠形'으로 되어 있다.
204_ 之 | 전서본에는 이 글자가 없다.
205_ 眼甚狼毒 | 전서본에는 이 구절이 없다.
206_ 足 | 전서본에는 '脚'으로 되어 있다.
207_ 頑如木根 | 전서본에는 이 뒤에 '不著襪'이 더 있다.
208_ 卉 | 전서본에는 '草'로 되어 있다.
209_ 其餘一世撫 … 其所謂一評二評者 | 전서본에는 이 대목이 없다.
210_ 效中國而杜撰之語 … 不知何謂 | 전서본에는 이 대목이 없다.
211_ 箐 | 수일본에는 '實'으로 되어 있으나, 전서본을 참고하여 고쳤다.

之, 中其面. 發怒,[212] 脫衣, 搖其陰,[213] 仰視喃喃.

其人又嬌, 在圓明園時, 使者因土通事, 欲賣[214]一物於我人, 纔出盒, 唧唧如蟬在銅器中, 置諸掌上, 益鳴, 連臂隱膻. 問之則所謂緬鈴也. 正圓無口, 如小胡桃, 外塗以金. 云自撾家來, 金銀銅三物, 鎔打九九八十一片縫合, 中有小丸, 蠢蠢者則小丸轉也. 問其所用, 極褻. 南掌之醜, 悉如此.[215]

其來熱河也, 禮部處之文廟之彛倫堂. 八月二十日, 皇帝命安南國王阮光平各國使臣, 謁聖. 大成門內, 三跪九叩禮訖, 陞殿內, 奉審卓上彛鼎古器, 皆內庫物. 忽見南掌一人, 裸體跣足被髮, 蒙斑布被, 貿貿然在殿內行, 無一人禁呵, 可歎.[216]

○ 緬甸使者[217]

銀盒檳榔滿滿懷, 微吟俚曲踏天街. 耳輪何苦偏修飾, 木補銅穿懸骨牌.[218]

緬甸凡二十八人. 使者四人, 織錦緞條[219]纏首, 繡蔓草[220]綠質赤紋[221]

212_ 中其面. 發怒 ┃ 수일본에는 이 구절이 없으나, 전서본을 참고하여 보충하였다.

213_ 搖其陰 ┃ 전서본에는 '搖陰'으로 되어 있다.

214_ 賣 ┃ 수일본에는 '買'로 되어 있으나, 《오주연문장전산고》의 '면령변증설緬鈴辨證說'을 참고하여 고쳤다.

215_ 其人又嬌 … 悉如此 ┃ 전서본에는 이 대목이 없다.

216_ 無一人禁呵, 可歎 ┃ 전서본에는 이 구절이 '可駭也'로 되어 있다.

217_ 緬甸使者 ┃ 수일본에는 따로 제목이 없는데, 전서본에 따라 제목을 붙였다.

218_ 耳輪何苦偏修飾, 木補銅穿懸骨牌 ┃ 전서본에는 "末駝覺孤何官職, 石筆縈回看篆蝸(미타각과는 무슨 관직인고, 석필로 두르고 돌리니 전서 모양으로 달팽이 지나간 자취 같네)"라고 되어 있다.

219_ 條 ┃ 전서본에는 이 글자가 없다.

220_ 蔓草 ┃ 전서본에는 '花草'로 되어 있다.

221_ 赤紋 ┃ 전서본에는 '赤文'으로 되어 있다.

闊衣. 從人, 紅錦條纏首, 雜綵衣. 穿耳輪, 插錫筒, 前後通明, 或貫黃木, 懸骨牌. 瓔絡222繞首, 腕穿銀桃. 脫小銀盒, 盛檳榔·扶留藤葉·蛤灰, 藏於衣領內, 時時探出, 以藤葉裹灰食之, 嚼檳榔, 微微唱曲, 步於庭中. 問其名, 則一曰芒蘭多才頭狡連, 一曰芒知俚衰多翁. 後日見之, 呼之輒應.

及到圓明園, 過其館, 永昌府騰越州戶撒土司姓賴者, 與緬甸使者二人在幕中, 盖領來者也. 余入與賴土司話, 賴不識文字, 其從官一人略解之. 余問使者名則搖頭不言, 問官名則書示曰, 便氣未駝, 曰便氣覺抓, 曰細立覺抓, 曰南達趲素, 問其國山名水名, 則曰無山, 都是平野, 水有金沙江.

便氣未駝者, 開朱盒, 出示純金指環一箇, 銜223以青寶石. 便氣覺抓者, 伸指示銀環, 銜224以紫寶石, 似是辨官品之物也. 又探囊中, 出寶石屑如米粒者小許, 相贈. 余問何用, 則取傍人所持鼻煙壺, 以屑刮之, 玉石瑪瑙之屬, 皆爲所損, 水晶則不然, 寶石屑反碎, 持水晶壺者大快之. 似是治玉之具也. 余還贈之.

問有紙筆文字否. 答以有,225 出示一筆, 以銀爲管, 銜以滑石, 尖其末. 卽書於煤帖上,226 自左而右行, 如回回字. 石屑繚繞如蝸篆, 以手拭滅之. 又出一筆示之, 鐵管小刀也. 自云刻書於椶櫚皮者, 仍出椶櫚皮文字227示之, 字行分明, 森森可愛. 便氣覺抓, 取余扇刻字, 相連228二寸

222_ 瓔絡 | 전서본에는 '以瓔絡'으로 되어 있다.
223_ 銜 | 전서본에는 '嵌'으로 되어 있다.
224_ 銜 | 전서본에는 '嵌'으로 되어 있다.
225_ 答以有 | 전서본에는 '答有'로 되어 있다.
226_ 書於煤帖上 | 전서본에는 '書於煤帖'으로 되어 있다.
227_ 文字 | 전서본에는 '文書'로 되어 있다.
228_ 相連 | 전서본에는 '橫連'으로 되어 있다.

長, 用筆甚捷. 余問曰, 此何語. 答曰, 高麗大人.[229]

○ 臺灣生番[230]

畫冠鷄羽插毰毸, 鈴子郎當步步催. 灣府生番生也好, 內山纏縛匪
人來.

臺灣生番凡十人. 乾隆五十二年, 討林爽文之亂, 爽文兵敗入內山, 生
番等, 縛而獻之, 有功. 熱河文廟大成門右壁, 碑記其事.

生番, 皆短小, 剪髮覆額, 髮色漆黑, 眉間或頤上, 印烙若卦文. 裏[231]
着綠長衣, 外穿紅短衣, 緣以金線, 緞有岨峿.[232] 冠前後簷, 崛起亦有岨
峿,[233] 畫雲紋, 正中加穹窿梁, 列插鷄羽, 冠前後[234]懸小銅鈴各三, 行步
丁當然. 項懸木牌, 一面書名, 一面書其所居社名, 盖不以人類待之也.
有曰中路多囉大埔社投旺, 南路望仔立社均力力, 北路未篤社囉沙懷
祝, 北路屋鰲社也璜哇丹, 北路獅子社懷目懷, 其餘不記. 所着衣服, 臺
灣府辦給云.

按臺灣, 《明史》稱鷄籠山, 又稱東藩, 永樂時鄭和遍歷東西洋, 靡不
獻琛, 獨東番遠避. 和惡之, 家貼一銅鈴, 俾挂諸項, 盖擬之狗國也. 其
後, 人反寶之, 富者至綴數枚曰, 此祖宗所遺. 俗不食雄鷄, 但取其毛,

229_ 전서본에는 이 뒤에 "細察之, 微有分界. ᒐᒐ者高也, ᒐᒐ者麗也, ᒐᒐ者大也,
ᒐᒐ者人也(자세히 살펴보니 약간의 경계가 있었다. ᒐᒐ은 고高이고, ᒐᒐ은
려麗이고, ᒐᒐ은 대人이고, ᒐᒐ은 인人이다)"라고 되어 있는데, 수일본에는 두주頭註로
"高ᒐᒐ, 麗ᒐᒐ, 大ᒐᒐ, 人ᒐᒐ"이라고 부기附記되어 있다.
230_ 臺灣生番 │ 수일본에는 제목이 없는데, 전서본에 있는 제목을 가져왔다.
231_ 裏 │ 전서본에는 이 글자가 없다.
232_ 有岨峿 │ 전서본에는 이 부분이 없다.
233_ 亦有岨峿 │ 전서본에는 '齟齬'로 되어 있다.
234_ 前後 │ 전서본에는 '左右'로 되어 있다.

以爲飾. 今見其人, 果懸銅鈴插雞羽.

○ 餑餑[235]

普洱茶殘果橀開, 柹仁淹蜜伴楊梅. 侍臣尙未從容退, 且等朝盤[236]餑
餑來.

每日平朝, 宣賜赴宴諸王貝勒各國王使臣果橀, 人各一, 形圓有間隔,
分盛龍眼・荔枝・乾葡萄・楊梅・茱萸・蜜棗・柹仁・雜糖之屬, 茶
則時時宣飮. 日晏始宣燕豬餑餑.[237]

○ 時標[238]

西洋小標暗中催, 趂卯朝天趂未廻. 一對紅橋塵漠漠, 諸王車轂鬪
風雷.

王公以下, 皆佩西洋時標. 每日未明, 赴宮門, 至朝房中, 候卯時[239]入
宴, 時時[240]出憩, 看時標,[241] 標將指未, 則不敢復出憩. 時至[242]樂止戱

235_餑餑ㅣ수일본에는 제목이 없는데, 전서본에 있는 제목을 가져왔다. 전서본에는 이 시가
〈扮戱〉 뒤에 편차되어 있다.
236_朝盤ㅣ수일본에는 '朝飯'으로 되어 있으나, 전서본을 참고하여 고쳤다.
237_ 전서본에는 이 뒤에 "彼以此爲朝供, 我則不然, 必使馬頭輩裹飯而來(저들은 이것으로
아침 식사를 삼는데, 우리는 그렇지 않아서 반드시 마두배들을 시켜 밥을 싸가지고 오게
했다)"라는 문장이 붙어 있다.
238_時標ㅣ수일본에는 제목이 없는데, 전서본에 있는 제목을 가져왔다. 전서본에는 이 시가
〈餑餑〉 뒤, 〈滿洲諸王〉 앞에 편차되어 있다.
239_時ㅣ전서본에는 이 글자가 없다.
240_時時ㅣ전서본에는 '倦則'으로 되어 있다.
241_時標ㅣ전서본에는 '標'로 되어 있다.
242_時至ㅣ전서본에는 '未時至而'로 되어 있다.

撤, 一齊退出. 皆疾步, 絶無諠譁, 及²⁴³出宮門, 車如流水, 馬如龍矣.
熱河有東紅橋西紅橋.²⁴⁴

○ 灤平縣

灤平縣裏亂山秋, 喀喇河淸散漫流. 到此應無沙塞想, 蒹葭深處見
漁舟.

七月二十一日, 自熱河發向燕京, 承德府備送大車十三輛. 車夫恭順,
路又坦夷, 疾如風雷. 到灤平縣. 縣東喀喇河, 卽灤河. 上流葭葰蒼涼,
見舴艋三四掠岸而過, 數月馳驅²⁴⁵沙漠之餘, 心目爲開. 是日, 安南·南
掌·緬甸諸國, 亦陸續治發, 蒙古王, 自熱河歸各部, 回回王, 扈從到圓
明園.

○ 古北口

兩重關又兩重關, 秦代城邊漢代山. 晚向洛迦仙境憩, 碧紗窓映小
屛顏.

古北口, 關無敵樓, 入兩重關, 有衙門站屋.²⁴⁶ 登高而望, 城堞隨山
屈繚, 潮河自塞外流入, 滿目荒涼. 又入兩重關, 有南天門, 門右有關
廟, 石柱牌樓, 康熙御筆‘洛迦仙境’. 有小軒, 乾隆御筆‘攬勝軒’, 紗窓窈
窅,²⁴⁷ 軒後列植花木, 舖甎潔淨. 人聞古北口, 意其雄險, 不知有此姸

243_ 及 ┃ 전서본에는 이 글자가 없다.
244_ 熱河有東紅橋西紅橋 ┃ 전서본에는 이 문장이 없다.
245_ 馳驅 ┃ 전서본에는 ‘驅馳’로 되어 있다.
246_ 站屋 ┃ 전서본에는 ‘店屋’으로 되어 있다.
247_ 窈窅 ┃ 전서본에는 ‘窈窕’로 되어 있다.

妙之境.

古北口外四十里, 曰兩間房. 有關廟亦瀟灑, 吏部尙書彭元瑞, 題壁一絶云, "春山如黛柳如煙, 罨畫樓臺小洞天, 容得踏雲雙短屐, 碧桃花裏訪[248]癯仙."

按顧寧人〈昌平山水記〉, 自石匣東北行十里爲腰亭舖, 又十里爲新開嶺, 又十里爲老王店, 又十二里至古北口. 古北口城在山上, 周四里三百一十步. 又三里爲潮河川守禦千戶所, 川之兩傍, 築垣立臺, 臺之東西, 因山爲城, 參差曲折, 千里不絶. 其衝處, 建空心敵臺, 或四五十步一臺, 或二百步一臺. 每臺百總一人, 五臺一把摠, 十臺一千總, 每一二里鈴鐸相聞爲一墩, 每墩軍五人主瞭望. 每路傳烽[249]官一人, 有警擧烽, 左右分傳, 數百里皆見. 大抵皆戚少保[250]繼光之遺畫. 以此觀之, 自此[251]入第一重關, 卽舊潮河川守禦千戶所, 統稱古北口爾. 關左右荒臺廢墩, 至今尙多.

○ 圓明園[252]

督撫分供結綵錢, 祥虹瑞電[253]萬斯年. 一旬演出西遊記, 完了昇平寶筏筵.

八月十三日, 皇帝萬壽節, 各省督撫獻結綵銀屢鉅萬兩, 皆和珅主管.[254] 余聞於內務府筆帖式而知之,[255] 兩淮商賈, 獻銀二百萬兩, 內務府奏之,

---

248_ 訪┃ 수일본에는 '誇'로 되어 있으나, 문맥을 고려해 전서본에 따라 고쳤다.
249_ 烽┃ 수일본에는 '燈'으로 되어 있으나, 전서본에 따라 고쳤다.
250_ 少保┃ 전서본에는 '小保'로 되어 있다.
251_ 自此┃ 수일본에는 '自北'으로 되어 있으나, 전서본에 따라 고쳤다.
252_ 圓明園┃ 전서본에는 제목이 '圓明園扮戲'로 되어 있다.
253_ 祥虹瑞電┃ 전서본에는 '中堂獻祝'으로 되어 있다.
254_ 主管┃ 전서본에는 '主管料辦'이라고 되어 있다.

皇帝初批不必, 再奏以出於誠心, 批知道了, 見於塘報中. 兩淮如此, 他又可知. 皇帝, 七月三十日, 到圓明園. 自八月初一日, 至十一日, 所扮之戲, 西遊記一部也, 戲目謂之昇平寶筏.

帝老矣, 中朝大臣阿桂最賢而又老矣. 漢閣老嵇璜王杰以下, 充位而已, 和珅權倾天下. 帶銜, 經筵講官, 御前大臣, 太子太保, 議政大臣, 領侍衛內大臣, 文華殿太學士, 文淵閣提擧閣事, 管理吏部・戶部・理藩院・戶部三庫事務總管, 內務府大臣, 敎習庶吉士, 管理上駟院・武備院・御船處・嚮道處事[256]務. 正白旗滿洲都統, 總理健銳營・圓明園八旗內府三旗官兵大臣, 步軍統領, 三等忠襄伯, 悉兼樞要.

滿洲之俗, 貴賤等威, 不甚分明, 而望見和珅, 坐者皆起立, 他大臣則未必然, 威已立矣. 和珅之子駙馬, 輕躁少年. 見余於宴班, 走來問,[257] "本國有戲無戲?" 余答以有, 復問. "與中國, 同不同好不好?" 余答以有同有不同, 有好有不好, 則笑而走向他處.[258] 福長安等, 紛紛求扇藥於使臣, 長安又使通官, 屢[259]求東髢, 欲爲戲子髻, 中朝大臣擧動如此. 帝方與番王蠻客扮孫悟空猪八戒不經之事而觀之, 未知其何如也.

太學士阿桂者, 滿洲正白旗人, 曾以定西將軍, 平金川, 擒索諾木. 今年七十八歲, 視瞻[260]凝重, 有大臣風. 不媚於和珅者, 惟桂一人云. 阿桂之子, 乾淸門侍衛阿彌[261]達, 乾隆戊戌, 奉使靑海, 窮河源, 至星宿河西南阿勒坦郭勒. 蒙古語阿勒坦者黃金也, 郭勒者河也. 其水色黃, 回旋三

255_ 余聞 … 知之┃전서본에는 '內務府筆帖式言之如此'로 되어 있다.

256_ 事┃수일본에는 '士'로 되어 있으나, 전서본에 따라 고쳤다.

257_ 輕躁少年 … 走來問┃전서본에는 "豊伸殷德, 亦美少年. 於宴班, 走來問余曰"이라고 되어 있다.

258_ 則笑而走向他處┃전서본에는 "則笑而走去, 似是皇帝使問於我使也"라고 되어 있다.

259_ 屢┃전서본에는 이 글자가 없다.

260_ 視瞻┃전서본에는 '瞻視'로 되어 있다.

261_ 彌┃수일본에는 '爾'로 되어 있으나 오자이다.

百餘里, 入星宿海. 阿勒坦郭勒之西, 有巨石高數十[262]丈, 名阿勒坦喝達
素齊老, 蒙古語喝達素者北極星也, 齊老者石也. 其崖壁黃赤色, 壁上有
池, 池水濆湧, 釃爲百道, 皆作金色, 入阿勒坦郭勒, 眞黃河之源也. 此乃
漢博望元都實, 所未到處. 阿彌達者, 必是彊力人, 余未之見.[263] 工部侍
郎阿必達, 亦阿桂子, 朝房中與語, 憒憒殊無父風.

工部尙書金簡者, 常明之從孫, 常明卽我義州人僉中樞德雲曾孫. 德
雲墓在州南山, 牌[264]刻雍正元年誥命. "奉天承運皇帝, 制曰, 國有爪牙
之選, 克[265]宣力於旂常, 朝頒綸綍之榮, 必勤思於水木, 用襃先世以大追
崇. 爾德雲乃管理上駟院, 院務散秩大臣, 提督南海子, 總[266]理烏鎗兼
佐[267]領, 加二級. 常明之曾祖父, 樹德務滋, 發祥有自. 敦詩說禮, 克
修[268]樽俎之獻, 勇戰敬官, 早裕熊羆之畧. 玆以覃恩贈爾, 爲光祿大夫,
錫之誥命, 於戲, 懋功有賞, 榮則遡於所生, 慶典欣逢, 恩不忘其自出.
加玆寵秩,[269] 尙克欽承. 乾隆二十四年, 加贈太子太保, 領侍衛內大臣,
慤勤公." 余聞於灣人, 德雲曾爲府通引云. 金簡厚待我人, 灣府刷馬駈
人輩, 姓金者, 每伏謁道傍, 冀賞賜, 近頗厭之. 任譯[270]亦倚以爲重, 然
其實平平宰相, 謹事和福者也.

262_ 十 | 수일본에는 없으나, 전서본에 따라 보충하였다.
263_ 乾淸門侍衛阿爾達 … 余未之見 | 전서본에는 없는 내용이다.
264_ 牌 | 전서본에는 '碑'로 되어 있다.
265_ 克 | 전서본에는 '極'으로 되어 있다.
266_ 總 | 수일본에는 '摠'으로 되어 있으나, 전서본에 따라 고쳤다.
267_ 佐 | 수일본에는 '左'로 되어 있으나, 전서본에 따라 고쳤다.
268_ 修 | 전서본에는 '垂'로 되어 있다.
269_ 秩 | 수일본에는 '帙'로 되어 있으나, 전서본에 따라 고쳤다.
270_ 譯 | 수일본에는 '驛'으로 되어 있으나, 전서본에 따라 고쳤다.

○ 結綵[271]

桃綏柳絲摠亂眞. 空中樓閣鏡中春. 西華門外西山路, 綠臭丹香醉
殺人.

　自熱河至京城四百里, 已見處處結綵, 自西華門至圓明園三十里, 左
右排比起假樓. 悉覆黃碧琉璃瓦, 或冐以文錦繡罽, 欄楯塗泥金, 結雜綵
流蘇畫布, 爲城郭, 建牌樓, 作紋石沈香柱狀. 或爲鏡閣, 數百步車馬往
來[272]映其中, 或爲梭毛屋竹籬, 以瀟灑敵繁華. 剪綵爲桃柳, 爛然深春,
丹綠之臭, 令人頭疼. 各省各部以至擧人, 立牌分掌, 又立牌書某戲某曲
自某處起到某處止. 又立禁烟牌, 人莫敢吃烟, 市人舁水淨塵. 及至八月
十二日, 皇帝自圓明園入京城, 左右綵樓中, 千百妖童, 塗粉墨, 曳羅縠,
騎假馬假鶴, 一齊唱曲, 而望之, 往往見癃老之人, 背懸天子萬年壽[273]字
襠, 扶杖喘喘而行, 云是千叟餘存者.

○ 假山[274]

城郭樓臺摠可爲, 恨無天際數峯奇. 始知蘆簟含神變, 碧秀天台雁
宕姿.

　綵樓之側, 多以蘆簟, 撓摺蹲踞爲[275]石, 塗以黃綠, 嵌空玲瓏, 眞太湖
奇石也. 又作假山, 高數十丈, 神仙白鹿獼猴之屬, 趺跂圍繞. 其尤奇者,
路轉處, 或作遠山, 一抹碧色, 又爲夕陽淡紅山, 白雲橫於兩山之間, 又

271_ 結綵｜수일본에는 제목이 없으나, 전서본에 따라 제목을 붙였다.
272_ 往來｜수일본에는 없으나, 문맥을 고려해 전서본에 따라 보충하였다.
273_ 壽｜전서본에는 '繡'로 되어 있다.
274_ 假山｜수일본에는 제목이 없으나, 전서본에 따라 제목을 붙였다.
275_ 爲｜수일본에는 '而'로 되어 있으나, 문맥을 고려해 전서본에 따라 고쳤다.

不知何物鋪地, 如琉璃爲假水, 隔以紅欄, 望之, 潋潋[276]然疑不可涉. 圓明園池邊, 倣作[277]江天寺, 人以爲酷類.

○ 西直門外[278]

轣轆鈿車夾道驕, 蘭風麝霧隔簾飄. 神癡骨醉猶知好, 好教來看十七橋.[279]

八月初六日初七日之間,[280] 傾城出觀綵樓.[281] 到圓明園之昆明池十七橋而歸.[282] 自西直門至圓明園, 路正中鋪石, 廣可併軌, 騎者步者, 皆在石路外,[283] 而左車往而右車返, 兩行轣轆不絶. 車中婦人,[284] 或一或雙, 衣杏黃衫或[285]碧衫, 珠翠滿頭. 車前小婢, 多着[286]繡花朵[287]大紅衫. 蘭麝蕩越數十里.[288]

276_ 潋潋 ｜ 수일본에는 '猗猗'로 되어 있는데, 전서본에 따라 고쳤다.

277_ 作 ｜ 문맥을 고려해 전서본에 따라 보충하였다.

278_ 西直門外 ｜ 수일본에는 제목이 없으나, 전서본에 따라 제목을 붙였다.

279_ 轣轆鈿車夾道驕 … 好教來看十七橋 ｜ 전서본에는 "十里蘭風麝霧飄, 鈿車轣轆上紅橋. 癡人每說銷魂好, 試向西山處處鎖"로 되어 있다.

280_ 八月初六日初七日之間 ｜ 전서본에는 '八月初七日'로 되어 있다.

281_ 傾城出觀綵樓 ｜ 전서본에는 "燕京婦女, 傾城出觀綵樓"로 되어 있다.

282_ 至圓明園之昆明池十七橋而歸 ｜ 전서본에는 "至圓明園之昆明池邊, 消搖而歸"로 되어 있다.

283_ 騎者步者, 皆在石路外 ｜ 전서본에는 없는 문장이다.

284_ 車中婦人 ｜ 전서본에는 '車中紅粉'으로 되어 있다.

285_ 或 ｜ 전서본에는 없다.

286_ 多着 ｜ 수일본에는 '猶'로 되어 있으나, 문맥을 고려해 전서본에 따라 고쳤다.

287_ 朵 ｜ 수일본에는 '寞'로 되어 있으나, 문맥을 고려해 전서본에 따라 고쳤다.

288_ 蘭麝蕩越數十里 ｜ 전서본에는 이 문장의 뒤를 이어, "余於是日, 以紗帽靑氅, 乘車出圓明園, 車中婦人, 莫不指點而笑. 蓋駴見衣冠故也"라는 글이 추가되어 있다.

○ 堪達漢 [289]

親宣香醴玉杯雙, 鎭日梨園演北腔. 鐵鹿盧牽堪達漢, 天家舊壞黑龍江.

皇帝引本國正副使, 至御座前, 親擧玉杯酒賜之, 正副使以次飮畢而退. 前此賜使臣酒, 皇帝授近臣, 近臣授使臣, 今徑授使臣, 諸貝勒衍聖公外, 無當是禮者. 又命牽一獸 示使臣, 似鹿 [290] 項下有肉囊. 阿桂來問曰: "貴國亦有此獸否." 使臣謝曰: "小邦安有此奇獸, 今幸見之." 阿桂微笑而去. 莫知其名, 余曰: "堪達漢也." 堪達漢, [291] 鹿類出黑龍江地方, 其角可作射鞢, 色如象牙而堅白勝之. 鞢間環以黑章一線, 卽角中之通理也. 音義同《爾雅》麈. [292] 詳見康熙乾隆御題 [293] 及《漢淸文鑑》等書. [294] 聞自山海關外, 鎖以鐵籠載來, 知爲黑龍江將軍所進也.

○ 珊瑚樹 [295]

螭鉤對對玉玲瓏, 金佛莊嚴細 [296] 瑣同. 忽見珍柑承翠葉, 珊瑚一樹殿前紅.

內而軍機內務府大臣, 外而各省督撫將軍, 競獻珍玩, 玉如意最多. 陳列殿陛, 觸目琳琅. 小金佛一輦, 數十覆黃帕, 昪入宮門, 絡續不絶,

---

289_ 堪達漢 | 수일본에는 제목이 없으나, 전서본에 따라 제목을 붙였다. 전서본에는 〈西山宮殿〉 뒤에 편차되어 있다.

290_ 似鹿 | 전서본에는 '似鹿蒼白色'으로 되어 있다.

291_ 堪達漢 | 전서본에는 이 부분이 없다.

292_ 而堅白勝之 … 音義同《爾雅》麈 | 전서본에는 이 부분이 빠져 있다.

293_ 題 | 전서본에는 '製'로 되어 있다.

294_ 及《漢淸文鑑》等書 | 전서본에는 "及《漢淸文鑑》等書, 亦名四不相"이라고 되어 있다.

295_ 珊瑚樹 | 수일본에는 제목이 없는데, 전서본에 따라 제목을 붙였다.

296_ 細 | 전서본에는 '瑣'로 되어 있다.

無慮萬軀. 珊瑚樹高可三尺, 靑玉葉琥珀果, 爲柑橘狀, 植玻瓈盆中, 以金絲絡之, 晶光照人, 不知何人所獻也. 諸權貴, 亦乘時受餽遺, 余在圓明園, 偶入一觀音閣, 河南巡拊[297]穆和藺寓其中, 見吏目四五人, 擾攘[298]裁紅紙修名帖, 物單堆積案頭.[299] 皇帝最喜[300]玉, 嘗[301]採於回部葉爾羌之蜜爾岱山, 駐箚大臣高樸, 盜採, 被極律.[302] 琉璃廠中筆洗硯屛, 苟其玉也, 價不下數百兩銀, 多爲進獻所用云. 我國私商, 挾笠鷺帶蝺以入, 雖焦餘之物, 莫不售重價. 羅兩峰處, 有人致書並一物, 大如拳微黑色, 兩峰摩挲審視曰: "是是, 可買可買." 其人不勝歡喜而去. 次修問其故, 兩峰曰: "有貴人欲買古玉, 疑而書問, 故吾辨之." 次修曰: "此何玉也?" 兩峰曰: "漢車飾, 價直銀千兩." 可謂上有好者, 下必有甚焉者也.[303]

○ 西山宮殿[304]

番王蠻客載龍舟, 一簇黃旗是舵樓. 白塔靑峰延壽寺,[305] 棹歌聲裏溯滄洲.

297_ 拊 | 전서본에는 '撫'로 되어 있다.

298_ 攘 | 전서본에는 '擾'로 되어 있다.

299_ 物單堆積案頭 | 전서본에는 '堆積案頭' 뒤에 '就看之其人甚不喜也'라는 구절이 더 있다.

300_ 喜 | 전서본에는 '愛'로 되어 있다.

301_ 嘗 | 전서본에는 '常'으로 되어 있다.

302_ 嘗採於回部 … 被極律 | 성해응成海應의 《연경재전집研經齋全集》〈외집外集〉에도 이와 관련하여 다음과 같은 기록이 있다. "엽이강의 대신인 고박이 건륭 기해년에 간교한 상인과 내통하여 옥을 채취해 내지로 운반하고 기물을 만들어 사사롭게 팔았다. 이에 극형을 받았다.(葉爾羌大臣高樸, 在乾隆己亥, 與奸商勾通, 採玉運至內地, 製器私賣, 仍被誅)"

303_ 可謂上有好者, 下必有甚焉者也 | 전서본에는 이 구절이 '可見燕中習尙'이라 되어 있다.

304_ 西山宮殿 | 수일본에는 제목이 없으나, 전서본에 따라 제목을 붙였다. 전서본에는 이 시가 〈西直門外〉 다음에 편차되어 있다.

305_ 寺 | 수일본에는 '字'로 되어 있는데, 문맥을 고려해 전서본에 따라 고쳤다.

圓明園之東南, 蓄水爲湖泊, 號昆明池, 植芙蓉楊柳, 東岸罨秀門前, 有鐵牛, 乾隆御製銘, 煙波渺然.[306] 駕十七虹橋, 望西山宮殿, 丹綠參差, 延壽寺白塔, 矗矗雲霄間. 八月初九日, 皇帝泛龍舟御舵樓, 樓下載各國王使臣, 發櫂歌, 至延壽寺前下船, 縱覽玉泉·萬壽山諸勝, 燕都宮闕, 皆仍明舊, 而修飾致美者, 蓋[307]圓明園也.

宮內有市, 使臣赴宴, 或憩其中, 牌額題聯, 故作俗態. 古董器玩, 以至湯麵餑餑, 無所不具. 宦者主之, 問可賣否, 宦者曰: "喫物可矣, 餘不可賣." 未知其故也. 市側有百鳥房, 彫籠翠駕·鸚鵡·秦吉了·白翎雀, 蠟嘴銅嘴之屬, 啁啾盈耳. 皇帝命各國王使臣遊福海, 大內深秘, 滿漢貴臣, 亦所罕到. 樓臺池沼, 窮極技巧, 銅鑄鶴鹿獅猿列池邊, 張口噴水, 霏灑爲雨. 又有二偶人, 不知何物製成, 併坐樓中, 一則抱琴, 一則品笙. 忽見其回頭相顧, 手彈口吹, 音韻鏗亮, 此皆有人在隱僻處, 踏機也.[308] 余問於羅兩峰曰: "先生遊西湖否?" 曰: "屢遊." 余曰: "圓明園比西湖何如?" 兩峯大言曰[309]: "安敢當天然山水." 余曰: "山水果天然, 樓臺未必勝." 又大言曰: "樓臺亦當勝." 江南士大夫之事事不平如此.[310]

○ 紀曉嵐大宗伯

海內詞宗藉藉名, 蕭然來訪兩書生. 朱輪駐處留紅刺, 提督衙門半日驚.

306_ 罨秀門前 … 煙波渺然 | 전서본에는 "東岸鎭, 以鐵牛有門, 曰罨秀, 門外, 煙波渺然"이라는 구절로 되어 있다.

307_ 蓋 | 전서본에는 '卽'으로 되어 있다.

308_ 宮內有市 … 踏機也 | 전서본에는 이 부분이 없다.

309_ 兩峯大言曰 | 전서본에는 이 부분이 없다.

310_ 江南士大夫之事事不平如此 | 전서본에는 이 부분이 없다.

紀大宗伯名昀，[311]　直隸獻縣[312]人，禮部尙書，[313]　海內推爲詞林宗匠
也. 圓明園東門外接駕時, 見與侍郎沈初同坐, 序各國使, 與之略談. 及
到城裏, 訪其第, 延之上座, 恪執賓主之禮. 余曰[314]：“不佞後生卑[315]官,
不足以動長者.” 尙書[316]曰：“古禮如此, 國制亦然, 不必謙也.” 余問：“遼
金元明史及《一統志》, 俱重修云, 已完否?” 尙書曰：“俱係奉敕, 重修甫
畢, 遼金元官名人名地名, 繙繹多縱,[317] 徹底考正, 所以未卽刊行. 刊完,
當有以奉贈也.” 又曰：“貴國徐敬德《花潭集》. 已錄入《四庫全書》別集
類中外國詩集. 入四庫者, 千載一人而已.” 又曰：“朴次修攜《泠齋集》到,
已拜讀矣. 天骨秀拔, 與次修一時之瑜亮. 昨與《次修集》俱品以味含書
卷, 語出性靈, 不勝佩[318]服之至. 連日官政冗忙, 稍遲, 當赴館暢談.”
　　後數日, 尙書命駕到館, 問柳朴兩檢書在否. 余適與次修, 出遊未歸,[319]
提督通官, 惶忙酬接, 尙書留紅紙小刺而去. 提督者, 提督會同四譯[320]舘
禮部儀制司郞中兼鴻臚寺少卿, 來住館中, 通官輩附麗, 稱衙門, 妄自尊
大, 及逢尙書, 惶忙膝跪之狀, 人皆見之, 以此爲恥. 半日虛喝未已. 日暮
後, 余與次修歸館. 首譯來見, 頗以爲憂. 余笑之曰：“吾不請禮部尙書
來, 彼自來, 亦且奈何?” 其後尙書書五律一首於扇以寄之曰：“古有雞林
相, 能知白傅詩, 俗原開[321]賦詠, 君[322]更富文詞, 序謝三都賦, 才慚一字

311_ 紀大宗伯名昀｜전서본에는 '紀昀號曉嵐'이라 되어 있다.
312_ 縣｜수일본에는 없으나, 문맥을 고려해 전서본에 따라 보충하였다.
313_ 禮部尙書｜수일본에는 없으나, 문맥을 고려해 전서본에 따라 보충하였다.
314_ 余曰｜전서본에는 '余辭曰'이라 되어 있다.
315_ 卑｜전서본에는 '小'라 되어 있다.
316_ 尙書｜전서본에는 '曉嵐'으로 되어 있다. 수일본에서 기윤을 지칭하는 '尙書'가 전서본
　　　에서는 모두 '曉嵐'으로 되어 있다.
317_ 縱｜전서본에는 '從'이라 되어 있다.
318_ 佩｜전서본에는 '珮'로 되어 있다.
319_ 余適與次修, 出遊未歸｜전서본에는 "余與次修, 適出遊未歸"라 되어 있다.
320_ 譯｜수일본에는 '驛'으로 되어 있으나, 전서본에 따라 고쳤다.

師, 惟應傳好句, 時說小姑祠." 序謝三都賦自註云: "《泠齋集》悤悤未能作序." 又贈金日追《儀禮正譌》十七卷, 亦贈次修詩扇及《史記考異》. 《泠齋集》, 尙書云: "姑留欲錄存副本." 竟不還也. 余更以《二十一都懷古詩註》贈之. 尙書贈余及次修詩, 檢書稱以檢理, 疑其誤書, 從羅允纘得灰拭之法, 將改書, 尋與諸名士語. 多稱檢理或祕校. 始知其用文淵閣校理號爲之, 一笑邃不改.

後聞羅兩峰言, 紀公最好古, 曾因得罪, 發遣烏魯木齊. 距京師萬里, 離巴里坤, 尙有數千里, 帶回漢碑. 卽敦煌太守,[323] 帶五百兵, 追殺逆酋, 至此地紀功之碑, 隷書不過二百字. 余訪紀尙書時, 不知有此事, 未能索觀爲可恨. 按淸《一統志》, 碑嶺在哈密城北一百二十餘里天山上, 往巴里坤軍營, 路必由此. 土人名滑石圖, 漢言碑嶺也. 有唐碑文多駁落, 尙存候君集, 領十四萬軍等字. 紀公帶回, 無乃此碑. 兩峰誤以爲漢碑? 抑別有漢碑歟?[324]

《四庫全書》開局以來, 傍求軼書, 我國[325]文籍, 流傳中國者想多, 獨《花潭集》收入爲可異. 圓明園宴班, 王中堂杰求《東國祕史》·《東國聲詩》於副使, 本國無此二種. 又求圃隱·牧隱二集, 徐公或慮有忌諱處, 並辭以無, 王中堂懇祈[326]他書, 不得已以韓久庵《箕子井田圖說》應之, 旣還筵稟,[327] 附以柳根許筬李瀷諸說, 名曰[328]《箕田考》印送之. 《東國

321_ 閒 ｜ 전서본에는 '婤'으로 되어 있다.

322_ 君 ｜ 수일본에는 '汝'로 되어 있으나, 문맥을 고려해 전서본에 따라 고쳤다.

323_ 守 ｜ 수일본에는 '字'로 되어 있는데, 문맥을 고려해 전서본에 따라 고쳤다.

324_ 卽敦煌太守 … 抑別有漢碑歟 ｜ 전서본에는 이 부분이 없고 다만, "卽永和二年, 敦煌太守裵岑, 帶三千兵誅呼衍王紀功之碑, 隷書不過六十字. 余訪曉嵐時, 不知有此事, 未能索觀爲可恨"이라 되어 있다.

325_ 國 ｜ 전서본에는 '東'으로 되어 있다.

326_ 祈 ｜ 전서본에는 '問'으로 되어 있다.

327_ 旣還筵稟 ｜ 전서본에는 '後竟筵稟'으로 되어 있다.

聲詩》者，王《漁洋詩話[329]》有曰[330]："記得朝鮮使臣語，果然東國解聲詩." 未知何人摘此語，以名東詩也.[331] 王中堂屢求東文，亦欲收入於四庫中而然歟

○ 潘秋庮御史

人海人城擬一尋，傳聞御史禮觀音. 端門執手猜相見，[332] 誰識平生一片心.

潘御史，名庭筠，字香祖，錢塘仁和人也，[333] 陝西道監察御史. 乾隆丁酉，[334] 家叔父入燕時，序《巾衍集》，戊戌夏，懋官・次修入燕定交，又序《洌上周旋集》，遂致書于余. 至是，次修先訪之，香祖方深居謝客，掛觀音像，朝夕頂禮，言及時事，畏約彌甚. 八月十三日，太和殿宴禮，與之相逢於午門前，引席並坐，談笑敍舊，滿洲人來覘，則[335]作初逢高麗人狀，[336] 問姓問名，其實非冷人也.

328_ 曰｜ 전서본에는 '以'로 되어 있다.

329_ 話｜ 수일본에는 '語'로 되어 있으나, 전서본에 따라 고쳤다.

330_ 曰｜ 수일본에는 없으나, 전서본에 따라 보충하였다.

331_ 未知何人摘此語, 以名東詩也｜ 전서본에는 이 구절이 "未知何人選東詩, 摘此語名之也"로 되어 있다.

332_ 見｜ 전서본에는 '覘'으로 되어 있다.

333_ 潘御史 … 仁和人也｜ 전서본에는 이 구절이 "潘庭筠, 字香祖, 號秋庮, 浙江錢塘人"이라고 되어 있다.

334_ 乾隆丁酉｜ 전서본에는 '丁酉春'이라고 되어 있다.

335_ 則｜ 전서본에는 이 글자가 없다.

336_ 狀｜ 전서본에는 이 글자가 '問姓問名' 다음에 있다. 즉 "作初逢高麗人, 問姓問名狀"이라고 되어 있다.

○ 李墨莊‧鳧塘二太史

周旋洌水摠前塵, 涵海書燈照碧岷. 燕邸西風吹淅瀝, 驚看滄海夢中人.

李墨莊名鼎元,[337] 鳧塘名驥元,[338] 四川羅江人, 雨村從父弟. 十餘年來, 信息相聞, 天涯舊識也. 墨莊曾寄洌上諸子詩云:"自從別後廢吟哦, 洌上周旋近若何. 幾度夢遊滄海上, 醒來猶自怵風波." 漢學士之憂畏若此. 墨莊翰林侍讀, 鳧塘[339]編修, 兄弟同寓四川會館中. 余與次修再訪, 歡飲竟夕.

是年春, 自燕還者, 藉藉言, "彼中學士, 多求《四家集》", 集中之人, 卽某某及余也. 余蓄[340]疑者久,[341] 今[342]問於墨莊, 答[343]云:"雨村兄撰刻《涵海》一部. 凡一百八十五種中, 有楊升菴四十種, 雨村亦有[344]四十種, 其詩話三卷, 李君《淸脾錄》及柳公佳句, '別來幾日非吳下, 和者無人又郢中'之類, 皆收入. 甫刻, 輒[345]以事罷去, 板已入蜀,[346] 惜此處無其本, 卽我輩逢人便說, 故知之者多,[347] 而但[348]未得覩全集, 所以求之耳."

337_ 李墨莊名鼎元 │ 전서본에는 '李鼎元號墨莊'으로 되어 있다.

338_ 鳧塘名驥元 │ 원래 수일본에는 '鳧堂名驥元'으로 되어 있는데, '堂'은 '塘'의 오류이고, 전서본에는 '塘'으로 되어 있으므로 바로잡았다. 전서본에는 이 구절이 '李驥元號鳧塘'으로 되어 있다.

339_ 塘 │ 역시 수일본에는 '堂'으로 되어 있는데, 오류이므로 전서본에 따라 바로잡았다.

340_ 蓄 │ 전서본에는 '頗'로 되어 있다.

341_ 者久 │ 전서본에는 이 두 글자가 없고 대신 '之'가 있다.

342_ 今 │ 전서본에는 이 글자가 없다.

343_ 答 │ 전서본에는 '墨莊'으로 되어 있다.

344_ 有 │ 전서본에는 이 글자가 없다.

345_ 輒 │ 전서본에는 '就'로 되어 있다.

346_ 蜀 │ 전서본에는 '川'으로 되어 있다.

347_ 多 │ 전서본에는 '甚多'로 되어 있다.

348_ 但 │ 전서본에는 이 글자가 없다.

矗日傳說,349 果有所因. 太和殿宴班, 有候補擧人周立矩者, 亦言見洌上諸子詩, 問於墨莊, 周亦孝廉中才子也.

余觀墨莊蝀塘二集, 言雨村罷官事, 語多慷慨, 而秋庫, 則指爲放縱所致, 未可知也. 過口外朝陽縣時, 關廟壁上, 見雨村詩,350 問於居僧, 答351"五年前, 李以通永道巡到,352 今353聞其歸田." 遂354信筆書七絶三首, 托墨莊寄去.355 "魚雁沈沈十二年, 一天明月共嬋娟. 數行秋柳朝陽寺, 忽見羅江浣壁篇." "澹356雲微雨舊詩情, 蕭瑟輶軒萬里行. 燕邸何人談竟夕, 滿盤愁對落花生." "桐酒沈冥緩客愁, 翰林詩史竟悠悠. 連綿一路秋山好, 磊落人歸磊落州." 浣壁吟, 《雨村集》名'竟夕談落花生'. 皆有舊事, 見《並世集》中.

墨莊問余曰: "近有著作如《歲時記》之類否?" 余曰: "沒有." 墨莊歎曰: "一行作吏, 此事遂廢, 自古而然." 余觀墨莊兄弟, 俱居翰林, 而氣像牢愁. 雨村歸矣, 又聞祝芷塘以御史妄論人革職, 方買舟南下. 墨莊輩所以多悵恨語, 潘蘭公之深居禮佛, 有味乎哉!

○ 衍聖公

定武蘭亭響搨眞, 春秋金鎖袖中珍. 秋山曲阜城南路, 金頂轎歸玉貌人.

349_矗日傳說 전서본에는 '傳者之說'로 되어 있다.
350_雨村詩 원래 수일본에는 '墨作詩'로 되어 있는데, 문맥을 고려해 전서본에 따라 고쳤다.
351_答 전서본에는 '云'으로 되어 있다.
352_到 전서본에는 '到' 다음에 '題過' 두 글자가 추가되어 있다.
353_今 전서본에는 '及'으로 되어 있다.
354_遂 전서본에는 이 글자가 없다.
355_去 전서본에는 '云'으로 되어 있다.
356_澹 전서본에는 '淡'으로 되어 있다.

衍聖公孔憲培, 先聖七十二代孫, 年可三十餘, 美貌善書. 余於圓明園及燕京[357]再訪之, 爲書泠齋號, 贈趙汸《春秋金鎖匙》一卷, 戴震《考工記圖》二卷,《聲韻考》四卷, 蔡京州學碑, 黨懷英杏壇碑, 姜開陽模刻〈定武蘭亭〉・先聖墓上蓍草五十本. 余以義興麟角寺碑謝之, 又贈五律一首. 余[358]問龜山・蒙山, 公曰:"俱小小山." 又問:"先聖履, 顏路所請車, 尚存否?" 答:"有."[359] 仍謂余曰[360]:"君初入中國, 能作漢語, 何也?" 余曰:"畧解之." 公笑曰:"若[361]再入, 則可以無不通矣."[362] 衍聖公乘金頂轎, 燕中號爲聖人.

○ 羅兩峰

詩情畫筆摠閒愁, 清畫茶煙掩寺樓. 他日相思空悵望, 二分明月古楊州.

羅兩峰, 名聘,[363] 江蘇[364]楊州府人. 少年風流, 晚來奉佛. 携其子允纘, 寄[365]琉璃廠之觀音閣, 落拓可憐. 學畫於古杭金農, 農字壽門, 號冬心, 入《畫徵錄》中. 兩峰有出藍之妙, 世所傳冬心畫, 太半出兩峰之手云. 兩峰爲〈鬼趣圖〉, 窮極譎怪, 海內名士, 如袁子才・蔣心餘・程魚門・紀曉嵐・翁覃[366]溪・錢辛楣[367]諸人, 莫不題詩.

357_ 燕京ㅣ 전서본에는 '京城'으로 되어 있다.
358_ 余ㅣ 전서본에는 '偶'로 되어 있다.
359_ 又問 … 答有ㅣ 전서본에는 이 부분이 빠져 있다.
360_ 仍謂余曰ㅣ 수일본에는 없으나, 문맥을 고려해 전서본에 따라 보충하였다.
361_ 若ㅣ 전서본에는 이 글자가 없다.
362_ 矣ㅣ 전서본에는 이 글자가 없다.
363_ 羅兩峰, 名聘ㅣ 전서본에는 "羅聘號兩峰, 又稱花之寺僧"이라고 되어 있다.
364_ 蘇ㅣ 전서본에는 '南'으로 되어 있다.
365_ 寄ㅣ 전서본에는 '寓'로 되어 있다.
366_ 覃ㅣ 수일본에 '聲'으로 되어 있으나 바로잡았다.

又爲紅梅長幅, 繁艷可喜, 詩又韶婉, 不爲畫掩. 妻桐城方氏, 名婉儀, 號白蓮女史, 亦能詩. 序刻兩峰少時效放翁體三十餘首, 號《學陸集》. 余與次修, 屢過兩峰, 偶數日未往, 寫余小照于帖中, 傍寫折枝楳, 題云: "驛路梅花影倒垂, 離情別緖繫相思. 故人近日全疎我, 持一枝兒贈與誰." 又寫遠山, 題云: "昔年眼底, 今日夢中." 意蓋懊恨也.[368]

余以蘇定方平百濟·劉仁願紀功二碑謝之, 兩峰大喜, 卽付裝潢. 自言明春買舟南歸. 見余〈懷古詩〉而喜之, 云: "與鮑以文爲密友. 他方刻[369]《知不足齋叢書續集》, 留下一本與他, 他必入刻."[370] 余前[371]已贈紀曉嵐尙書, 更無他本.[372] 其綿摯若此. 又爲余寫蘭, 添棘, 擲筆指棘曰: "自別君後, 滿目都是此物, 奈何?" 余曰: "大江南北, 豈無桃李." 兩峰搖首曰: "沒有, 沒有."[373] 允纘號小峰, 亦能畫, 人比之羅昭諫父子.

兩峰臨別贈詩,[374] "卷開如中鵞黃酒, 情洽同深鴨綠江. 願化離心爲斥堠, 送君千里不成雙.[375] 纔逢欲別意遲遲, 後會他生或有期. 殘月曉風容易散, 柳耆卿對不多時." 余和之云: "楡關黃葉若爲情, 秋雨秋風信馬行. 記取當年腸斷處, 羅昭諫別柳耆卿. 昔年今日莫[376]商量, 眼底恩恩夢裏忙. 重疊遠山都是恨, 離魂何處望維揚."[377]

367_ 錢辛楣│전서본에는 이 세 글자가 빠져 있다.

368_ 又寫 … 懊恨也│전서본에는 이 구절이 없다.

369_ 刻│전서본에는 '續刻'으로 되어 있다.

370_ 他必入刻│전서본에는 '自無不刻之理'로 되어 있다.

371_ 前│전서본에는 이 글자가 없다.

372_ 他本│전서본에는 '以贈也'로 되어 있다.

373_ 又爲余寫蘭 … 沒有│이 구절은 수일본에는 없고 전서본에만 있는데, 유득공과 나양봉 사이의 석별의 정을 잘 드러내주고 있으므로 전서본에 따라 첨가시켰다.

374_ 詩│전서본에는 '詩有云'으로 되어 있다.

375_ 卷開如中 … 不成雙│전서본에는 이 부분이 없다.

376_ 莫│수일본에 '休'로 되어 있는데, 평측을 고려해 '莫'으로 고쳤다.

377_ 昔年今日 … 望維揚│전서본에는 이 부분이 없다.

兩峰藏唐韓滉〈回鶻舞女圖〉, 戴尖帽辮髮, 繞首飾珠翠, 頗似東國婦女. 舞繡罷瑜上妖艷, 其項過豊. 余見回回男子多大項, 女亦宜然.

軸尾有朝鮮安氏印記, 余驚問曰: "此人是誰?" 兩峰曰: "是雍正間人, 弟兄二人, 其兄名歧號麓村, 在代王府內, 來楊州, 辦[378]鹽務, 其人極雅, 收藏最富, 曾獻書畵于今皇上, 蒙收, 賜白金一千兩. 本係朝鮮人, 不知從何入中朝進王府, 實未可詳. 久已去世, 尚有子孫流落, 不復雅矣."

○ 張水屋

筆意清狂不可刪, 喜爲金碧夕陽山. 大江南北交遊遍, 直到三韓洌水間.

張水屋, 名道渥,[379] 江蘇楊州府人.[380] 曾以鹽運罷官,[381] 亦落魄人也.[382] 見其去官感興詩十首,[383] 頗沈鬱慷慨. 兩峰處相識, 題扇見贈, 書畵放縱. 請余及次修, 去飲酒, 兩峰怒, 以爲奪客, 水屋亦怒, 一場大閧, 余留而次修去. 以彌縫之. 後日, 余坐琉璃廠書肆中看書, 水屋與數人者, 挂曖睫,[384] 負手緩步而過, 見余大笑, 道好好. 數人者怪而問之, 水屋又撫掌大笑, 自詡曰: "我交遊, 遍天下, 非特海內而已. 海外亦有之, 君輩焉足以知之?" 兩峰每短水屋, 水屋亦短兩峰, 以余所見, 水屋眞狂士也.

378_ 辦 | 수일본에는 '辨'으로 되어 있으나, 전서본에 따라 고쳤다.
379_ 張水屋, 名道渥 | 전서본에는 "張道渥, 字竹畦, 號水屋"으로 되어 있다.
380_ 江蘇楊州府人 | 전서본에는 '山西安邑人'으로 되어 있다.
381_ 曾以鹽運罷官 | 전서본에는 "曾任兩淮鹽務分司通州, 題其門云: '楊柳江城臨畫稿, 梅花官閣寄詩魂'"이라고 되어 있다.
382_ 亦落魄人也 | 전서본에는 이 구절이 없다.
383_ 見其去官感興詩十首 | 전서본에는 '及去官有感興詩十首'로 되어 있다.
384_ 睫 | 수일본에는 '睫'으로 되어 있으나, 전서본에 따라 수정하였다.

○ 吳白菴

城南寺裏證交初, 先讀君家一亥書. 誰遣[385]儒生知事[386]體, 從今不作石湖漁.

吳白菴, 名照, 字照南,[387] 江西南城人. 以能詩知名, 爲嘉定王西莊・錢塘袁簡齋所許. 學士[388]翁覃谿[389]方綱獎拔之, 海內稱爲得士云. 著有《說文偏旁考》二卷. 其書於五百四十部之首, 先說文, 次古籀, 次隸, 以考其源流, 手自摹寫刊行. 羅兩峰爲道余姓名, 便寄《說文偏旁考》, 後遂相識, 訪其所寓,[390] 滿壁賮篅, 又其所寫也.[391] 亦爲余寫竹於小帖, 書畫雙絶, 眞奇才也. 照南, 托兩峰父子, 爲〈石湖漁隱圖〉, 請次修擘窠[392]題軸, 翁覃谿[393]見而大驚, 卽抵書曰:"儒生不識事體, 聖世安得有隱?"照南惶忙, 改裝題云'石湖課耕圖'. 中州士大夫之忌諱文字, 類如此.

○ 莊中書

易知難忘是君家, 紫禁城西轉小車. 櫻扇題詩悵別意, 無因再品雨前茶.

莊中書, 名復朝,[394] 字植三, 號澤珊, 江蘇[395]常州府人.[396] 余在圓明園

385_遣ㅣ수일본에는 '見'으로 되어 있으나, 전서본에 따라 '遣'으로 고쳤다.
386_事ㅣ수일본에는 '大'로 되어 있는데, 문맥을 고려해 전서본에 따라 고쳤다.
387_吳白菴, 名照, 字照南ㅣ전서본에는 "吳照, 字照南, 號白菴"으로 되어 있다.
388_士ㅣ전서본에는 '使'로 되어 있다.
389_覃谿ㅣ수일본에는 '潭溪'로 되어 있으나, 전서본에 따라 고쳤다.
390_訪其所寓ㅣ전서본에는 "訪其寓, 軍機主事, 曾燠家"로 되어 있다.
391_又其所寫也ㅣ전서본에는 '又白菴筆也'로 되어 있다.
392_擘窠ㅣ수일본과 전서본 모두 원문은 '劈窠'로 되어 있으나, 의미상 수정하였다.
393_覃谿ㅣ수일본에는 '潭溪'로 되어 있으나, 전서본에 따라 고쳤다.
394_莊中書, 名復朝ㅣ전서본에는 '莊復朝'로 되어 있다.

時, 入中書朝房, 都是旗人, 有祇揖請坐者曰, 侍讀邢珙,[397] 滿洲正黃旗人. 又有瑚靈圖額[398]者, 蒙古中書, 方書蒙古字, 運筆如飛. 蓋滿洲中書, 治滿洲文字,[399] 而[400]蒙古中書, 治蒙古文書, 漢字則不知亦可也. 與之筆談, 殆不成文理.[401]

漢中書, 只有張經田一人, 湖南長沙人. 輕薄少年, 所談者, 不過娼女・戲子・男色・婦人小脚, 醜[402]不足答. 又問曰: "貴國亦有檔子否?" 余曰: "檔子是何物?" 張曰: "唱小曲者也."[403] 諸中書, 又請圍棋,[404] 閑閑之際,[405] 有一中書, 自外而入, 年可二十餘歲,[406] 眉眼如畫, 眄睞微笑, 問其姓名, 卽莊[407]復朝.[408] 余問: "秦侍讀瀛, 在何處?" 澤珊曰: "先生何以知之?" 余曰: "'勞我江南十年夢, 綠楊春巷枇杷門', 其佳句也." 澤珊曰: "秦侍讀, 住宣武門外將軍教坊衕衕, 先生試訪之. 他出入軍機處, 在家時少."[409] 復曰: "此處未[410]佳, 到京裏進館劇談." 余曰: "館裏亦未[411]佳, 僕當就拜." 澤珊曰: "最好! 然坐屈未安." 仍書示曰: "僕住西華

395_ 蘇│ 전서본에는 '南'으로 되어 있다.

396_ 常州府人│ 전서본에는 '常州府人' 다음에 '中書舍人'이 추가되어 있다.

397_ 邢珙│ 전서본에는 '邢琪'로 되어 있다.

398_ 瑚靈圖額│ 전서본에는 '瑚圖靈額'으로 되어 있다.

399_ 字│ 전서본에는 '書'로 되어 있다.

400_ 而│ 전서본에는 이 글자가 없다.

401_ 殆不成文理│ 수일본에는 '殆亦成文理'로 되어 있으나, 문맥을 고려해 전서본에 따라 고쳤다.

402_ 醜│ 전서본에는 '褻'로 되어 있다.

403_ 又問曰 … 唱小曲者也│ 전서본에는 이 구절이 없다.

404_ 又請圍棋│ 전서본에는 '又請圍棋' 다음에 '以不能辭'가 추가되어 있다.

405_ 閑閑之際│ 전서본에는 '閑閑沒趣之際'로 되어 있다.

406_ 年可二十餘歲│ 전서본에는 이 구절이 없다.

407_ 莊│ 수일본에는 '張'으로 되어 있으나, 오자가 분명하여 고쳤다.

408_ 卽莊復朝│ 전서본에는 '卽澤珊也'로 되어 있다.

409_ 在家時少│ 전서본에는 '在家時恨少'로 되어 있다.

410_ 未│ 전서본에는 '不'로 되어 있다.

門內拜斗殿嗣儞儞梁中堂宅內." 入城後, 一再過, 皆不遇. 云在衙門, 與其弟會琦談. 會琦, 字稚卿,[412] 亦美秀才也. 所寓爲故太[413]學士梁國治第. 梁之子, 卽澤珊妹婿也. 澤珊尋抵書, 深以未晤[414]爲恨, 寄一扇, 題五律二首, 有曰:"獨憐塵事擾, 坐失劇談多." 又曰:"硬黃非舊搨, 乳碧試新茶." 余過澤珊時, 案上有張得天司寇落葉詩帖, 歎賞之. 稺卿, 數數勸龍井茶, 故其詩云.

○ 劉阮[415]二太史

車制新編考據該, 已令先輩歎奇才. 玉河無一桃花片, 那引天台二客來.

阮元, 字伯元, 江蘇[416]儀徵人, 翰林編修. 劉鐶之字佩循, 號信芳, 山東諸城縣[417]人, 翰林檢討. 余在館中, 二人同車而來, 徘徊庭除,[418] 無人酬接, 怊悵欲返, 余請至炕與語,[419] 皆名士也. 云:"去歲, 俱以庶吉士, 在間壁, 與使臣相識, 去歲人胡無一人來[420]者乎?" 余曰:"未必再來." 阮伯元, 著有《車制考紀》, 大宗伯亟稱其考據精詳, 余擧而言之, 則伯元色喜, 請見余詩集, 余謝[421]以熊翰林處有一本, 惜無見者. 伯元曰:"往彼

411_ 未 | 전서본에는 '不'로 되어 있다.
412_ 會琦, 字稚卿 | 전서본에는 "會琦, 字葯亭, 號稚卿"으로 되어 있다.
413_ 太 | 전서본에는 '大'로 되어 있다.
414_ 晤 | 수일본에는 '悟'로 되어 있는데, 문맥을 고려해 전서본에 따라 고쳤다.
415_ 劉阮 | 수일본에는 '蔣態'으로 되어 있으나 전서본에 따라 고쳤다.
416_ 蘇 | 전서본에는 '南'으로 되어 있다.
417_ 縣 | 전서본에는 이 글자가 없다.
418_ 徘徊庭除 | 전서본에는 '裵裵庭際'로 되어 있다.
419_ 炕與語 | 전서본에는 '炕上與語'로 되어 있다.
420_ 無一人來 | 수일본에는 '無人人來'로 되어 있으나, 전서본에 따라 '無一人來'로 고쳤다.
421_ 謝 | 전서본에는 '辭'로 되어 있다.

當索玩."422

○ 熊蔣423二庶常

蓬海迢迢旅夢長, 畫欄紅樹御河旁. 隔窓茶鼎松風似, 暇日論詩二
庶常.

熊方受, 廣西永康州人. 蔣祥墀,424 字丹林, 湖北天門人, 俱爲翰林庶
吉士. 玉河館西壁爲庶常館, 余與次修, 屢往談詩, 熊魁傑人,425 蔣頗醇
雅. 東還時, 熊贈詩曰: "擒文院裏靜揮毫, 滌盡煩426襟韻始高. 一卷新詩
氷雪似, 前身合是柳儀曹. 隔院頻聞車馬音, 西風催客動離吟. 東歸添得
好詩料, 蟲島驪江秋正深." 熊庶常父, 任大名府知府, 府民聚黨作亂, 爲
所害, 皇帝捕鞫叛民, 云知府實愛民, 欲擧大事, 故害之. 皇帝憐之, 錄遺
孤, 特授翰林庶常, 熊爲之道如此.427

○ 鐵冶亭侍郎

滿漢文書盡日忙, 閣門西轉是機房. 正黃旗下逢名士, 玉侍郎兄鐵
侍郎.

冶亭, 名鐵保,428 滿洲正黃旗人, 禮部右侍郎. 李雨村嘗稱之云: "善
書429《淳化帖》, 旗下人不可多得." 余曾見其《虛閑堂集》, 冶亭亦聞余

422_ 玩 | 전서본에는 '觀'으로 되어 있다.
423_ 熊蔣 | 수일본에는 '蔣熊'으로 되어 있으나, 전서본에 따라 고쳤다.
424_ 墀 | 전서본에는 '墀'로 되어 있다.
425_ 熊魁傑人 | 전서본에는 '熊是魁偉人'으로 되어 있다.
426_ 煩 | 전서본에는 '胸'으로 되어 있다.
427_ 授翰林庶常, 熊爲之道如此 | 전서본에는 "授翰林, 熊庶常自言如此"로 되어 있다.
428_ 冶亭, 名鐵保 | 전서본에는 '鐵保, 號冶亭'으로 되어 있다.

名. 熱河行宮閣門之右, 有軍機房, 余與次修入其中, 有內閣學士玉保‧翰林章煦理‧藩院侍郎巴忠理‧藩院員外郎湛潤堂‧中書舍人文某‧魚某諸人, 據椅而坐, 與之語, 應接不暇. 諸中書, 或治文書, 或接京信, 開讀援援, 未已少焉. 有一人入來, 卽鐵侍郎, 叙話歡若平生. 歸寓後, 冶亭贈詩, 有曰: "公讌仍[430]私覿, 新交似[431]舊遊." 余亦和贈, 而後聞之, 則鐵兄而玉弟, 玉保亦有詩名,[432] 兄弟俱以詞臣出入近[433]密, 冶亭又帶蒙古副都統, 寵榮方隆云.

○ 福建將軍[434]

福建將軍晳且鬒, 能彎五石學操瓠. 中州學士休相笑, 我愛東丹獵騎圖.

福建將軍, 名魁倫, 滿洲正黃旗人.[435] 余在熱河時, 與次修坐朝房中, 日熱搖扇, 滿洲宰相問曰: "何故持白扇." 余曰: "無人可書可畫." 諸宰相, 意欲畫之, 而互相推讓而已. 福建將軍, 入來, 狀貌豐碩. 皆驚喜曰: "魁將軍來." 一宰相下炕, 與之抱股, 若將轉狀,[436] 欣欣不已. 分釋並踞, 絮絮而話, 聽之, 多是福建來時, 遇雨潦, 車陷馬沒艱辛狀也.

茶後, 有指吾二人扇而言者曰: "將軍可寫." 魁將軍便不辭,[437] 呼取筆

429_ 書 | 수일본에는 '言'으로 되어 있는데, 문맥을 고려해 전서본에 따라 고쳤다.

430_ 仍 | 전서본에는 '聯'로 되어 있다.

431_ 似 | 전서본에는 '識'으로 되어 있다.

432_ 鐵兄而玉弟, 玉保亦有詩名 | 전서본에는 "玉保, 卽冶亭之弟, 亦有詩名"으로 되어 있다.

433_ 近 | 전서본에는 '禁'으로 되어 있다.

434_ 福建將軍 | 전서본에는 '魁將軍'으로 되어 있다.

435_ 福建 … 正黃旗人 | 전서본에는 이 부분이 "魁倫, 滿洲正黃旗人, 福建將軍"으로 되어 있다.

436_ 將轉狀 | 전서본에는 '相轉'으로 되어 있다.

437_ 不辭 | 수일본에는 '五醉'로 되어 있는데, 문맥을 고려해 전서본에 따라 고쳤다.

硯來, 寫次修扇菊花, 題余扇〈弄花香滿衣〉一首, 其所作也, 意氣自若. 款云"完顏魁倫題贈朝鮮檢書柳先生淸拂". 蓋金源遺裔也. 後持入京城, 諸名士見而擲之曰: "不好不好." 其實, 書寫[438]自好, 其人又魁梧, 可喜.

○ 新店[439]

遲遲車馬返遼東, 小黑山頭萬里風. 古北口來山海出, 醫巫閭在一周中.

一行還到新店後崗, 下馬而坐, 望見白臺子舊路, 憶雇車疾馳, 如隔世別人事. 自古遊燕, 無由古北口者, 余則然矣. 到此, 醫巫閭山, 始周一匝, 計程爲二千七百餘里. 比諸三周華不注, 亦壯矣.

○ 瀋陽

嗚呼崇德二年春, 牢記干支是甲辰. 歸到瀋陽城外路, 斷煙秋草弔三臣.

曾見《四庫全書簡明目錄》中, 有《滿洲源流考》,《皇淸開國方略》二書. 意其可觀, 入燕求之, 書肆中無有. 次修於刻字房, 見《開國方略》, 云是內版. 書三學士事曰: "倡義[440]祖明, 敗盟構兵, 崇德二年三月甲辰, 俱[441]被害." 次修以小紙鈔來, 剔燈同觀, 爲之髮豎. 嗚呼其所書八箇字, 卽無愧乎天下萬世.

歸到瀋陽,[442] 盆不禁竹如意, 擊石之思. 王貽上《池北偶談》, 多採入

438_ 寫 | 전서본에는 '畵'로 되어 있다.
439_ 新店 | 전서본에는 '還到新店'으로 되어 있다.
440_ 義 | 수일본에는 '議'로 되어 있으나, 오자가 명백하여 고쳤다.
441_ 俱 | 전서본에는 이 글자가 없다.

金淸陰先生朝天詩, 又載《感舊集》中, 意蓋微婉. 李廓·羅德憲, 使瀋
不屈. 戊戌年間, 《全韻詩》出來然後彰著, 三學士, 卓然大節, 今又得信
史矣.

東人多言, 淸太祖幼時, 爲寧遠伯家僮.[443] 一日, 伯據枕而睡, 其實未
睡也, 淸太祖悉放架上鷹, 躑躅太息, 拔枕邊寶劍. 三擬於伯腹, 還復置
劍, 伯始開眼曰: "爾何故", 淸太祖跪曰: "安敢忘兄弟[444]之讐, 又安敢忘
豢養之恩. 擬劍者, 報讐也, 置劍者, 報恩也." 伯曰: "爾放鷹何也?", 曰:
"志在雲霄, 爲人所縶, 故放之."[445] 伯知不可留, 戒之曰: "我有駿馬, 爾
知之乎?" 曰: "知." 伯曰: "爾騎快走, 兒輩知之, 不好." 淸太祖叩頭泣辭,
騎駿馬走. 李提督聞之, 憤甚, 帶弓騎馬疾追, 已不可及矣.

余始疑此爲齊東之說, 《開國方略》云[446]: "太祖四歲,[447] 養於寧遠伯
家, 十五始歸." 次修亦見而言之. 東人之說, 始信矣. 爲其家僮, 擬劍等
說,[448] 諱而不言歟. 萬曆以後, 我人與中國人, 數相往來, 傳聞宜不誤,
附記於此, 以補方略之闕.

○ 鳳城

無多歲月遠遊還, 城郭樓臺夢幻間. 長路餘殘三十里, 捲簾還有鳳
凰山.

鳳凰[449]山, 三十里, 石峰, 平地羅列. 鳳城, 在其下, 東環鴨綠, 西窺遼

442_ 瀋陽┃ 전서본에는 '瀋中'으로 되어 있다.
443_ 爲寧遠伯家僮┃ 전서본에는 '爲寧遠伯甚愛之家僮'으로 되어 있다.
444_ 兄弟┃ 전서본에는 '父兄'으로 되어 있다.
445_ 伯曰 … 故放之┃ 전서본에는 이 부분이 없다.
446_ 《開國方略》云┃ 전서본에는 '《開國方略》中云'으로 되어 있다.
447_ 四歲┃ 수일본에는 없으나, 전서본에 따라 보충하였다.
448_ 說┃ 전서본에는 '事'로 되어 있다.

藩, 北扼建州, 南控大海, 形勝之地.[450] 遼置開州鎭國軍,《一統志》據
《遼志》, 以爲渤海大氏東京龍原府, 此則未然, 余曾有辨. 然高句麗雄
强時, 必置名都, 出戰入守, 與天下抗衡, 今指其石城古址, 爲安市城者,
是也.

夫登城而禦,[451] 城外必布遊兵, 畫江以守, 江外必置名城. 然後城可
全, 江可保. 鳳城者, 江外之名城, 而我國之門戶也.

昔者, 契丹設弓於門於鴨綠江越守保州, 以困高麗, 高麗不能越守開
州, 以困契丹, 此所以終不支於契丹也. 及金之季世. 元之末葉, 金始·
金山·沙劉·關先生之屬, 衝斥鴨綠而莫之遏, 此所謂"長江之險, 與敵
共之", 不可以守也.

高麗嘗事遼矣, 事金矣, 事元矣, 莫美於金. 遼奪保定宣三州, 元割岊
嶺以西. 金則掠其缸殺其人而不爭, 取保州而無言, 此曷故哉? 親之也.
今天下形勢, 似遼乎, 似金乎, 似元乎, 必有所似矣.

百餘年來, 海內安樂, 沿江樹柵, 約條森嚴, 江以外不可言也. 雖然,
歷代事變戰守强弱, 山川隘塞, 城邑沿革, 默識之, 亦可也. 曰高句麗則
北也, 近於夫餘沃沮挹婁, 曰新羅百濟則南也, 近於倭, 北自北, 南自南,
以今漢江一帶爲限.

新羅者, 殘國也, 聖骨眞骨, 嫁兄娶妹, 醜不可言. 與倭昵比, 染其風
俗, 盛時地方, 北不過德源, 西不過大同江, 不知有遼東大野.

我國根本, 其惟高句麗乎. 滅沃沮, 呑扶餘, 臣屬靺鞨諸部, 跨鴨綠而
據金遼, 中國來侵, 引靺鞨兵擊之, 号爲莫强之國. 高氏亡, 大氏以舊將
繼興, 悉復疆宇, 國號渤海, 置五京十五府. 其地多在今吉林烏喇寧古墖

449_ 凰 | 수일본에는 '皇'으로 되어 있으나, 전서본에 따라 고쳤다.

450_ 形勝之地 | 전서본에는 '形勝之地也'로 되어 있다.

451_ 夫登城而禦 | 이하 1,400여 자가 전서본에는 없다.

八夫.

肅愼者, 挹婁也, 挹婁者, 靺鞨也, 靺鞨者, 女眞也, 女眞者, 滿洲也.
女眞之事高麗, 猶靺鞨之事高句麗. 高麗睿宗時, 女眞使者裏弗史顯等,
乞還九城曰:"太師烏雅束, 以貴邦爲父母之國. 世世子孫, 不敢以瓦礫
投於境上." 金之始祖函普, 高麗人, 故曰父母之國. 女眞之於高麗, 恭順
如此.

契丹, 東國之讐也. 侵蝕渤海, 盡有其地, 搜捕海東靑, 侵擾女眞, 竟爲
女眞所滅. 由此觀之, 高氏亡而大氏興, 大氏亡而完顏氏興, 完顏氏亡而
愛新覺羅氏興, 天下之運, 莫旺于東也.

高麗太祖, 亦嘗有志矣, 納渤海之衆, 杖契丹使, 餓殺其橐駝, 收復平
壤, 寘西京, 巡至安北府, 不能忘鴨綠以西, 契丹方強, 無可爲也. 其後,
布置女眞於江內, 以爲捍蔽, 契丹懇求通路, 不得已撤去, 大爲所困. 契
丹之敗也, 其刺史常孝孫等移文高麗, 歸保州而遁, 高麗得之喜甚. 然鴨
綠以西, 尺地不可得矣.

蒙古之兵, 繞出金後, 金亡於蔡州, 當此之時, 鴨綠以西, 庶可以乘時
爭之矣. 而蒲鮮萬奴, 據遼東叛, 金始金山之衆, 爲蒙古所逐, 席捲而來,
雖以趙沖·金就礪之才, 不過圍守江東城, 與蒙師對壘, 以備非常而已.
蒙兵尋至恤品, 而江外之地, 悉爲所有. 趙輝·卓靑等, 以雙城叛, 玄元
烈以平壤叛, 皆附于元, 高麗之地無幾矣. 忠烈王尙公主以後, 始復平
壤, 恭愍王乘元衰, 攻破雙城. 然則鴨綠以內, 幾乎失之, 何況其以西哉!
自是厥後, 鴨綠一帶, 爲西界之鐵限, 不問江外之事, 天下大亂, 則如紅
頭賊之類, 亂流而渡, 輾轉勦討, 混戰未已, 擧國騷然, 良可寒心.

方今天下無事, 九邊靜謐, 然遼陽鳳城巨流河等處, 十年以來, 次第築
城, 中國之致意於遼東如此. 我且見其致意焉, 而不致之意, 可乎? 吾所
謂致意者, 非築城·浚濠·增戍之謂也. 歷代事變, 戰守強弱, 山川隘

塞, 城邑沿革, 默識之謂也. 余旣從六臺, 出邊外, 涉蒙古之地, 入古北口, 穿山海關而歸, 往返六千餘里, 經歷險阻, 浮沈番部. 天下事, 見其往而知其來, 元之亡也, 尙有餘裔, 北斗南望, 杳不知其所止者, 何也? 其地廣漠故也. 金之亡也, 置合蘭·水達達等路, 軍民萬戶府五, 而盡之矣. 其地東窮瑟海, 北限黑龍江, 南限我國, 自開原·枎順以入, 不過一長谷, 楊鎬四路進兵二十萬, 爲築城卒所敗, 殞將覆師, 此天也, 未必中國之失計而滿洲之善用兵也. 得志久者, 人思甘心, 安知無後之人復用楊鎬之策? 天意未可知也, 此豈我國須臾可忘者哉!

遼東者, 天下之大野, 左滿洲而右蒙古, 南通登萊, 又防海寇, 非數萬烟臺, 何所瞭望? 時平則桑麻蔚然, 世亂則戎馬縱橫, 番不得有, 而漢不可守, 特一好戰地. 瀋陽·遼陽, 金城湯池, 亦無足恃耳. 鳳城西至石門嶺, 是爲東八站, 三百里石穴, 外窺敵而裹行師, 猶猛獸張口齒齶可畏, 此高句麗所以雄長東方也. 失之於契丹, 以鴨綠爲界, 廢齒齶而露喉嚨, 夫孰畏之哉! 高麗用兵, 終不及於高句麗者, 此也. 余於歸到鳳城之日, 不可不揚扢古今, 屢致意焉.[452]

記曰: "善哉覘國乎!" 此使臣之職耳. 其所以覘之之道, 抑在乎耳目,[453] 軍官譯官, 關西馬頭, 灣上跟役, 以至彼中通官, 皆使臣之耳目也. 此屬方且困窮無聊, 交相欺詐, 奚暇爲耳爲目乎哉! 彼中通官者, 皆我被虜人之裔也, 外示恭順, 內懷無狀, 熟知首譯有公用銀, 與鳳城將符合, 遲開柵門, 或遏遊賞之路, 種種作爲可怒之事. 使臣怒則首譯棍, 棍怕而銀不足惜, 則銀歸於通官矣. 其在館裏也, 多布奸細, 覘知我人買禁物, 片角束毛, 攫取聲張, 非銀莫可解也. 灣商輩, 亦多無狀, 愈見欺而愈買焉.[454]

452_ 屢致意焉 | 앞의 '夫登城而禦'부터 이 부분까지의 내용이 전서본에는 없다.

453_ 此使臣之職耳 … 抑在乎耳目 | 이 대목이 전서본에는 "余是行, 略有目擊而憂歎者, 覘之道, 豈不在於耳目乎"로 되어 있다.

彼且佯若不知, 猶恐其不多買, 及至鳳城, 而無得脫者.

前過瀋陽時, 副都統成策, 送任車三兩・白金五十兩助行李, 使臣報曰: "車則幸甚, 白金貨也, 不敢聞命." 使通官保德還送之. 回到瀋陽, 另遣人, 致色箋・淸心丸于成策, 謝其厚意, 復擧前言. 成策始驚終笑, 曰: "使臣廉白可敬, 通官事鄙鄙不足道." 及出城門, 見一飛騎駣保德去. 數日後, 保德追到鳳城, 氣色悵悵, 始知其從中隱匿成策銀, 敗露大窘, 假貸備納而歸也, 人皆笑之. 旣而鳳城甲軍十餘輩, 截路搜捉, 行中羸馬, 不揀舊馬新馬駑駘病蹇, 凡二十餘匹, 倂其所駄牽匿城中, 每匹責銀十五兩, 又徵兩日喂錢, 每匹十貫, 然後出付, 此皆保德嗾城將, 分其利, 兼報瀋陽之怨也. 彼中通官輩, 情狀如此.[455]

鳳城將額爾恒額者, 云是覺羅, 亦貧鄙之類也. 門務悉委於甲軍姜大, 姜大者極奸黠, 巧於侵漁, 灣商皆切齒. 宣川島中, 拿魚遼戶, 駐舶不已, 至於結廬, 結廬不已, 至於種田. 近聞鳳城將, 潛收稅銀, 尤可駭也. 我國譯官, 則年來不能充包, 嗷嗷然望後市之罷, 後市旣罷而灣商窘, 灣商窘而物貨不集, 包愈不充[456]矣, 又嗷嗷然望後市之復. 徒手數千里, 所恃者賞銀, 而馬料房錢, 消融畧盡, 貸[457]用公貨, 愁歎不眠, 妻子懸望, 親知勤托, 零銀碎錢, 無路稱[458]塞. 帖裏曰文, 翎子爲武, 從前體面, 有不暇顧, 潛帶馬頭, 四出騙買, 騙買盛, 而館商怨, 此等弊源, 不可不究也. 稱以正官, 馬死銀盡, 驪亦難, 雇車安敢望哉. 往往有蹁躚徒步而歸者, 見之悶然.[459]

454_ 焉 ｜ 전서본에는 '馬'로 되어 있다.
455_ 此 ｜ 전서본에는 '彼'로 되어 있다.
456_ 不充 ｜ 전서본에는 '不可充'으로 되어 있다.
457_ 貸 ｜ 수일본에는 '貨'로 되어 있는데, 문맥을 고려해 전서본에 따라 고쳤다.
458_ 稱 ｜ 전서본에는 '備'로 되어 있다.
459_ 見之悶然 ｜ 전서본에는 이 뒤에 "高麗宣宗時, 中書侍郞邵台輔奏, 令入遼使臣, 帶邊城將士爲傔從, 因互市之利, 得偵探之實"이라는 구절이 추가되어 있다.

關西馬頭者,[460] 如西域吏士, 皆非孝子順孫, 夏去, 跋涉泥塗數千里,
冬行, 眠處甓地三兩月, 此豈人所堪哉! 官分賞銀, 多不過十兩, 似不足
爲聊賴之資, 而纔來旋去, 屢去而不厭, 莫知其故也. 細察其情, 則此
屬[461]皆淸北賤卒, 遊食浮浪之徒, 距京師遠, 而彼地較近, 一入燕中, 則
乘太平車, 游歷都市繁華之場, 挾帶禁物, 發賣假貨, 諸姦利事, 無不爲
之. 以此之故, 至樂存焉, 赴燕之數, 有過三四十次者, 不可謂之平民也.

灣上跟役, 有所謂刷馬驅人者, 旣無氈笠, 又不裹巾, 頭髮鬅鬙, 敗絮
離披, 貿貿然驅馬而去. 余見西南諸蠻夷多矣, 皆被錦罽, 無如刷馬驅人
之醜陋者. 此屬一渡鴨綠, 則不怕彼人, 不怕我人, 偸竊酗罵歐鬪等事,
卽其所長也. 拿入欲棍之, 則曰: "生不如死, 固願死矣." 可謂無可奈何.
爲渠計者, 莫妙於馬斃, 皮與[462]肉可賣,[463] 又無馱載之苦,[464] 自有親族,
可以代立矣. 馬斃則例獻其耳, 以爲憑驗, 每見其跪於炕下, 作獻馘狀,
佯若涕泣, 其實喜甚也. 得此一耳, 水漬遞借, 或賣生馬, 以此來獻, 孰
能辨之哉! 今行, 馬斃十七匹矣. 余過新民屯時, 一[465]刷馬驅人, 蒙敗羊
皮, 旁車而過, 所駕馬創見如此醜陋之人, 噴鼻驚奔數百步, 莫可制. 畢
竟,[466] 車翻馬倒, 左輈折, 余傷額幾危.

又過沙河堡時, 路險車遲, 宿店中, 夜半大鬧, 問之, 則一刷馬驅人泥
醉, 怒馬不快走, 拔刀裂其吻, 血淋漓. 所馱兩籠, 落在河中, 持刀與店人
鬪. 護行章京, 縛而載諸車中. 云失幾貫錢於店人, 詬罵發作, 章京亦懼

460_ 關西馬頭者 | 이 구절이 전서본에는 "今之關西馬頭, 似沿其遺意, 而此輩"라고 되어 있다.
461_ 屬 | 전서본에는 이 글자가 없다.
462_ 與 | 전서본에는 이 글자가 없다.
463_ 賣 | 전서본에는 '買'로 되어 있다.
464_ 苦 | 수일본에는 '若'으로 되어 있는데, 문맥을 고려해 전서본에 따라 고쳤다.
465_ 一 | 전서본에는 '有一'로 되어 있다.
466_ 竟 | 수일본에는 '境'으로 되어 있는데, 문맥을 고려해 전서본에 따라 고쳤다.

怵, 不知所爲. 余言於首譯, 使之調停, 首譯謂章京曰: "吾自有處置之
道, 爾且解縛." 章京曰: "吾則無可無不可, 爾好置處."[467] 遂解之而去,
首譯使馬頭輩終夜圍守, 待其醒而送之. 使臣所帶, 正官以下, 至刷馬驅
人, 大略如此, 不至於生釁幸矣, 烏足爲耳目哉!

　十月初十日, 還渡江.[468]

467_置處ㅣ 전서본에는 '處置'로 되어 있다.
468_十月初十日, 還渡江ㅣ 이 구절은 수일본에는 없고 전서본에만 있다.

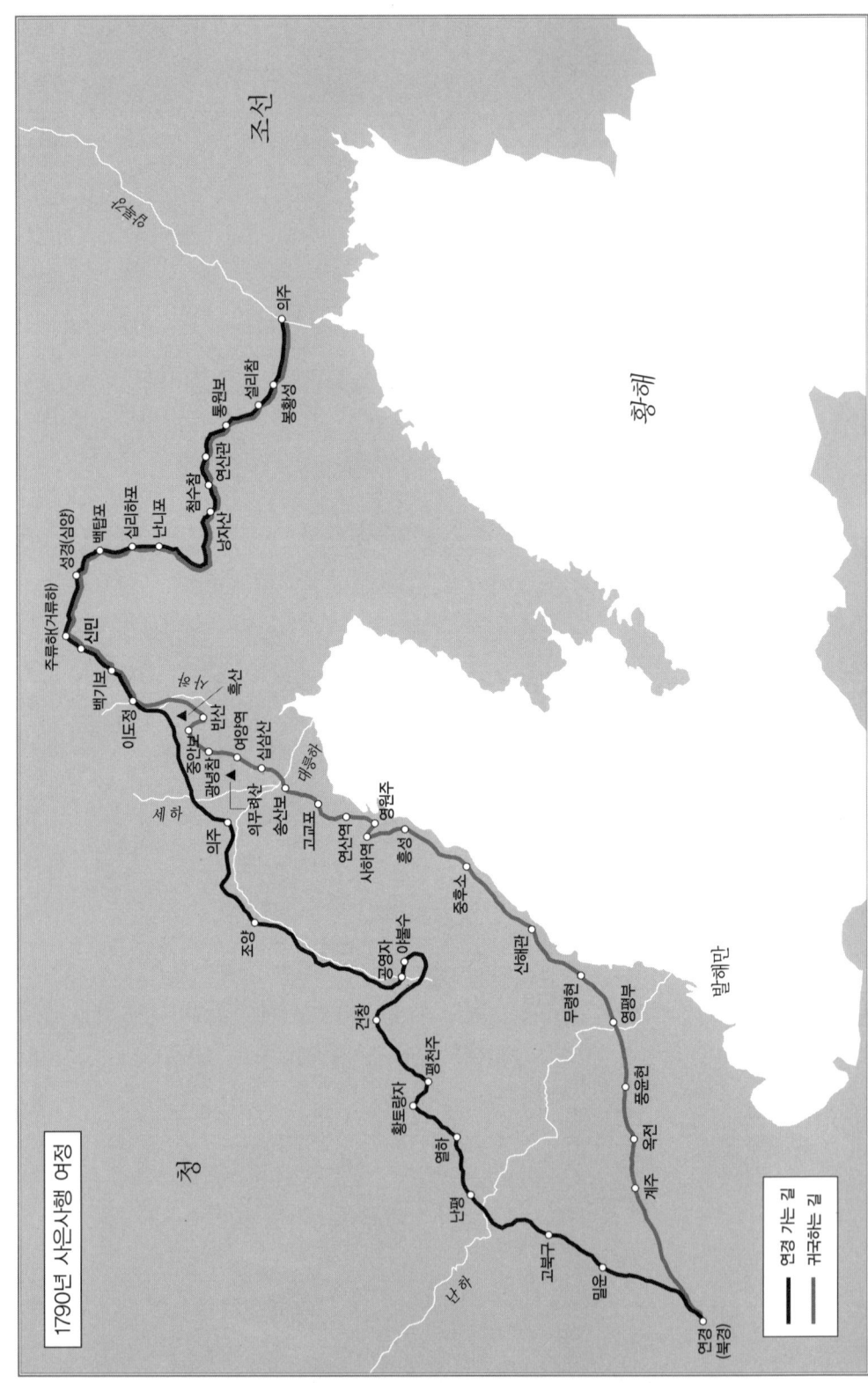

1790년 사은사행 여정

연경 가는 길
귀국하는 길

조선

청

압록강

황해

발해만

의주
백황성
설리참
통원보
연산관
청수참
남자산
낭자산
난니포
실리하포
성경(심양)
배탑포
주류하(거류하)
신민
베기퍼
이도정
백안포
판선
혹산
여양역
삼산산
중안참
평양관산
대릉하
이무려산
송산보
고교포
연산역
사하역
흥성
조양
공영자
아불수
건창
평천주
중후소
신해관
황토량자
열하
무령현
난평
봉읍현
영평부
계주
옥전
고북구
밀운
연경(북경)

세 하

난 하

◉ 1790년 사은사행 여정

5월 27일   하직 인사〔辭陛〕하고 출발

6월 7일   평양

    11일   의주

    12일   압록강

    22일   구련성九連城 → 온정평溫井坪

    23일   봉황산鳳凰山 → 책문柵門

    24일   삼대자三臺子 → 설리참雪裏站 → 황가장黃家莊

    25일   통원보通遠堡 → 연산관連山關

    26일   첨수참甛水站 → 동가장佟家莊 → 냉정참冷井站

    27일   요양遼陽 → 십리하포十里河鋪

    28일   백탑포白塔鋪 → 심양瀋陽

7월 1일   거류하보巨流河堡(《열하기행시주》에서는 7월 2일 밤중에 주류하周流河에 도착)

     2일   신민둔新民屯 → 백기보白旗堡

     3일   일판문一板門 → 이도정二道井

     4일   신점新店 → 백대자白臺子 → 정안보正安堡

     5일   사보자四堡子 → 위가령魏家嶺 → (세하細河를 건너) → 관제묘참關帝廟站

     6일   고대자高臺子 → 묘구참廟口站 → (대릉하大凌河를 건너) → 의주義州

     7일   두도하자頭到河子 → 육대변장六臺邊墻 → (유하柳河를 건너) → 석인구石
            人溝

     8일   수촌자水村子 → 망우영蟒牛營의 복녕사福寧寺

     9일   (대릉하를 건너) → 조양현

    10일   대영자大營子 → 삼가아三家兒 → 라마구喇嘛溝, 행호자杏胡子

11일	공영자公營子 → 야불수夜不收
12일	장호자張鬍子 → (대릉하를 건너) → 건창현建昌縣
13일	송가장宋家莊 → 양수구楊樹溝
14일	평천주平泉州 → (봉황령鳳凰嶺을 넘어) → 칠구七溝 → (상운령祥雲嶺을 넘어) → 서륙구西六溝
15일	황토량자黃土梁子 → (홍석령紅石嶺을 넘어) → 평대자平臺子 → 승덕부承德府 열하熱河
21일	(광인령廣仁嶺을 넘고 난하灤河를 건너) → 난평현灤平縣 → 왕가영王家營 → 상산욕常山峪
22일	(황토령黃土嶺, 청석령青石嶺을 넘어) → 양간방兩間房 → (조하潮河를 건너) → 고북구古北口
23일	(화석령火石嶺을 넘고 조하를 건너) → 석갑성石匣城 → 밀운현密雲縣
24일	회유현懷柔縣 → 남석조南石槽
25일	청하참清河站 → 황경皇京
26일	원명원圓明園

| 8월 12일 | 경사京師의 남관南館 |

9월 4일	통주通州
5일	연교포燕郊鋪 → 삼하현三河縣
6일	방균참邦均站 → 계주薊州
7일	오산점鰲山店 → 옥전현玉田縣
8일	사류하沙流河 → 풍윤현豐潤縣
9일	진자점榛子店 → 사하역沙河驛
10일	영평부永平府
11일	배음포背陰鋪 → 무령현성撫寧縣城 → 유관역楡關驛
12일	봉황점鳳凰店 → 홍화점紅花店
13일	산해관 → 팔리포八里鋪

14일	중전소中前所 → 양수하참凉水河站
15일	중후소中後所 → 동관역東關驛
16일	사하역 → 영원주寧遠州
17일	연산역連山驛 → 고교포高橋鋪
18일	송산보松山堡 → 쌍양점雙陽店
19일	대릉하 → 십삼산十三山
20일	여양역閭陽驛 → 광녕참廣寧站
21일	북진묘北鎮廟 → 중안보中安堡 → 소흑산
22일	신점 → 이도정
23일	일판문 → 백기보
24일	신민둔 → 고가자孤家子
25일	심양
26일	백탑포 → 십리하포
27일	난니포爛泥鋪 → 동경東京
28일	냉정참 → 낭자산浪子山
29일	(청석령을 넘어) → 첨수참
30일	(마천령摩天嶺을 넘어) → 연산관

10월 1일	(분수령分水嶺을 넘어) → 통원보
2일	황가장 → 설리참
3일	삼대자 → 봉황성鳳凰城 변문邊門
9일	온정평溫井坪
10일	진강성鎭江城 → 압록강을 건너와서 → 용만龍灣
22일	도착하여 복명復命

* 서호수의 《연행기》를 기준으로 1790년 사은사행 여정을 정리한 것이다.

정리: 임영길

◉ 유득공이 교유한 외국인들

공헌배孔憲培(1756~1793) 〈연성공〉

― 자는 양원養元, 호는 독재篤齋이며 초명은 윤헌允憲이다. 공자의 72세손으로 산동
　성 곡부曲阜 사람이다. 건륭 50년(1785)에 연성공衍聖公에 봉해졌다. 글씨와 그림
　에 재능이 있었고 특히 난을 잘 그렸다.

― 유득공은 원명원과 연경에서 공헌배를 여러 차례 만나 서로 선물을 주고받았다.
　공헌배는 유득공의 중국어 구사에 대해 칭찬하기도 하였다.

― 서호수는 2차 연행(1790) 때 공헌배가 글씨를 잘 쓴다 하여, '학산견일정鶴山見一
　亭'이란 편액을 써줄 것을 청하였다.(《연행기燕行紀》 권3, 1790년 8월 9일조)

괴륜魁倫(?~1800) 〈복건장군〉

― 완안씨完顔氏로, 만주 정황기인正黃旗人이다. 건륭 53년(1788)에 복건장군福建將
　軍으로 발탁되었다.

― 유득공은 1790년 열하의 조방朝房에서 박제가와 함께 있다가 괴륜을 만났다. 괴
　륜은 유득공의 부채에 자신이 지은 〈농화향만의弄花香滿衣〉라는 시 한 수를 써주
　었다. 이후 북경의 명사들에게 보여주자 "좋지 않다"고 하였으나, 유득공은 괴륜
　의 글씨도 좋고 사람됨도 걸출하여 좋아할 만하다고 하였다.

― 2차 연행 때 괴륜은 유득공과 함께 박제가를 만나 그의 부채에 국화를 그려주었
　다. 박제가의 회인시懷人詩 가운데 괴륜을 그리워하는 마음을 읊은 작품이 있는
　데, 이에 따르면 괴륜이 박제가의 부채에 그려준 국화 그림은 손가락에 먹물을
　찍어 그리는 지두화指頭畵 기법으로 그린 것이었다.(《정유각집貞蕤閣集》 3집, 〈회인
　시, 장심여를 본떠 짓다懷人詩 仿蔣心餘〉)

기윤紀昀(1724~1805)

− 자는 효람曉嵐·춘범春帆, 호는 석운石雲·관혁도인觀奕道人·고석노인孤石老人 등
 이며, 시호는 문달文達이다. 직례성直隸省 헌현獻縣 사람이다. 1754년 진사에 급제
 하여 한림원 편수編修가 되었고, 1768년 한림원 시독학사侍讀學士가 되었으며, 후
 에 예부시랑禮部侍郎, 병부상서兵部尙書가 되었다. 1773년 청에 고종高宗의 칙명을
 받들어《사고전서四庫全書》편찬사업의 총찬수관總纂修官으로 10여 년간 종사하였
 고, 《사고전서총목제요四庫全書總目提要》의 주편主編을 담당하였다. 저서로는《기
 문달공유집紀文達公遺集》16권과《열미초당필기閱微草堂筆記》가 있다.

− 유득공은 기윤의 집을 방문해《사고전서》편찬의 진척 상황에 대해 물었다. 또
 기윤은 박제가를 통해 유득공의《영재집泠齋集》을 이미 읽어보았다고 하였다. 유
 득공은《열하기행시주》를 지은 뒤, 자신의 세 번째 연행 경험을《연대재유록燕臺
 再遊錄》으로 남겼는데, 1801년에 다시 기윤을 만나 나눈 대화가《연대재유록》에
 실려 있다.

− 이덕무李德懋(1741~1793)는 1778년 사은謝恩 겸 진주사陳奏使로 북경에 가서 기
 윤과 교유하였다.

− 박제가는 1차 연행(1778)과 2차 연행 때 기윤과 교유하였고 그의 시에서 기윤에
 대해 언급하였다.(《정유각집》3집, 〈회인시, 장심여를 본떠 짓다懷人詩 倣蔣心餘〉; 4집,
 〈속회인시續懷人詩〉, 〈연경잡절, 임은수 자형을 보내며 옛일을 추억해 붓 가는 대로 쓰다.
 모두 140수이다燕京雜絶 贈別任恩叟姊兄 追憶信筆 凡得一百四十首〉)〈효람 기윤 상서가
 보내준 부채의 시에 차운하다次韻禮部尙書曉嵐紀公昀詩扇見贈〉, 〈기효람이 보내준
 시에 다시 차운하다追次曉嵐見寄詩韻〉등 기윤의 시에 차운次韻한 작품도 있다.

− 서호수는 2차 연행 때 원명원에서 기윤을 만나, 《명사明史》와《대청일통지大淸一
 統志》교정작업의 진척 상황에 대해 물었다.(《연행기》권2, 1790년 7월 30일조)

− 홍양호洪良浩(1724~1802)는 그의 2차 연행(1794) 때 기윤을 만났다. 기윤에게 자
 신의 시집과 문집의 서문을 받을 정도로 두터운 친교를 맺었으며, 귀국 후 만년
 에 이르도록 서신 왕래를 통해 학술교류를 하였다.(《이계집耳溪集》) 이유원李裕元
 (1814~1888)의《임하필기林下筆記》권34, 〈기효람이 이계에게 준 물품紀曉嵐贈耳溪
 物〉에 기윤이 홍양호에게 준 벼루, 먹 등의 선물들이 열거되어 있다.

- 홍희준洪義俊(1761~1841)은 그의 1차 연행(1794) 때 부친 홍양호와 함께 기윤을 만났다.(《전구傳舊》)
- 서형수徐瀅修(1749~1824)는 1799년 7월 진하進賀 겸 사은 부사副使로 북경에 가서 기윤과 교유하였으며, 자신의 문집 서문을 받았다. 또한 기윤과 대화한 내용을 문답 형식으로 기록한 〈기효람전紀曉嵐傳〉을 지었다.(《명고전집明皐全集》 권14)

김과예金科豫(?~?)　　　　　　　　　　　　　　　〈심양서원〉

- 자는 선립先立, 호는 입암笠庵이다. 건륭 48년(1783)에 과거에 급제하였다.
- 유득공은 1778년 가을, 심양서원에 머물면서 김과예와 교유하였다. 1790년 6월 다시 심양에 갔을 때, 황문교黃文橋로부터 김과예가 다른 지방으로 부임하여 심양을 떠났다는 말을 들었다.
- 이덕무는 1778년 연행 때 심양에서 김과예 등 7인과 필담을 나누었다.(《청장관전서靑莊館全書》 권66, 〈입연기入燕記〉 下, 정조 2년 4월 21일조)
- 박제가는 1차 연행 때 교유한 김과예의 시에 차운한 시를 남겼다.(《정유각집》 1집, 〈차김과예次金科豫〉)

김농金農(1687~1764)　　　　　　　　　　　　　　〈나양봉〉

- 자는 수문壽門, 호는 동심冬心이며 절강성 인화仁和 사람인데, 오랫동안 양주揚州에 살았다. 평생 불우하여 벼슬을 하지 못하였다. 시·서·화에 능하였고, 옛것을 좋아하여 금석문자를 매우 많이 수장하고 있었다. '양주팔괴揚州八怪'의 한 사람이자, 나빙의 스승이다. 저서로는 《동심선생집冬心先生集》과 《동심선생화죽제기冬心先生畵竹題記》 등이 있고, 〈연당도蓮塘圖〉 등의 그림이 있다.
- 유득공은 "양봉에게는 청출어람靑出於藍의 묘함이 있어, 세상에 전하는 동심의 그림은 태반이 양봉의 손에서 나온 것이라 한다"라고 기록하였다.

나빙羅聘(1733~1799) 〈나양봉〉

- 자는 돈부遯夫, 호는 양봉兩峰이며 강소성 양주부 사람이다. 스스로 '화지사승花之寺僧'이라 하였다. 김농의 고제高弟로서 시에 능하고 그림을 잘 그렸는데, 특히 묵매墨梅와 난죽蘭竹에 뛰어났다. '양주팔괴'의 한 사람이다.
- 유득공은 박제가와 함께 나빙의 집을 여러 차례 방문할 정도로 친분이 두터웠다. 특히, 나빙은 유득공의《이십일도회고시二十一都懷古詩》를 보고 매우 좋아했다고 한다.《영재집》권4에 〈별나양봉別羅兩峯〉이 실려 있다.
- 박제가는 2차 연행 때 나빙과 교유하며 시문과 그림을 주고받았다.(《정유각집》3집,〈나양봉의 매화 그림 부채에 쓰다題羅兩峯聘 畫梅扇面 贈錢秀才東壁 歸嘉定〉,〈나양봉의 대나무 난초에 쓰다題兩峯畫竹蘭草〉) 특히, 나빙이 그린 박제가의 초상화가 실물은 소실되고 현재 사진으로만 전하는데, 박제가의 사람됨과 용모를 잘 나타낸 것으로 유명하다. 또 박제가의 회인시 중에 나빙을 그리워하는 마음을 읊은 작품이 있다.(《정유각집》3집,〈회인시, 장심여를 본떠 짓다懷人詩 仿蔣心餘〉)

나윤찬羅允纘(?~?) 〈나양봉〉

- 자는 연당煉塘 · 연당練堂, 호는 소봉小峰이며 나빙의 아들이다. 매화를 잘 그렸으며 산수화도 그렸는데, 모두 가법家法의 영향이 있었다.
- 유득공은 당시 사람들이 나빙과 나윤찬 부자를 나은羅隱과 나새옹羅塞翁 부자에 견주었다고 기록하였다.

담윤당湛潤堂(?~?) 〈철야정 시랑〉

- 유득공은 1790년 열하 행궁 궐문의 오른쪽 군기방에서 담윤당을 만났다.

대진戴震(1724~1777) 〈연성공〉

- 자는 동원東原 · 신수愼修 · 매계呆溪, 안휘성安徽省 휴령休寧 사람이다. 건륭 연간

에《사고전서》를 찬수纂修하였다. 기윤과 구일수裘日修가 조정에 천거하여 편수관에 충임充任되었고 서길사庶吉士에 제수되었다. 저서로는《맹자자의소증孟子字義疏證》,《고공기도考工記圖》,《의례석궁儀禮釋宮》,《성운고聲韻考》,《성류표聲類表》,《구고할환기勾股割圜記》등이 있다.

- 유득공이 공헌배에게 받은 선물 중에 대진의《고공기도》가 있다.

무휘진武輝瑨(?~?) 〈안남왕〉

- 안남의 공부상서工部尙書를 지냈고, 호택후灝澤侯에 봉해졌다.
- 서호수는 2차 연행 때 무휘진과 시를 수창하였다.(《연행기》권2, 1790년 7월 19일조)

반정균潘庭筠(1742~?) 〈어사 반추루〉

- 자는 향조香祖 · 난공蘭公, 호는 추루秋庫 · 난타蘭垞이며 절강성 전당錢塘 사람이다. 시 · 서 · 화에 모두 능하였으며, 과거 급제 후 어사까지 벼슬을 지냈다. 저서로는《가서당집稼書堂集》이 있다.
- 1778년 여름, 이덕무와 박제가가 연경에 가서 반정균과 교분을 맺었는데, 이를 계기로 반정균은 유득공에게 편지를 보냈다.
- 홍대용洪大容(1731~1783)은 1765년(영조 41) 11월에 동지사冬至使 서장관書狀官이 된 계부季父 홍억洪檍의 수행군관으로 북경에 가서, 반정균과 교유하며 경의經義 · 성리性理 · 풍속 등에 대해 토론하였다.(《담헌서외집湛軒書外集》권1, 〈여반추루정균서與潘秋庫庭筠書〉)
- 이덕무는 1778년 연행 당시 북경의 종인부宗人府 근처에 있던 반정균의 자택을 여러 차례 방문하였다. 그 뒤 10여 년이 지나 이덕무는 자호自號인 '청장관靑莊館' 세 글자를 직접 써줄 것과 〈청장관기靑莊館記〉와 〈청장관집서靑莊館集序〉를 지어줄 것을 반정균에게 부탁하였다.(《청장관전서》권19;《아정유고雅亭遺稿》권11, 〈반추루〉) 또《청비록淸脾錄》에도 '반추루' 조가 있다.(《청장관전서》권34)
- 박제가는 1 · 2차 연행에서 반정균과 교유하였다. 박제가의 회인시 중에 반정균

을 그리워하는 마음을 읊은 작품이 있다.(《정유각집》 3집, 〈회인시, 장심여를 본떠 짓다懷人詩 仿蔣心餘〉;《정유각문집貞蕤閣文集》 권4, 〈여반추루與潘秋庫〉) 유금柳琴(1741~1788)은 1776년 진하사 겸 사은사로 연경에 갔다. 이때 유금이 《한객건연집韓客巾衍集》을 가지고 가서, 이조원李調元의 소개로 반정균의 서문과 시평을 받아왔다. 이에 박제가는 감사하는 마음을 표하여 〈여반추루〉를 지었다. 반정균은 〈정유각집서貞蕤閣集序〉를 쓰기도 하였다.

− 서형수는 반정균, 축덕린祝德麟, 이조원을 추억하는 시를 지었다.(《명고전집》 권1, 〈중국의 세 군자를 추억하다憶中州三君子三首〉)

반휘익潘輝益(1750~1822)　　　　　　　　　　〈안남왕〉

− 안남安南의 이부상서吏部尚書를 지냈다.

− 유득공은 1790년 안남왕 완광평阮光平의 종신從臣으로 연경에 온 반휘익을 만났다. 유득공은 반휘익을 새 왕조가 들어선 지 얼마 안 된 때에 왕을 수행한 자이니만큼 외교에 능하고 지혜가 풍부하여 급박할 때 의지할 만한 자일 것으로 보았다.

− 유득공의 《영재집》 권4에 〈안남 이부상서 반휘익에게 차운하여주다和贈安南吏部尚書潘輝益〉라는 시가 실려 있다.

− 박제가는 2차 연행 때 반휘익과 시를 주고받았다.(《정유각집》 3집, 〈안남 이부상서 반휘익과 호택후 공부상서 무휘진에게 주다贈安南吏部尚書潘輝益 灝澤候工部尚書武輝瑨〉, 〈반휘익 시에 차운하다, 부사를 대신하여 짓다次韻潘輝益 代副使作〉)

− 서호수는 2차 연행 때 반휘익을 만났다. 이때 반휘익은 서호수에게 1597년 지봉芝峯 이수광李睟光(1563~1628)과 안남의 풍극관馮克寬이 시를 수창한 사실에 대해 물었다.(《연행기》 권2, 1790년 7월 16일조) 또한 반휘익과 서호수는 시를 수창하였다.(《연행기》 권2, 1790년 7월 19일조)

배진裴振(?~?)　　　　　　　　　　　　　　　〈심양서원〉

− 자는 서로西鷺, 산서성山西省 평양부平陽府 사람이다.

− 유득공은 1778년 가을, 심양서원에 머물면서 배진과 교유하였다. 1790년 6월 다시 심양에 갔을 때, 황문교로부터 배진이 옛사람이 되었다는 말을 들었다.

− 이덕무는 1778년 사은 겸 진주사로 북경에 가던 중 심양서원을 방문하여 배진을 만났다. 이덕무의 기록에 따르면, 배진의 용모는 매우 순후醇厚하고 학문이 해박하였다고 한다.(《청장관전서》 권67,〈입연기〉下, 정조 2년 윤6월조)

손호孫鎬(1733~1789) 〈심양서원〉

− 자는 봉모丰謨 · 기계芑溪, 호는 눌부訥夫이며, 소문昭文(지금의 강소성 상숙常熟) 사람이다. 벼슬은 노안路安 지부知府를 지냈다.

− 유득공은 1778년 가을, 심양서원에 머물면서 손호와 교유하였다. 1790년 6월 다시 심양에 갔을 때, 황문교로부터 손호가 옛사람이 되었다는 말을 들었다.

심영신沈映宸(?~?) 〈심양서원〉

− 유득공은 1778년 가을, 심양서원에 머물면서 심영신과 교유하였다. 1790년 6월 다시 심양에 갔을 때, 황문교로부터 심영신이 다른 지방으로 부임하여 심양을 떠났다는 말을 들었다.

− 본서〈심양서원〉에 실린 시가 유득공의《영재집》 권3에 '서원의 여러 수재와 이별하며別書院諸秀才'라는 제목으로 수록되어 있다. 이 제목에 "奉天府王瑗 · 沈映宸, 遼陽王志騏, 錦州金科豫, 復州姜文玉諸人"이라는 주석이 붙어 있다. 이 시는 유득공이 심양서원을 떠날 때 청나라 사람들이 증별시贈別詩를 지어주자 그에 화운和韻한 것이다.

심영풍沈映楓(?~?) 〈심양서원〉

− 심영신의 아우.

− 유득공은 1778년 가을, 심양서원에 머물면서 심영풍과 교유하였다. 1790년 6월

다시 심양에 갔을 때, 황문교로부터 심영풍이 다른 지방으로 부임하여 심양을 떠났다는 말을 들었다.

심초沈初(?~?) 〈기효람 대종백〉

- 유득공은 1790년 원명원 동문 밖에서 황제의 어가御駕를 영접하였을 때 시랑 심초를 만났다. 서호수는 이때 심초의 지위를 내각內閣 한학사漢學士로 적었다.(《연행기》권2, 1790년 7월 30일조)
- 박제가는 〈왕어양의 세모회인시를 장난삼아 모방하다戲倣王漁洋歲暮懷人〉(《정유각집》1집)라는 시에서 심초를 그리워하는 마음을 읊었다.

아계阿桂(1717~1797) 〈원명원〉

- 자는 광정廣廷, 호는 운암雲岩이며 만주 정람기正藍旗 출신이다. 태학사 아극돈阿克敦의 아들이다. 건륭 36년(1771)에 금천金川의 색낙목索諾木과 소금천小金川의 승격상僧格桑이 일으킨 변란을 수년간 평정하고자 하였으나 실패하였는데, 건륭 38년(1773) 아계가 정서장군으로 임명되어 2년간의 전쟁을 통해 마침내 금천을 평정하고 색낙목을 포로로 잡아 북경으로 압송하였다. 이 같은 전공을 세워 정백기正白旗에 소속되었고, 청조의 명장名將으로 이름을 떨쳤다. 군기대신軍機大臣, 정홍기正紅旗 만주도통滿洲都統, 공부상서, 태자태보太子太保, 이부상서, 무영전 태학사武英殿太學士 등 내외직에 중용되었다.
- 유득공은 1790년에 당시 78세의 아계를 만났는데, 청나라 조정에서 가장 현명한 인물이며, 대신의 풍모를 지니고 있었다고 기록하였다.
- 서호수는 2차 연행 때 원명원에서 아계를 만났다. 귀국 후 정조에게 복명復命하는 자리에서 "아계가 청렴하고 검소하며 단아하여 백성들의 여망을 받고 있으며, 청 황제의 아계에 대한 대우 역시 전과 다름없다"고 말하였다.(《연행기》권4, 1790년 10월 22일조)
- 박지원朴趾源(1737~1805)은 1780년 열하의 피서산장避暑山莊에서 학성郝成에게

무관武官으로서 학식을 갖춘 내력을 물었는데, 학성은 박지원의 물음에 답하면서 아계를 문무를 겸한 인물로 평하였다.(《열하일기熱河日記》〈피서록避暑錄〉)

아필달阿必達(1744~1791) 〈원명원〉

– 초명初名은 아미달阿彌達로, 아계의 아들이다. 아필달은 서령西寧에서 하신河神에게 제사를 올리라는 건륭제의 명을 받고 황하의 수원水源을 찾아 들어갔으며, 그로 인하여 《하원기략河源紀略》이 편찬되었다.

– 유득공은 아필달을 직접 만나보지는 못하였으나, 그가 황하의 시원지를 답사하였던 경험으로 미루어 '틀림없이 강성한 힘을 가진 사람일 것'으로 보았다.

오조吳照(1755~1811) 〈오백암〉

– 자는 조남照南, 호는 백암白菴이며 강서성 남성南城 사람이다. 관직은 교유教諭를 지냈고, 방달한 성격으로 시와 육서六書에 조예가 있었다고 한다. 저서로 《청우루시집聽雨樓詩集》, 《설문자원고략說文字源考略》, 《노자설략老子說略》 등이 있다.

– 유득공은 나빙을 통해 오조와 교유하였다. 오조는 유득공에게 자신의 저작인 《설문편방고說文編旁考》를 보내주었으며, 자신의 집에 찾아온 유득공을 위해 작은 첩자帖子에 대나무를 그려주기도 하였다.

– 박지원의 《열하일기》〈피서록〉에 소주蘇州에 있는 석호石湖를 유람하며 지은 오조의 시 6수가 실려 있다. 규장각본 《열하일기》에는 오조에 대해, "저서로 《설문편방고》가 있으며 대나무를 잘 그린다. 거처하는 방은 사방 벽에 묵죽墨竹이 우수수하여 죽림竹林 속에 앉아 있는 듯하다고 한다"라는 주가 붙어 있다.(김명호, 《열하일기연구》, 창비, 1990, 33쪽)

– 박제가는 2차 연행 때 오조와 교유하였다. 본서 〈오백암〉에 오조가 박제가에게 〈석호어은도石湖漁隱圖〉에 큰 글자로 제축題軸을 써달라고 청한 일이 보인다. 박제가는 표제의 큰 글씨를 썼을 뿐만 아니라 〈백암 오조의 석호과경도 그림에 쓰다題白菴吳照石湖課耕圖卷〉라는 시를 지었다.(《정유각집》 3집)

옥보玉保(?~?)

— 자는 덕부德符·낭봉閬峯이며, 철보鐵保의 아우이다. 건륭 46년에 진사가 되었고 이후 이부좌시랑吏部左侍郞을 여러 차례 역임하였으며, 문집으로 《나월헌존고蘿月軒存稿》가 있다.

— 유득공은 1790년 열하 행궁 궐문의 오른쪽 군기방에서 옥보를 만났다. 당시 내각학사內閣學士로 있던 옥보는 시로 명성이 있었으며, 철보·옥보 형제가 모두 문장을 잘하여 임금의 측근에 출입한다고 기록하였다.

— 박제가는 2차 연행 때 옥보와 교유하였다. 회인시 중에 옥보를 그리워하는 마음을 읊은 작품이 있다.(《정유각집》3집, 〈회인시, 장심여를 본떠 짓다懷人詩 仿蔣心餘〉)

옥십리沃什里(?~?)

— 금주錦州 사람 옥십리는 1790년 심양의 어느 길에서 유득공 일행을 만났다. 유득공은 이때 수레 안에서 잠을 자느라 옥십리를 대면하지 못하였으나, 옥십리는 1778년 심양서원에서 유득공을 만난 적이 있다고 하며 반가움을 표하였다.

옹방강翁方綱(1733~1818)

— 자는 정삼正三, 호는 담계覃溪·소재蘇齋·보소재寶蘇齋이며 직례 대흥大興 사람이다. 관직은 내각학사에 이르렀다. 탁월한 감식력을 지니고 있어서, 그의 고증을 거친 유명한 제발題跋과 비첩碑帖이 매우 많다. 글씨는 구양순歐陽詢·우세남虞世南을 사숙하였는데, 법도를 엄격하게 지켰으며 예서隷書에도 뛰어났다. 시와 문장도 잘 지었는데, 시론詩論 방면에서는 '의리義理'와 '문사文詞'의 결합을 주장한 '기리설肌理說'을 제창하였다. 저서로는 《양한금석기兩漢金石記》, 《한석경잔자고漢石經殘字考》, 《초산정명고焦山鼎銘考》, 《소미재난정고蘇米齋蘭亭考》, 《복초재문집復初齋文集》, 《석주시화石洲詩話》 등이 있다.

— 유득공은 나빙이 그린 〈귀취도鬼趣圖〉에 제시題詩한 해내海內의 명사들 가운데 한 사람으로 옹방강을 들었다.

- 박제가는 4차 연행(1801) 때 옹방강과 교유하며 시문을 주고받았다. 《정유각집》에 옹방강에게 부친 시와 옹방강을 그리워하는 마음을 읊은 시가 있다.(《정유각집》 3집, 〈옹 시랑에게 부치다寄翁侍郞〉: 4집, 〈속회인시續懷人詩〉)
- 김정희金正喜(1786~1856)는 1810년 연경에서 옹방강 부자父子를 만났다. 김정희가 옹방강을 스승으로 삼게 된 데에는 그의 스승 박제가의 영향이 매우 컸다.(《완당집阮堂集》)
- 신위申緯(1769~1845)는 1811년 연행 때 주청왕세자책봉사奏請王世子冊封使의 서장관으로 북경에 갔다. 연행에 오르기 전 후배 김정희의 권유를 듣고 옹방강 부자를 만났다.(《경수당전고警修堂全藁》 권1, 〈옹방강이 나의 초상화에 붙인 시에 차운하다次韻翁覃溪方綱 題余小照〉)

완원阮元(1764~1849)　　　　　　　　　〈유환지·완원 두 태사〉

- 자는 백원伯元, 호는 운대芸臺이며 시호는 문달文達이다. 강소성 의징儀徵 사람이다. 건륭 54년(1789)에 진사가 되었고 도광道光 연간에는 벼슬이 태부太傅에 이르렀다. 청조 학자들의 경학 관련 저술을 집대성하여 《황청경해皇淸經解》를 편찬하였고, 《국사유림전國史儒林傳》을 지었으며, 《십삼경주소十三經注疏》를 교감하였다. 저서로는 《회해영령집淮海英靈集》, 《광릉시집廣陵詩集》, 《거제고기車制考紀》가 있다.
- 유득공이 1790년 연경의 객관에 머물고 있을 때, 완원과 유환지가 함께 수레를 타고 왔다. 아무도 그들을 맞아주지 않았는데, 유득공이 그들을 불러 대화를 나누었다. 기윤이 완원의 《거제고기》를 칭찬하였다고 전해주자 완원은 기뻐하였다. 완원은 유득공의 시집을 매우 보고 싶어 하였는데, 옹방수의 처소에 가면 꼭 찾아 읽어보겠다고 하였다.
- 서유문徐有聞(1762~1822)은 1798년 삼절년공三節年貢 겸 사은사 서장관으로 북경에 가서 완원과 교유하였다.(《무오연행록戊午燕行錄》)
- 김정희는 1810년 연경에서 완원을 만나 사제師弟의 연을 맺었다.(《완당집》)

왕걸王杰(1725~1805)

〈원명원〉

- 자는 위인偉人, 호는 성국惺國이며 섬서성陝西省 한성韓城 사람이다. 강소순무사江蘇巡撫使 진굉모陳宏謀의 막료로 출발하여 내각학사를 거쳐 동각태학사東閣太學士 등을 역임하며 79세까지 조정의 대신으로 신임을 받았다. 장재張載에게 영향을 받아 경세經世의 학문에 주력하였다. 주요 저서로《성원역설惺園易說》,《보순각집葆醇閣集》등이 있다.

- 서호수는 2차 연행 때 원명원에서 왕걸과 교유하였다. 이때 왕걸은 서호수에게 《동국비사東國秘史》와《동국성시東國聲詩》등의 책이 있는지를 물었다. 또 이색李穡과 정몽주鄭夢周의 문집을 구해달라고 하였다. 그리고 한백겸韓百謙의《기전고箕田攷》를 보내달라고 간절히 요청하였다. 서호수는 왕걸의 이 같은 간청이 조선의 자료를《사고전서》에 편입하려는 의도에서 나온 것으로 파악하였다.(《연행기》권3, 1790년 8월 3일조)

- 이갑李岬(1737~1795)은 1777년 진하 · 사은 · 진주 겸 동지사 부사로, 청 고종의 모후인 황태후가 부묘祔廟된 데 대한 축하를 목적으로 참여한 사행에서 왕걸과 교유하였다.(《연행기사燕行記事》)

왕명성王鳴盛(1722~1797)

〈오백암〉

- 자는 봉개鳳喈, 호는 서장西莊 · 예당禮堂 · 서지西沚이며 강소성 가정嘉定 사람이다. 건륭 연간에 진사가 되었고, 여러 차례 예부시랑을 역임하였다. 말년에는 소주에서 30여 년을 살다가 78세로 죽었다. 성당盛唐의 시를 배웠고 고문古文으로 이름이 났다.《상서후안尚書後案》·《십칠사상각十七史商榷》·《아술편蛾術編》등을 편찬하였고, 저서로는《경양재집耕養齋集》·《서지거사집西沚居士集》등이 있다. 전대흔錢大昕과 함께 건륭 연간에 시문으로 저명하였던 '강남칠자江南七子'의 한 사람이다.

- 유득공은 오조가 왕명성에게 시재詩才를 인정받았다고 기록하였다.

왕원王瑗(?~?) 〈심양서원〉

– 유득공은 1778년 가을, 심양서원에 머물면서 왕원과 교유하였다.

왕지기王志騏(?~?) 〈심양서원〉

– 유득공은 1778년 가을, 심양서원에 머물면서 왕지기와 교유하였다.

웅방수熊方受(?~?) 〈웅방수·장상지 두 서상〉

– 자는 개자介茲이며, 호號는 몽암夢菴 · 정봉定峯이며, 광서廣西 영강주永康州 사람이다. 건륭 연간에 진사를 거쳐 검토檢討 · 산동태기조제도山東兌沂曹濟道를 역임하였다. 시문을 잘 지었으며, 저서로《우환초偶闤草》가 있다.

– 완원이 유득공의 시집을 매우 보고 싶어 하였으나, 유득공은 지금 보여줄 수 없어 안타깝다고 말하였다. 이에 완원은 웅방수의 처소에 가면 꼭 찾아 읽어보겠다고 하였다.(본서 〈유환지·완원 두 태사〉) 유득공과 박제가는 서상관庶常館에 자주 가서 한림 서길사 웅방수, 장상지와 시를 논하였다. 유득공은 웅방수를 뛰어나고 걸출한 사람이라 평하였다. 유득공이 조선으로 돌아올 때, 웅방수는 유득공에게 송별시를 지어주었다.

– 박제가는 2차 연행 때 웅방수와 교유하였다. 조선으로 돌아오며 박제가는 웅방수 · 웅방훈熊方訓 형제에게 증별시를 써주었으며, 훗날 웅방수를 그리워하는 회인시를 지었다.(《정유각집》 3집, 〈웅방수·웅방훈 형제에게 주다贈別熊林方受 · 孝廉方訓兄弟 二首〉, 〈회인시, 장심여를 본떠 짓다懷人詩 仿蔣心餘〉) 또 1793년 가을에 박제가가 소실小室을 들였는데, 웅방수가 이를 축하하는 시를 지어 보내기도 하였다.(《정유각집》 4집, 〈연경잡절, 임은수 자형을 보내며 옛일을 추억해 붓 가는 대로 쓰다. 모두 140수이다燕京雜絶 贈別任恩叟姊兄 追憶信筆 凡得一百四十首〉)

원매袁枚(1716~1797)

〈나양봉〉

- 자는 자재子才, 호는 간재簡齋 · 수원隨園이며 절강성 전당 사람이다. 건륭 4년
  (1739)에 진사에 합격하였다. 율수溧水 · 강녕江寧의 지현知縣 등을 역임하다 40세
  때 관직에서 물러나 강녕성 서쪽 소창산小倉山에 집을 지어 수원隨園이라 하고,
  시문을 짓는 것으로 즐거움을 삼았다. 70세에 서길사로 상원上元의 지현이 되었
  다. 저서로는《소창산방시문집小倉山房詩文集》,《수원시화隨園詩話》등이 있다.
- 유득공은 나빙이 그린 〈귀취도〉에 제시題詩한 해내의 명사들 중 한 사람으로 원
  매를 들었다. 또 오조가 원매에게서 시재詩才를 인정받았다고 기록하였다.
- 이덕무는 반정균에게 보내는 편지에서 원매를 소개해줄 것을 청하며, 원매에게
  서 서문이나 기문을 받기를 기대하는 마음을 표하였다.(《청장관전서》권19,《아정
  유고》권11, 〈반추루〉) 또한 이조원이 원매를 당대 제일의 재사才士라 칭송하였다는
  기록이《청비록》'원자재袁子才' 조에 보인다.(《청장관전서》권35)

유환지劉鐶之(?~1821)

〈유환지 · 완원 두 태사〉

- 자는 패순佩循, 호는 신방信芳이며 산동성 제성諸城 사람이다. 건륭 44년(1779)에
  진사를 거쳐 가경嘉慶 16년(1811)에 병부상서가 되었고, 가경 24년(1819)에 이부
  상서를 지냈다. 관직에 있을 때 엄정하고 바른말을 잘했으며, 산수화에도 능했다
  고 한다. 시호는 문공文恭이다.
- 유득공이 1790년 연경의 객관에 머물고 있을 때, 완원과 유환지가 함께 수레를
  타고 왔다. 아무도 그들을 맞아주지 않았는데, 유득공이 그들을 불러 대화를 나
  누었다. 유득공은 젊은 시절의 완원과 유환지를 명망 있는 선비로 인정하였다.

이기원李驥元(?~?)

〈이묵장 · 이부당 두 태사〉

- 자는 칭기稱其, 호는 부당鳧塘이다. 이정원의 동생이며, 기윤의 문인門人이었다.
  생몰년은 분명치 않은데, 유득공이 1801년에 지은《연대재유록》에 등장하는 유
  득공과 기윤의 대화 중 이기원이 단명하였다는 사실이 나온다.

– 이덕무는 1778년 연행에서 박제가와 함께 이정원을 방문하였으나 만나지 못하고, 그의 동생 이기원과 필담을 하였다. 당시 이기원의 나이는 24세였는데, 기재奇才였다고 한다.(《청장관전서》, 〈입연기〉下, 1778년 6월조) 또 〈이부당을 그리며有懷李鳧塘〉라는 시와 서간이 문집에 실려 있다.(《청장관전서》 권11 ; 《아정유고》 권3)

이정원李鼎元(1749~1812) 〈이묵장·이부당 두 태사〉

– 자는 화숙和叔·환기煥其, 호는 묵장墨莊이다. 이조원의 종제從弟로서 조선의 사인들과 친분이 깊었다. 관직은 병부주사兵部主事에 이르렀으며 시문에 뛰어났다.
– 유득공은 이정원과 이기원을 10여 년 동안 소식을 나눈 천애天涯의 옛 친구라고 표현하였다. 이정원과 이기원의 문집들을 살펴보니, 이조원이 파직된 일을 말하면서 강개한 어투가 많았다고 한다.
– 이덕무는 1778년 연행에서 이정원과 담론하고 글을 주고받았다. 《청장관전서》 권11과 《아정유고》 권3에 〈이묵장을 그리며有懷李墨莊〉라는 회인시가 있다.
– 박제가는 2차 연행 때 이정원과 교유하였다. 박제가의 회인시 중에 이정원을 그리워하는 마음을 읊은 작품이 있다.(《정유각집》 3집, 〈회인시, 장심여를 본떠 짓다懷人詩 仿蔣心餘〉)
– 김정희는 1809년 동지사 겸 사은사로 북경에서 이정원과 교유하였다.

이조원李調元(1734~1803) 〈이묵장·이부당 두 태사〉

– 자는 갱당羹堂·찬암贊菴, 호는 우촌雨村·간운루看雲樓·운룡산인雲龍山人이며 면주綿州 사람이다. 건륭 28년(1763)에 진사가 되었고, 한림원 서길사를 거쳐 직례直隷 통영도通永道를 지냈다. 《함해函海》를 편찬하였고, 저서로는 《우촌시화雨村詩話》, 《미자헌한담尾蔗軒閒談》, 《동산시문집童山詩文集》 등이 있다.
– 유득공은 이정원과 대화하면서 이조원을 언급하고 있다.
– 이덕무는 1778년 연행에서 이조원과 교유하였다. 《청비록》 '이우촌' 조에서 이조원이 정진방程晉芳·축덕린 등과 시금계詩襟契를 맺은 사실을 기록하며, 이조원의

시 10수를 소개하였다.(《청장관전서》권35)

- 서호수는 1776년 연경에 갔을 때 이조원과 여러 차례 만나 서로 친숙한 사이였다.(《연행기》권2, 1790년 7월 9일조)

- 박제가의 회인시 중에 이조원을 그리워하는 마음을 읊은 작품이 있다.(《정유각집》 3집, 〈회인시, 장심여를 본떠 짓다懷人詩 仿蔣心餘〉) 1776년에 유금이 《한객건연집》을 가지고 연경에 가서 이조원의 소개로 반정균의 서문과 시평을 받아오자, 박제가는 이에 감사하는 마음을 표하여 〈여이갱당與李羹堂〉을 지었다. 이조원은 박제가의 《정유각문집》에 서문을 쓰기도 하였다.

장도악張道渥(1757~1829) 〈장수옥〉

- 자는 수옥水屋, 호는 죽휴竹畦이며 강소성 양주부 사람이다. 얽매이지 않는 성격으로 인해 사람들은 그를 '장풍자張風子'라 일컬었다. 관직은 울주蔚州 지주知州를 지냈으며, 글씨와 시에 능하였고 산수화 또한 잘 그렸다.

- 유득공은 나빙의 처소에서 장도악을 만났다. 장도악이 유득공과 박제가를 데리고 다른 곳에 가서 술을 마시려 하자, 나빙과 장도악 간에 큰 소란이 벌어졌다. 유득공은 나빙과 장도악이 서로를 가볍게 보는 사이라고 하며, 또한 장도악을 '광사狂士'라 할 만한 인물이라고 하였다.

- 박제가는 〈회인시, 장심여를 본떠 짓다懷人詩 仿蔣心餘〉에서 장도악이 광자狂者의 부류이지만 자신은 그의 거짓 없는 점을 좋아한다고 추억하였다.(《정유각집》3집) 〈속회인시續懷人詩〉에도 장도악을 읊은 시가 한 수 있다.(《정유각집》4집)

- 김정중金正中의 《연행록》〈기유록寄遊錄〉 1792년 1월 6일조에 장도악의 시 한 수가 실려 있다.《연행록》〈기유록〉 '잡록雜錄'에는 "장도악은 자를 수옥, 호를 몽각夢覺이라 하며 태원太原 사람인데, 시화를 잘하되 지례指隸에 더욱 공교하며, 벼슬은 양주 자사刺史에 이르렀다가 지금은 벼슬에서 떨어져 집에 있다"라고 되어 있다.

장복단莊復旦(?~?)　　　　　　　　　　　　　　　〈장복조 중서〉

– 자는 식삼植三, 호는 택산澤珊이며 강소성 상주부常州府 사람이다.

– 유득공은 1790년 원명원에 있을 때, 중서中書의 조방에서 장복단을 만났다. 이때
조방에 있던 기인旗人들은 필담을 나눌 만한 능력도 못 되었고, 몇몇 중서들 중에
도 대화할 만한 식견을 갖춘 자가 없었는데, 장복단은 유득공이 그의 거처를 방문
하여 다시 만나기를 바랐다. 고故 태학사 양국치梁國治의 아들이 장복단의 매제인
연유로 장복단은 양국치의 집에 거처하고 있었다. 유득공은 장복단의 거처에 한
두 번 들렀으나 만나지는 못하고 장복단의 아우 장회기莊會埼와 담소를 나누었다.

장사전蔣士銓(1725~1785)　　　　　　　　　　　　　　〈나양봉〉

– 자는 심여心餘 · 초생苕生, 호는 청용淸容 · 장원藏園이며 강서성 연산鉛山 사람이
다. 1757년에 진사에 올랐고, 한림원 편수를 지냈다. 성령性靈을 중시하는 시론
을 폈으며, 시는 충효절의忠孝節義의 마음과 온유돈후溫柔敦厚의 본지를 담아야
한다고 강조하였다. 원매 · 조익趙翼과 함께 '건륭삼대가乾隆三大家'라고 일컬었
다. 저서로는《충아당집忠雅堂集》이 있으며, 희곡 작가로서 잡극 · 전기 · 희곡 16
종을 남겼는데, 그중 9종을 합하여 '장원구종곡藏園九種曲'이라 칭한다.

– 유득공은 나빙이 그린〈귀취도〉에 제시題詩한 해내의 명사들 가운데 한 사람으로
장사전을 들었다.

– 박제가의〈회인시, 장심여를 본떠 짓다懷人詩 仿蔣心餘〉는 장사전을 흉내 내어 청
조 인사들에 대해 읊은 것이다.

장상지蔣祥墀(?~?)　　　　　　　　　〈옹방수 · 장상지 두 서상〉

– 자는 단림丹林, 호북성 천문天門 사람이다. 건륭 55년(1790)에 진사가 되었고, 뒤
에 좌도어사左都禦史가 되었다.

– 유득공과 박제가는 서상관에 자주 가서 옹방수, 장상지와 시를 논하였다. 유득공
은 장상지를 순순하고 고아한 사람이라 평하였다.

- 박제가는 1790년에 유득공과 함께 한림 서길사 장상지를 만났다. 한림관에서 장
문도張問陶·웅방수·석온옥石韞玉·장상지와 함께 게를 먹고 지은 시가 있으며,
회인시 중에도 장상지를 그리워하는 마음을 읊은 작품이 있다.(《정유각집》 3집,
〈한림관에서 장문도·웅방수·석온옥·장상지와 게를 먹고 함께 짓다翰林館同張船山問陶·
熊吉士介玆方受·石修撰琢菴韞玉·蔣丹林祥墀 食蟹共賦〉,〈회인시, 장심여를 본떠 짓다懷人
詩 仿蔣心餘〉)

장섭張燮(?~?) 〈심양서원〉

- 손호의 사위로 소개되어 있다. 그밖에는 미상未詳.

장조張照(1691~1745) 〈장복조 중서〉

- 자는 득천得天, 호는 경남涇南이며 강남 누현婁縣 사람이다. 강희康熙 48년(1709)에
진사가 되어 형부상서에 이르렀다. 서법이 매우 뛰어났다. 시호는 문민文敏이다.
- 유득공은 1790년 장복단의 거처를 찾아갔을 때 책상 위에 있던, 장조가 낙엽을
읊은 시첩에 대해 감탄하고 칭찬하였다.

장후리章煦理 (?~?) 〈철야정 시랑〉

- 자는 요청曜青, 호는 동문桐門이며 전당 사람이다. 청나라 가경 연간(1796~1820)
에 문연각 대학사文淵閣大學士·태자태보를 역임하였고, 지방관으로 선정을 펼쳤
다. 시호는 문간文簡이다.
- 유득공은 1790년 열하 행궁 궐문의 오른쪽 군기방에서 장후리를 만났다.

전대흔錢大昕(1728~1804) 〈나양봉〉

- 자는 효징曉徵·급지及之, 호는 신미辛楣이며 강소성 가정 사람이다. 소년시절에

시부詩賦로 강남지방에 이름을 알렸다. 건륭 19년에 진사가 되었고 한림원 시강학사侍講學士로 거듭 발탁되었다. 《열하지熱河志》를 편수하는 데 참여하였고, 기윤과 함께 '남전북기南錢北紀'라고 불렸다. 만년에는 스스로 '잠연노인潛研老人'이라 일컬었다. 그의 학문은 '실사구시實事求是'를 종지宗旨로 삼았기 때문에 비록 훈고를 따라 의리를 구할 것을 주장하였지만 오로지 경전만을 연구하지는 않았다. 또한 한유漢儒의 가법家法을 묵수하지도 않았다. 사학史學과 경학經學이 둘다 중요하기 때문에 경학을 연구하는 방법으로 사학을 연구할 것을 주장하였다. 《사기史記》, 《한서漢書》에서 《금사金史》, 《원사元史》까지 일일이 교감하여 자세히 고증하였다. 《당석경고이唐石經考異》, 《금석문발미金石文跋尾》 등 수많은 저서를 남겼다. 왕명성과 함께 건륭 연간에 시문으로 저명하였던 '강남칠자江南七子'가운데 한 사람이다.

– 유득공은 나빙이 그린 〈귀취도〉에 제시題詩한 해내의 명사들 가운데 한 사람으로 전대흔을 들었다.

정진방程晋芳(1718~1784)　　　　　　　　　　　　　〈나양봉〉

– 초명初名은 정황廷璜, 자는 어문魚門, 호는 즙원蕺園이며 안휘성 흡현歙縣 사람이다. 건륭 36년(1771)에 진사가 되고, 건륭 38년에 《사고전서》 찬수관에 충원되었으며, 한림원 편수에 제수되었다. 건륭 43년에 관중關中을 유람하고, 건륭 49년에 병으로 서안西安에서 죽었다. 집안 대대로 회수상淮水商에서 염상鹽商을 하였기 때문에 집안이 본래 풍족하였고, 성격이 호상豪爽하여 천하의 문사文士들을 즐겨 만났다. 정정조程廷祚를 사사師事하였고, 유대괴劉大櫆에게 고문을 배웠으며, 대진·원매 등과 교유하였다. 저서로는 《주역지지편周易知旨編》, 《상서고문해략尙書古文解略》, 《상서금문석의尙書今文釋義》, 《모시정전이동고毛詩鄭箋異同考》, 《춘추좌전익소春秋左傳翼疏》, 《제경답문諸經答問》, 《군서제발群書題跋》, 《면행당시문집勉行堂詩文集》 등이 있으며, 장서가 5만 권에 이르렀다.

– 유득공은 나빙이 그린 〈귀취도〉에 제시題詩한 해내의 명사들 가운데 한 사람으로 정진방을 들었다.

- 이덕무는《청비록》 '이우촌' 조에서 정진방, 이조원, 축덕린 등이 시금계를 맺은 사실을 기록하였다.(《청장관전서》 권35)

진영秦瀛(1743~1821) 〈장복조 중서〉

- 자는 능창凌蒼 · 소현小峴, 호는 수암邃庵이며 강소성 무석無錫 사람이다. 형부시랑刑部侍郞을 지냈고, 시문에 뛰어나 명성을 얻었으며, 행서行書와 해서楷書를 잘 썼다. 저서로는《소현산인문집小峴山人文集》,《수암일지록邃庵日知錄》이 있다.
- 유득공은 1790년 중서의 조방에서 장복단에게 진영이 어디에 있는지를 물었다. 장복단이 유득공에게 진영을 어떻게 아느냐고 묻자, 유득공은 "나의 강남 10년 꿈을 반복하였는데, 푸른 버들 봄 동네에 비파나무 가린 문이라勞我江南十年夢 綠楊春巷枇杷門"는 진영의 시구를 외며 아름다운 구절이라고 답하였다.

철보鐵保(1752~1824) 〈철야정 시랑〉

- 자는 야정冶亭, 호는 매암梅庵. 만주 정황기인이다. 시에 능하고 특히 글씨를 잘 써서 유용劉墉 · 옹방강과 나란히 이름을 떨쳤다.《유청재전집惟淸齋全集》,《백산시개白山詩介》,《유청재첩惟淸齋帖》이 전하고 있다.
- 유득공은 1790년 열하 행궁 궐문의 오른쪽 군기방에서 철보를 만났다. 이들은 평소에 알던 사이처럼 즐겁게 대화하였다. 유득공이 객관에 돌아온 뒤에도 서로 시를 주고받았다.(《영재집》 권4, 〈열하의 숙소에서 야정 시랑에게 화운하여주다熱河館中和贈冶亭侍郞〉)
- 박제가는 2차 연행 때 철보와 교유하였다. 철보의 시에 차운한 작품이 있고, 회인시 가운데 철보를 그리워하는 마음을 읊은 작품이 있다.(《정유각집》 3집, 〈열하에서 시랑 철보가 준 시에 차운하다熱河次鐵侍郞保 寄示韻〉, 〈회인시, 장심여를 본떠 짓다懷人詩 仿蔣心餘〉; 4집, 〈속회인시續懷人詩〉) 한편, 이덕무는 박제가의 당벽唐癖(중국 문물이나 문화에 지나치게 경도된 자세)에 대해 우려를 표한 편지에서 박제가가 철보를 형제처럼 여긴다고 지적하였다.(《아정유고》 권7, 〈박재선에게 주는 편지與朴在先書〉)

- 서호수는 2차 연행 때 철보를 만나 옹방강, 이연李演, 전겸익錢謙益 등을 화제로 대화하였다. 서호수는 철보에게 오언율시 한 수를 증정하고, 야립野笠 · 시전詩 箋 · 죽청지竹淸紙 · 설화지雪花紙 등을 선물하였다. 철보 역시 서호수에게 '학산견 일정鶴山見一亭'이란 편액과 함께 대련對聯, 휘묵徽墨, 공연貢硯, 난전蘭箋 등을 보 냈다.(《연행기》권2, 1790년 7월 18일조 ; 8월 20일조 ; 8월 27일조)
- 서유문은 1799년 연행에서 철보와 교유하였다.(《무오연행록》)

축덕린祝德麟(1742~1798)　　　　　　　　　〈이목장 · 이부당 두 태사〉

- 자는 지당趾堂, 호는 지당芷塘이며 절강성 해령海寧 원화袁花 사람이다. 건륭 28년 (1763)에 진사가 되었고, 한림원 서길사와 편수관을 거쳐 제독섬서학정提督陝西學 政에 이르렀다. 건륭 55년에 관계에서 축출되자 고향으로 돌아가 운간서원雲間書 院에서 주강主講하였다. 시를 잘 지었고, 성령을 중요시하였다. 저서로는《열친루 시집悅親樓詩集》,《갱운초집賡雲初集》,《오임걸이소초목소변증吳任傑離騷草木疏辨證》 등이 있다.
- 유득공은 이정원 · 이기원 형제에게 축덕린이 어사로서 망령되이 사람을 논하다 가 파직되어 지금은 배를 사서 남쪽으로 내려가려고 한다는 사실을 듣고 이를 기 록하였다.
- 이덕무는 1778년 연행에서 이정원을 만날 목적으로 당시 상중喪中이었던 축덕린 의 집에 갔다. 이덕무는 축덕린에 대해 학문은 주자朱子를 존숭하고, 시는 백거이 白居易를 높이며, 문장은 모기령毛奇齡을 높이고, 정진방 · 이조원 등과 함께 예림 藝林에 높은 명망이 있는 사람이라고 평하였다.(《청장관전서》권67,〈입연기〉下, 1778년 5월조) 또《청비록》'이우촌' 조에 정진방, 이조원, 축덕린 등이 시금계를 맺은 사실을 기록하였다.(《청장관전서》권35)
- 박제가의 회인시 중에 축덕린을 그리워하는 마음을 읊은 작품이 있다.(《정유각집》 3집,〈회인시, 장심여를 본떠 짓다懷人詩 仿蔣心餘〉)

파충리巴忠理(?~?)　　　　　　　　　　　　　　　　　　　　　　〈철야정 시랑〉

― 유득공은 1790년 열하 행궁 궐문의 오른쪽 군기방에서 파충리를 만났다.

팽원서彭元瑞(1731~1803)　　　　　　　　　　　　　　　　　　　　〈고북구〉

― 자는 장잉掌仍 · 집오輯五, 호는 운미芸楣이며 강서 남창南昌 사람이다. 건륭 22년
　(1757) 진사에 급제하여 공부상서, 협판대학사協辦大學士까지 지냈다. 장사전과 함
　께 '강우양명사江右兩名士'라고 일컬어졌다. 저서로는 《은여당고恩餘堂稿》가 있다.
― 유득공은 양간방兩間房이라는 지역에 있는 관묘關廟의 벽에 쓰여 있는 시를 팽원
　서가 지은 것이라고 소개하였다. 전겸익의 《열조시집列朝詩集》에 따르면 이 시의
　작자는 심정沈貞이다.
― 서호수는 2차 연행 때 열하에서 팽원서를 만났다. 팽원서는 조선에 《동국비사》와
　《동국성시》 등의 책이 있는지와 조선의 토지제도 등에 대해 서호수에게 물었
　다.(《연행기》 권2, 1790년 7월 16일조)
― 박지원은 팽원서를 양국치, 기윤, 오성흠吳聖欽, 대심형戴心亨, 대구형戴衢亨, 축덕
　린, 이조원 등과 나란히 '당금명사當今名士'로 꼽았다.(《열하일기》 〈구외이문口外異
　聞〉)
― 박제가의 회인시 중에 팽원서를 그리워하는 마음을 읊은 작품이 있다.(《정유각집》
　3집, 〈회인시, 장심여를 본떠 짓다懷人詩 仿蔣心餘〉; 4집, 〈속회인시續懷人詩〉)

포정박鮑廷博(1728~1814)　　　　　　　　　　　　　　　　　　　　〈나양봉〉

― 자는 이문以文, 호는 녹음淥飮이며 안휘성 흡현 사람이다. 집안에 장서가 아주 많
　았고, 《예기禮記》에 나오는 "배운 연후에 부족함을 안다學然後知不足"라는 구절을
　이름 삼아 자신의 서루書樓를 '지부족재知不足齋'라고 일컬었다. 건륭 시기에 유
　서遺書를 찾아다녔고, 소장하고 있던 600여 종을 내어 《지부족재총서知不足齋叢
　書》 30집으로 교간校刊하였는데, 청대의 총서 가운데 잘 정선되었다고 일컬어졌
　다. 저서로는 《화영헌영물시존花詠軒泳物詩存》이 있다.

– 나빙은 유득공의 《이십일도회고시》를 보고 좋아하였다. 나빙은 유득공에게 "포
이문과 친밀한 친구입니다. 그가 바야흐로 《지부족재총서속집知不足齋叢書續集》
을 간행하는 중인데, 한 본을 남겨두어 그에게 주면 그는 반드시 간행할 것입니
다"라고 하였다. 그러나 유득공은 전에 기윤에게 주어 더 이상 남아 있는 본이
없었다.

혜황嵇璜(1711~1794)   〈원명원〉

– 자는 상좌尙佐·보정黼庭, 호는 졸수拙修이며, 강남 장주長洲 사람이다. 1724년 진
사에 급제한 뒤 일강기거주日講起居注, 한림원 시독학사, 이부상서, 병부상서, 절
강총독浙江總督 등 중요 요직을 70세 후반까지 두루 역임하면서 건륭제의 두터운
신임을 얻었다. 특히 황하와 회수의 범람에 대비한 치수사업에 주력하여 많은 업
적을 남겼다.
– 유득공은 혜황에 대해 '자리를 채우고 있을 뿐' 이라고 낮춰 보았다.
– 서호수는 2차 연행 때 회유성懷柔城 내 우관寓館에서 혜황을 만났다. 서호수는
"혜황이 한인漢人으로, 문사文詞로 천하에 명망이 성대하였다"라고 기록하였
다.(《연행기》 권2, 1790년 7월 24일조)

정리 : 권순철 · 김종민

⦿ 찾아보기

열하를 여행하며 시를 짓다—熱河紀行詩註

유득공 지음
실시학사 고전문학연구회 옮기고 엮음

1판 1쇄 발행일 2010년 6월 14일

발행인 l 김학원
편집인 l 선완규
경영인 l 이상용
편집장 l 정미영 최세정 황서현 유소영
기획 l 임은선 진현휘 김은영 김서연 박정선 정다이
디자인 l 김태형 유주현
마케팅 l 하석진 김창규
저자·독자 서비스 l 조다영 함주미(humanist@humanistbooks.com)
조판 l 홍영사
스캔·출력 l 이희수 com.
용지 l 화인페이퍼
인쇄 l 청아문화사
제본 l 경일제책

발행처 l (주)휴머니스트 출판그룹
출판등록 l 제313-2007-000007호(2007년 1월 5일)
주소 l (121-869) 서울시 마포구 연남동 564-40
전화 l 02-335-4422 팩스 l 02-334-3427
홈페이지 l www.humanistbooks.com

ISBN 978-89-5862-312-0 03900

만든 사람들

기획 l 최세정(se2001@humanistbooks.com)
편집 l 김수영
디자인 l 민진기디자인